# 幹事長秘録

大下英治

毎日新聞出版

# 幹事長秘録

装丁・デザイン　前橋隆道
千賀由美
写真　毎日新聞社

# はじめに

長年、永田町《ながたちょう》の「巨魁《きょかい》」たちの激しい権力闘争と生身の人間像を垣間見てきた筆者が受けた感慨からすると、実力派の凄腕《すごうで》幹事長には二つのタイプがあるように思われる。

一つは、「ナンバー2でありながら総理総裁を脅かす存在」であり、これは明らかに次の宰相《さいしょう》を目指す意志と企図をもって行動する。自由民主党（以下、自民党）が結党された五十五年体制後、じつに二十四名の総理総裁のうち半数にあたる十二名が幹事長経験者であることからもわかるように、与党「幹事長」は、宰相への最短ポストである。

特に、中選挙区時代の派閥《はばつ》間の権力闘争が最も苛烈だった「角福戦争」時代の当事者である田中角栄《たなかかくえい》、福田赳夫《ふくだたけお》、三木武夫《みきたけお》、大平正芳《おおひらまさよし》、中曽根康弘《なかそねやすひろ》のいわゆる「三角大福中」は、全員が幹事長経験者である。

また、岸信介《きしのぶすけ》、安倍晋太郎《あべしんたろう》、安倍晋三《あべしんぞう》の「安倍家三代」も幹事長経験者である。岸は保守合同した鳩山《はとやま》一郎《いちろう》政権下で自民党の初代幹事長を務めたうえで、総理総裁の座を掴んだ。現職の安倍首相と祖父の岸の不可思議な符号は、自民党の党是でもある憲法改正に意欲を燃やす面にも顕《あらわ》れているが、安倍が、小泉《こいずみ》純一郎《じゅんいちろう》政権下で四十九歳の若さで与党の幹事長に抜擢《ばってき》されたのは、祖父の岸とおなじ当選わずか三回での就任であった。

最年少での自民党幹事長就任は、田中角栄の四十七歳一カ月である。田中が、戦後の高度成長期以降、権力の階段を上り詰めるうえで、重要だったポストは二つある。一つは、これまた最年少の四十四歳で就任した大蔵大臣ポスト、そしてもう一つは、通算最長在任期間となる四年一カ月のあいだ務めた幹事長ポストである。詳しくは、序章および第一章に田中の豊富なエピソードを描いたが、田中の愛弟子・小沢一郎《おざわいちろう》（現・自由党共同代表）の証言によれば、「与党政治家として最高のポジションは、幹事長だ！」と断言したという。「決して総理とは言わなかったことに意味がある」と小沢は感慨深く述べている。

これは田中の首相退陣後、ロッキード事件の公判を当時の田中派議員たちのなかで唯一すべて傍聴した小沢ならではの角栄観だ。

「幹事長は、黒子の親玉みたいなものだな」と、与党幹事長を三度歴任した小沢は吐露する。

与党の国政選挙を取り仕切る公認権を持ち、党の資金と人事、情報調査、国会運営、さらに連立を組む他党との交渉窓口となるのが幹事長だ。総務会長、政務調査会長とともに、党三役として総裁を補佐する。党則上、総裁に次ぐ事実上のナンバー2であり、党務全般を幹事長が握る。任期は一年で再任の制限はない。永田町では、幹事長は「閣僚ポスト二つ分」と言われている。

幹事長の最大の仕事は、選挙活動を指揮し、勝利することである。特に、衆議院議員総選挙で小選挙区制が導入されたことにより、従来から大きかった幹事長の「公認権」の影響力が増している。小選挙区制では、政党から公認を受けない候補が立候補して当選することが、中選挙区時代に比べて格段に難しくなったからだ。

また、過去には、「重大な決意」をしたと公言した海部俊樹《かいふとしき》首相が決定権を持つとされる衆議院解散権が、公認権を持つ幹事長ポストを握る竹下派の反対によって事実上阻止されたケースさえあった。幹事長が政局の行方を握る所以《ゆえん》である。

もう一つの幹事長タイプには、「宰相を目指さず、黒子の参謀に徹し実権を握る」巨魁も永田町には存在する。かの中曽根が「三木武吉《みきぶきち》以来の大物」と評した金丸信《かねまるしん》、本年一月に亡くなった野中広務《のなかひろむ》、そして現職の自民党幹事長二階俊博《にかいとしひろ》などがその代表例である。

野中は、平成十二年秋に、政界のみならず国民的注目を集めた「加藤の乱」に際し、自民党内の激しい多数派工作に奔走。連立を組む公明党とのパイプも生かし、かつて幹事長代理として加藤紘一《かとうこういち》幹事長時代に仕え、「悪化した日中関係を改善できる宰相は、加藤さんしかいない」とまでその将来を期待した加藤や盟友の山崎拓《やまさきたく》に対して、除名処分までチラつかせ、完全に鎮圧した。

のちに、野中は当時の胸中を述懐している。

「加藤さんをこんなにメチャメチャに潰してしもて、どうするんやと思って、僕は泣きながらやっとったですよ。潰れていく加藤さんを見るのが忍びなかった。だが、党を守るためには仕方がない。自分のポストがそうせざるを得ないんだ、と割り切ってやったですね。(中略)僕も古賀誠《こがまこと》さんも泣いてましたよ。幹事長室で二人で『たまらんなあ』とゆうて……」

(『野中広務――権力の興亡』)

これこそが、幹事長権力闘争の本質である。

本書は、これまで筆者が国会関係者の生の証言をもとに取材し描いた作品である。

# 幹事長秘録　目次

# 第三章

# 平成の〝喧嘩師〟幹事長列伝

経団連に三百億円献金させた「剛腕」小沢一郎／「本気でやる気があるのか」――小選挙区制導入の舞台裏／総理あなたの目はどこを見ているんですか！／覚悟の幹事長辞任／小沢一郎、自民離党――非自民連立政権の真相／〝あんたは小沢のお陰で存在しているようなもんだ〟／官房長官を追う総理――国民福祉税撤回の夜／細川政権崩壊の影／沖縄・駐留米軍用地特措法合意への七転八倒／もう、消えるよ――参議院選惨敗、退陣へ／小渕総理倒れる――陰の総理・野中広務／神の国発言――支持率急落／これは、罠だ／万死に値する／「加藤の乱」の烽火――加藤紘一vs野中幹事長／いま会ったら政局になる／森さんの手で、内閣改造はやらせない！／激震！　加藤の乱／野中広務幹事長、「加藤の乱」鎮圧

# 序章

# 小沢一郎が語る「三大幹事長」

## 幹事長は黒子の親玉

小沢一郎は、竹下派・経世会《けいせいかい》が我が世の春を謳歌《おうか》していた平成元年、弱冠四十七歳にして田中角栄と並ぶ史上最年少の自民党幹事長に就任した。「剛腕」の異名を取り、海部俊樹政権を支えた。

平成五年には政治改革をめぐり自民党に籍を置きながら、宮澤喜一《みやざわきいち》内閣の不信任案に賛成。その直後、改革フォーラム21（羽田派）を率いて自民党を離党する。新生党を立ち上げ、代表幹事（幹事長）に就任。衆議院総選挙で指揮を執り、選挙後には、新生党、社会党、公明党、日本新党、民社党、新党さきがけ、社民連、民政連の八党一会派をまとめて細川護熙《ほそかわもりひろ》連立政権を樹立し、自民党を下野《げや》に追い込んだ。

平成二十一年、民主党が政権交代を果たした後、鳩山由紀夫《はとやまゆきお》代表の要請を受け、幹事長に就任。政権担当能力の面で未熟だった民主党政権を陰で支えている。

昭和末期から自民党政権の権力の中枢を握り、その蜜の味も怖さも知悉《ちしつ》したうえで、与党自民党に反旗を翻し、平成期に二度の政権交代を成した政治家は、毀誉褒貶《きよほうへん》あれ、戦後の政治史上、小沢一郎のみである。小沢がなぜ、これほどの政治力を発揮できたのか。その力の源泉は、三度「与党幹事長」ポストを歴任するなかで、権力の中枢（内閣）をプロデュース、政権（与党）をコントロールし続ける能力に長けていたことによる。こんな政治家は稀だろう。まさに「ザ・幹事長」である。小沢一郎は幹事長職をどう捉え、こなしてきたのか。小沢流「幹事長論」は現在、じつに興味深い色彩を帯びている。

筆者は、平成二十九年師走、幹事長とはいかなるものかについて、小沢一郎を直撃した。「幹事長の仕事は政府ではなく、政党の実務の要《かなめ》。言葉を換えれば、首班である与党総裁（党首）が表舞台の役者だとすれば、幹事長は裏方なんだ。シナリオを書き、衣装や大道具、小道具をそろえ、照明や音響にも気を配り、舞台環境を整える役割。主役をはじめ、役者たちがうまく踊れる環境をつくり出す。

選挙対策はもちろん、国会対策、法案審議、党の財政や人事にも権限を持ち、人事局、経理局、情報調査局、国際局といった組織を掌握。総裁を補佐しながら党務を代行するわけだ。

どんな仕事でもそうだろうけど、一人で何もかもできるわけじゃない。政治の世界も同じ。いくら人気のある人でも、誰かが裏で支えなくちゃいけないんです。その支える裏方たちの元締めが幹事長ということでしょう。

中国共産党なら、総書記（幹事長）がトップだけれども、日本の政党では幹事長はあくまで二番手。でも、幹事長はトップに立つ主役について誰よりも理解していなきゃならない。主役の踊りをどんな形で見せるか。どう演出すればいいのか。お客さん（有権者）から喝采を浴びるには何が必要なのか。そういったことをわかったうえで舞台づくりに臨む必要がある。

主役である首相や党首を押しのけて、自分だけ目立とうとする幹事長も時々いる。これは絶対に駄目だ。その意味で幹事長はあくまで『黒子』なんです。ただ、そんじょそこらの黒子とは一味違う。まあ、『黒子の親玉』みたいなものだろうな（笑）。黒子ではあるけども、完全に黒い布で覆われている存在じゃない。政党の要として、開かれた公《おおやけ》の立場にあるわけだ。

どちらかというと、僕はパフォーマンスが下手な方。好きじゃない。それよりは実務の方が好きだから。そういう意味では、幹事長職に向いていたかもしれない。

主役である首相や党首に対しても、『寝首を掻《か》いてやろう』『あわよくば取って代わろう』なんていう気持ちは僕にはまったくない。ちゃんとした主役が他にいて、いい踊りを踊ってくれれば、それでいい。いないときは仕方ないけど。僕自身が人を押しのけてまで、舞台の真ん中に出ようとは思わない。

何を言いたいかというと、それぞれの役割に向いている者、向かない者がいるんだよ。例えば、田中派や経世会で同じ釜の飯を食った龍ちゃん（橋本《はしもと》龍太郎《りゅうたろう》元首相）でも、もっと言えば、小泉君（小泉純一郎元首相）にしても、『国民的人気』がある政治家だった。じゃあ、彼らに幹事長をやらせたら、何ができるかという話だ。

龍ちゃんにしろ、小泉君にしろ、主役として舞台に立ったからこそ、踊れたわけで。だから、それぞれ歌舞伎の世界でいう『ニン』（それぞれの役者に適した役柄）のようなものがあるんだよ、やはり。

僕は主役になることを頑《かたく》なに拒否しているわけではないんだ。まあ、過去にはそういう場面もあったけど（笑）」

平成三年、海部首相が退陣を表明後、金丸信から総裁選出馬を強く要請されたが、固辞している。

「だけれども、平成十八年に旧民主党の代表に就任して政権を取りに行くとき、僕は総理になると肚《はら》を決めたわけだから。東京地検特捜部が西松建設や陸山会《りくざんかい》の問題でやった捜査さえなければ、あのまま民主党政権で総理となっていた。

頑なに拒んではいないけれども、僕以外にいい踊り手がいれば、それでいい。その踊りによって、自分が目指すものを実現するだけだから。『取って代わる気がない』というのはそういうことです。その意味では、表舞台の主役にとって、僕は本来『最も安全な協力者』であるはずなんだけどね。すぐ嫌われちゃう（笑）。僕に対して、恐怖心があるのかな（笑）。

幹事長は上を支えると同時に、下に対して睨《にら》みを利《き》かせ、抑え込んで、まとめる力も必要です。あんまり軽いと、当選一、二回の議員にさえ舐《な》められてしまう。これは全然駄目だ。いい舞台をつくるには、裏方たちを束ねなきゃいけないんです。さっきも言ったように、党首を支えるチームは脚本家や衣装、大道具、小道具、照明、音響など、たくさんの人で構成されている。幹事長はこれら職人集団の長として、組織を束ねて、それぞれに力を発揮させないといけない。それが結果的にいい政権をつくることにつながるわけだ」

## 薫陶を受け、反面教師にする三大幹事長

衆議院最多当選十七回を誇る小沢一郎が永田町で見てきたなかで「至高の幹事長」は果たして誰か。

「一人挙げるとすれば、それは田中角栄先生です。田中先生が一番だ。かつて自民党では、『大蔵大臣と党幹事長を経験しないと、総理への道はない』と言われた。確かにそうかもしれない。ただ、田中先生は僕にこう言ったことがある。『与党の政治家としての最高のポジションは幹事長だ』『与党の幹事長が最高の地位』だと。『総理だ』とは言わなかった。そういう意味でも最高の幹事長は田中先生だろう。

もちろん、金丸信先生、竹下登《たけしたのぼる》先生もそれに次ぐ。田中先生とはちょっとキャラクターが違うけれど。僕は田中、金丸、竹下という大幹事長を若いころから間近で見てきました。これはものすごく参考になったし、勉強にもなった。一方で反面教師だとも言える。それぞれ個性も手法も違うリーダーたちの権力操縦法を僕は学んできたわけだ。

田中先生が優れている点はまず人柄です。幹事長としては人の世話を焼くのを厭《いと》わない。気配りや配慮

もあった。人を束ねていくうえで、こうした点は基本ですね。

目白の田中邸には毎年、全国から陳情団が大挙して押し寄せていた。その陳情団への対応が見事。僕なんかから見たら、『まあ、そこまでやらないでもいいのに』というくらいサービスしていた。あそこまではなかなかできないね」

かつて田中の秘書だった早坂茂三《はやさかしげぞう》によると、田中は多忙を極めるなか、早朝に地元の新潟から家出した息子の捜索の相談に訪れた老婆に対し、即座に『よしきた』と答え、警察庁長官に電話をかけ、解決の糸口をつけたという。さらに、田中は老婆を玄関まで見送りし、下足の山のなかから老婆の下駄を探し、自らの肩を貸して履かせた。それを背後で見ていた早坂が、『なんでそこまでしなきゃいけないんですか』と老婆が立ち去ったあとに田中に尋ねると、田中は笑って答えたという。

『ないさ。でもなあ。婆さんは田舎で一部始終をふれ回る。みんなニコニコ聞くよ。あの田中角栄はワシの履物までそろえてくれたと。玄関の往復で俺の腹もへっ込む』

田中の気配りを感じさせるエピソードだと言えよう。

小沢がさらに田中について語る。

「田中先生はそれに加えて、頼まれたことはすぐにやるんです。決断が早く、億劫《おっくう》がらないということ。そして、ひたすら人の世話、世話、世話。まあ、まめなんです。これは田中先生の生まれついた性分なんだろうね。どこかで学んだとか、努力してそうなったというようなものではない。本当に世話好きだから。何に対しても気を遣って。気は遣いすぎるくらいだった。

だから、幹事長を経験した後、田中先生は総理の椅子に座った。だけれども、『角栄は総理の座に向いていたのか』という議論が今でもありますよね。その点、トップリーダーとしては気を遣いすぎる性格は考えものかもしれない。あんな『文藝春秋』ぐらいのこと（昭和四十九年、同誌十一月号に立花隆《たちばなたかし》「田中角栄研究〜その金脈と人脈」と児玉隆也《こだまたかや》「淋しき越山会《えつざんかい》の女王」が掲載され、同年十二月に退陣するきっかけとなった）で血糖値が上がっちゃうくらい、気遣いがすごいんだから。そういう意味では田中先生は生真面目《きまじめ》な人だ。あの程度の記事なんか本当に屁《へ》でもないのに。ものすごく気を遣うんだよね。気遣いと表裏一体なんだろうけど、そういう繊細な面もありました。

それから、幹事長といえば、選挙。これは世話焼きや気配り、面倒見の集大成みたいなものだ。何より、幹事長自身が選挙に強くないと駄目。永田町の選挙上手といえば、田中角栄、竹下登、小沢一郎という系譜で受け継がれてきたと言われたもんだ」

小沢が、その竹下登について語る。

「竹下先生は決断力があるとは言えない。ぐじゅぐじゅやりながら、粘っこくうまいこと落としどころに持っていく。あのへんの手腕はたいしたものだけどね」

また、金丸信についても、小沢は語る。

「金丸先生は、じつは面倒見のいい人。だけど、そんなにこまめじゃない。ただ、決断は早かった。金丸幹事長の時代、午前中、一時間か二時間党本部にいるだけで、もう終わりですから。無駄な会合には一切出なかった。それですんじゃうものなんです、トップというのは。要するに決めればいいんだから。政権与党幹事長の仕事といったって、何だか、みんなから上がってきた案件を『あれはこう』『これはこう』って片づけちゃえば、終わり。一時間もあれば、決まっちゃうんです。それをダラダラやってたからって、いいことは何もない。そういう意味では、金丸先生の仕事は早かった。僕もずいぶん可愛がられてね。いつも金丸先生と会って四つ、五つテーマがあったとしても、五分で決まり。竹下先生だと延々と長くなるけどね。あの人は僕らとは違う種類の言葉でしゃべるから（笑）。

金丸先生は五分あれば十分。『この問題は○○でいいですか』と水を向けると、

『おし、いい』

って。いつもそんな調子でした。

ただ、まめじゃないから。どんな人とでもうんとたくさん会うとか、全国をまわるとか、人の世話を焼くとか。そういう細やかさには欠けていた。ただ、それはまたそれなりの名幹事長ではあります」

「僕は田中、金丸、竹下のいいとこ取りをしたつもりなんだよ。田中のオヤジみたいに、うんと面倒見をするわけでもないところは金丸さんみたいだし。決断は早いからね。ただ竹下先生みたいに粘っこくない。だけれども、選挙については田中先生も竹下先生も徹底してやった。僕が幹事長のときは、もちろん全国を歩き、いろんなことを全部調べて、ちゃんとやった。そこは似ているかな。違うところは遊説をあまりしませんでした。そこは金丸先生と似ている（笑）。

だいたい僕はしゃべるのが嫌いだし。遊説して歩いたからって、それで別に票が増えるわけじゃない。選挙戦のなかでの大集会ってのは、一つの運動のその時々の集約なんだよね。別にそれをやったからって、選挙に勝てるわけではありません。

だけど、いざ集会をやるとなれば、誰か重しになるような人間がいなきゃいけない。田中先生や竹下先生はその役回りをかなり買って出ていたもんだ。

僕はそこらへんは少しさぼって、手抜きをしてた。その代わり、日本中で個別の選挙区をまわった。実際にどんな活動をしているか。全部調査して歩いたから。どの候補者もみんな怖がったし、嫌だったんだろうな。抜き打ちでやるから。調査に入るときは絶対に誰にも言わない。黙ってやりますから。

選挙の情勢なんて、現地に行けばすぐわかる。地元の人たちの噂話をちょこちょこっと耳に入れて、事務所を含め本人の活動をひょいと見れば一発です。『ああ、これは駄目だな』とかね。

劣勢なとき、どうするかも問題。『これはもう絶対駄目だ』という候補は本当に駄目だよ。そういうときは選挙資金もやらないとかね（笑）。いろいろある。本当は候補者を取っ換えるのがいいんだろうけど。選挙が近いとそうもいかんからね。まあ、力は入れないということです。どうしようもないところをやったってしょうがないじゃない。

『一生懸命活動はやっているけど、もう一歩』というところもある。そういう選挙区はうんと応援しないといけない。そこが幹事長の腕の見せどころ。幹事長ってのは、判断力と金の使いようなんだ」

「選挙に弱い者は幹事長なんてなるもんじゃない。もう無理です。けど、僕は三人の大先輩でもできなかったことをやったことがあるのよ。これは自慢の種なんだ。僕はね、三十年間、選挙期間中に一度も選挙区に帰ってない。これには、さすがに田中のオヤジさんも竹下先生も『お前、駄目だよ。やめろ』と口をそろえたもんです。『最後の二〜三日は必ず入れ』と言って、うんと心配してくれたんだ。彼らは地元に帰ってたから。竹下先生もそうしていたし。田中のオヤジさんでさえ地元新潟に帰ってたんだよ。だから僕は『田中、竹下、金丸にもできないことをしてやる』と言って、一度も選挙区に入らなかった。

僕が三回目の選挙のとき、田中のオヤジさんにこう聞かれた。

『一郎、ちょっとスケジュール表を見せてみろ』

僕はそのとき、選挙区の外へ出ていた。田中のオヤジさんは驚き、こう言った。

『何だこれは。やめろ』

僕はこう答えた。

『オヤジさん、僕は自民党の同期の候補者のなかでも一番若いんだから。人のやらないことをやらないと。だから、地元には入りません』

このことだけは、田中、金丸、竹下という三人の大先輩と比較して、自慢の種さ。去年（平成二十九年）の総選挙と前回だけは、わあわあ騒がれたんで二日だけ帰りました。街頭で活動していたら、地元の連中が言うんだ。『三十年ぶりに街頭に立った』って。そんなこと言うこともないだろうと（笑）。

しゃべることは、初当選の頃から好きではなかった。今でも『挨拶を』なんてよく言われるけれど、『紹介だけでいいから』といつも言っています。何でおしゃべりが嫌いかといえば、一つは東北人気質というやつ。それとね、話のうまい奴ってのはね、聴衆を笑わせたり、泣かせたり、喜ばせたり。これは、半分は嘘なんだよ。

聴いている側にしてみれば、本当のことばかり話されても、おもしろくも何ともない。論理的な話を長時間したって、聴いてはもらえません。僕はそういうのが嫌いなんだ。『おもしろおかしい話が聴きたいんだったら、落語や漫才をやってる演芸場にでも行けばいい。僕はそんなんじゃない』と思っているところはありますから。そこに生来の横着が手伝って（笑）、人前で話すのが嫌いになった。議論は好きだけどね」

## 政局音痴の政局好き――官僚出身幹事長は、なぜ選挙に弱いのか

「田中、金丸、竹下を上回る幹事長はいません。奇《く》しくも三人とも田中派―経世会の流れを汲《く》む人間ばかりだ。『そういう政治家がめっきり少なくなった』という声も聞きます。

幹事長に必要な資質、世話好きだったり、面倒見だったり、気遣いだったり。そういうものは全部自分の選挙を勝ち抜く要素でもあるわけです。そこをきちんとやれる人間がいないんだよね。

何も今にはじまったことじゃない。昔だってそうだ。上州《じょうしゅう》戦争と言われた福田赳夫さんと中曽根康弘さんの争い。選挙では福田さんの方が強かった。中曽根さんは弱かったでしょう。

僕は二人が具体的に何をやったかは知りません。ただ、福田さんの方が面倒見はよかったな。選挙区もちゃんと回っていたんじゃないか。中曽根さんは確かにかっこいいことは言うんです。でも、選挙は弱い。その中曽根さんも自民党の幹事長はやってるけどね。

選挙が弱いといえば、あとは大平正芳さん。人柄はとってもいいし、素晴らしい人なんだけど。まあ、口下手《くちべた》だし、ものぐさなんだな。閣僚を経験して、宏池会《こうちかい》の領袖《りょうしゅう》になってからはさすがに選挙も安泰だったけど。最初から強いというタイプではなかった。

宏池会でいえば、宮澤喜一さんなんて選挙活動に関心がない。だから、宮澤さんは幹事長をやってないでしょう。総務会長はやったけど。官僚出身でせこせこしてたからね。

そう、田中、金丸、竹下は三人とも官僚じゃないんです。党人派だ。中曽根さんは旧内務省出身だし、大平さんや宮澤さんも元大蔵官僚。官僚は幹事長向きじゃない。これは駄目なんです。なぜかというと、

『お上《かみ》の目線』だから。みんなにペコペコされて、いつも頼まれる側にいる方だからね。官僚出身の議員は人にものを頼んだことがない。頼まれるだけの人。だから、駄目なんです。

官僚で幹事長が板についてた人はいたかな。中曽根さんがやって、大平さんがやって。あとは誰だろう。保利茂《ほりしげる》さん、三木武夫《みきたけお》さんも官僚とは違う。党人派だ。

福田赳夫さんが二回やってるけど、短いよね。福田さんは確かに官僚出身にしてはいい方だけど。対人関係、人間関係という意味ではね。官僚出身者は自分が主役になって踊りたいんでしょう。おもしろいもんだね。

福田さんの後を継いで清和会《せいわかい》(現・清和政策研究会)のトップになったのが、毎日新聞記者出身の安倍晋太郎さん(安倍晋三首相の父)。彼も幹事長経験者だ。田中や金丸、竹下と比べると、まめでもないし、気配りができたわけでもない。ただ、人柄はよかった。幹事長としては悪くない。ただ、名幹事長とは呼ばれないよね。

晋太郎さんといえば、僕はあの人にはずいぶん可愛がられた。僕に目をかけてくれたという点では竹下よりも安倍晋太郎さんの方が上です。

金丸さんが『小沢幹事長で行こう』と言ったとき、いち早く『大賛成』と言ってくれたのが安倍晋太郎さんでした。他派閥でそう言ってくれたんだからね。そのときも竹下先生はぐじゅぐじゅ言ってたな。

宮澤さんの後を継いだ加藤紘一君。『宏池会のプリンス』と呼ばれた。彼も外務官僚出身だね。幹事長を三期もやっている。その割には影が薄いでしょう。

加藤君は、確かにいい人なんだけど、(政治的)感覚《センス》の面でちょっと。やっぱりな、官僚出身というところもあるし。幹事長向きのタイプではない。『加藤の乱』を起こしたことで『政局音痴の政局好き』と言われたこともあったらしい。人間的にどこか子供みたいなところがあった。

こうして見てくると、政界にも匂いのある人がいなくなった。みんなさっぱりしちゃってね。みんな一人前に理屈は言うんだけど。野党の民主党、民進党だけかと思ってたら、自民党の議員もだんだんそうなってきたらしい。

今まで話したように、人の世話を焼き、面倒を見て、気遣いもしていれば、選挙に弱いはずがないんだ。小さくは選挙区での当選、大きくは天下取り、政権獲得。どっちも問題なく実現できます。ところが、『選挙に弱い』と自分で認める国会議員は少なくない。なぜか。今の若い衆は選挙というと、どこか馬鹿にしてるでしょう。ある意味では、マスコミもそうだ。僕が『選挙』というと、『何だ、選挙のためか』『票が欲しいだけだろう』って。選挙が一番大事なんだよ。『民主主義だもん。何がおかしいんだ』って反論しているんです。

平成二十一年に民主党が政権交代を果たした後、政府と党を一体化する狙いで政策調査会を廃止した。このとき、若手議員が『政調復活』を嘆願してきたことがある。僕はそのとき幹事長だったけど、こう言ったんだ。『そんな暇があるんだったら、地元を回れ』と。これは当たり前のことでね。僕らも一回生、二回生のころは先輩に、『お前らの仕事は、次の選挙で当選することだ』とずっと指導されていました。今の連中は何か、東京でヘラヘラやっていることだけが国会議員の仕事みたいな勘違いをしている。そんなことだから、次の選挙で落っこちちゃうんです」

第一章

# 幹事長は最高のポジションだ！

## 田中角栄がもっとも幸福だった幹事長時代

名幹事長として知られる田中角栄は、佐藤栄作《さとうえいさく》政権のもとで、二度、自民党幹事長に就任している。

田中角栄は、昭和四十年五月末、佐藤首相に呼ばれ、官邸の首相執務室を訪ねた。

佐藤は、田中をソファーに座らせるなり、顔をほころばせ、上機嫌で言った。

「六月三日の内閣改造・党役員人事で、きみに幹事長をやってもらうことに決めたよ」

田中は、「幹事長」と聞き、浅黒い顔を引き締め、頭を下げた。

「ありがたく、お受けいたします」

田中は、心のなかで凱歌をあげていた。

〈ついに、総理になるためのあと一つの役を掴んだぞ。

入閣候補は、いくらでもいる。つまり、はっきり言えば、誰でもなれる。しかし、総理大臣というのは、そうではない。やはり閣僚では大蔵大臣、党では三役の要の幹事長、最低この二つをやらないとなれない。合わせて一本である。佐藤栄作、池田勇人《いけだはやと》、みなそうである。だいたい、財政、経済もわからんヤツが、総理になれるわけがない〉

田中は、そう考えていた。そういう意味では、田中は、経済復興を成し遂げた吉田茂《よしだしげる》、高度成長を果たした池田勇人の直系、保守本流を自任していた。

幹事長も、大蔵大臣も、両方とも経済を、つまり金を握っている。幹事長は、そのうえに選挙の達人でなければ務まらない。田中は、新聞記者に、閣僚候補に関して質問されると、「あれは、総務会長だね」

とか、「あの男は、政調会長がやれるよ」などと党三役のポストを例に出して答えていた。

田中が、「総務会長」と言うときは、これは、いまひとつ実力者としては物足りない、まだ入閣は無理だ、という意味であった。

「政調会長」と言うときは、有力閣僚、つまり、大蔵大臣、通産大臣ができる器という意味であった。

田中が、宰相になるには大蔵と「合わせて一本」と考える党三役は、幹事長でなければならない。他の二役では、首相には器量不足という認識があった。

田中はいま、その念願の幹事長の座を手に入れたのだ。

じつは、佐藤栄作は、個人的にも田中角栄に面倒を見てもらっていた。

田中は、昭和三十七年から三十九年にかけての池田政権後期、池田対佐藤の政権争いの過程において、佐藤派のなかでは、どちらかといえば、中立的立場であった。佐藤派の保利茂を筆頭とする長老グループとは一線を画す若手派グループの代表者、オピニオン・リーダーでもあった。

だから若手のなかには、批判の声があった。

「田中は、佐藤派なのに、佐藤政権実現へ向けて何もしないじゃないか」

田中は、それに対し、抗弁していた。

「おれは、ちゃんと資金面の援助はしているんだ。何もしていないわけじゃない。池田（内閣）の大蔵大臣だから、表向き、おれが動くわけにはいかんのだ」

その当時の財界首脳のあいだでは、次のように言われていた。

「池田に、石を持っていくと受け取るが、金は駄目だ。その点、田中には、金を持っていくといい」
そうした暗黙の了解があった。池田は、庭石が趣味であった。それで石と言ったのである。それだけ、池田は用心深く、危険な匂いのする現金は受け取らなかった。

佐藤栄作も、おなじであった。彼はかつて造船疑獄で、痛い目にあっていた。造船疑惑とは、昭和二十八年度の第九次計画造船の割り当て、外航船建造融資利子補給法および損失補償法、おなじく改正法の成立をめぐって、船主・造船業界と政官の有力者とのあいだに贈収賄《ぞうしゅうわい》がおこなわれたというものである。そのため、東京地検は運輸省官房長の壺井玄剛《つぼいげんごう》を収賄容疑で逮捕するとともに、本格的捜査に乗り出した。

時の自由党幹事長佐藤栄作も、船主協会・造船工業会などからの二千四百万円の収賄容疑、政調会長の池田勇人も飯野海運からの二百万円の収賄容疑で取り調べを受けた。が、佐藤に対する逮捕請求について、犬養健《いぬかいたける》法相が検察庁法第十四条に基づく検事総長への指揮権発動で認めなかったため、立件は崩れた。佐藤は政治資金規正法違反で起訴されただけで終わった（のち恩赦で免訴）。

その事件以来、佐藤は危険な匂いのする金は受け取らなかった。

池田、佐藤の二人とも、出が官僚だから、金については、自分で手を汚さずにつくるというのが、いわば癖になって染みついていた。金は、自らつくるものではなく、誰かが、水道の蛇口をひねって水を出すように自分のところへ持って来る、とも思っていた。それこそが高級官僚のやり方であった。

官僚出身の佐藤栄作と生粋《きっすい》の党人政治家である田中角栄とは、生き方が異なる。佐藤は、自派の資金集めをしなかった。代わりに金庫番を務めたのが田中である。その能力は優れていたと佐藤は評価していた、と次男の佐藤信二《さとうしんじ》（のち運輸相）は証言する。

田中角栄は、大正七年五月四日、新潟県刈羽郡《かりわ》二田村《ふただ》（現・新潟県柏崎市）に牛馬商人の父角次、母フメの次男として生まれる。昭和九年、二田尋常高等小学校を卒業後上京し、建設会社で住み込みで働くかたわら、夜間は私立中央工学校土木科に学んだ。昭和十八年、田中土建工業株式会社を設立して社長となり、年間施工実績で全国五十位内の会社に育て上げた。叩き上げの田中は、のちに「今太閤《いまたいこう》」と称される。

昭和二十一年四月、戦後初の総選挙に出馬するも次点で落選。翌年四月、新潟三区より立候補して初当選。三十二年七月、三十九歳にして第一次岸信介改造内閣の郵政大臣に就任。三十六年には自民党政調会長。翌年七月、第二次池田勇人改造内閣の大蔵大臣に就任すると、大蔵省の課長、課長補佐クラスの官僚に近づき、味方につけていった。

田中は、昭和四十年六月三日の佐藤内閣第一次改造の認証式を終え、国会議事堂の赤絨毯《じゆうたん》の上で、岸派の福田赳夫と会い、「やあ」と気軽にあいさつした。

福田は、大蔵大臣に就任していた。

佐藤体制は、福田赳夫、田中角栄の両輪をもって出発した、と新聞は書き立てていた。

田中は、福田に気軽にあいさつしたものの、心のなかでは闘志を剝き出しにしていた。

〈これで、ついに、総理レースで、福田と並んだぞ〉

田中の生涯のライバルである福田は、明治三十八年一月十四日、群馬県群馬郡金古町《かねこまち》（現・群馬県高崎市）生まれで、このとき六十歳である。四十七歳であった田中より、十三歳年上であった。

旧制一高、東大法学部から大蔵省に入り、銀行局長、主計局長など省内主流コースを歩んだ。

が、政界入りは田中より遅く、昭和二十七年無所属で代議士に当選。いったんは自由党に入ったが、吉田主流派に反発して、二十九年岸信介の新党運動に参加、日本民主党に加わった。

保守合同後は岸派の幹部として、三十四年一月には自民党幹事長に起用され、「軽量」と言われながらも大役をソツなくこなした。三十四年六月には農林大臣に就任。池田内閣でも最初は政務調査会長を務め協力していた。が、やがて高度経済成長政策を批判して離れ、三十七年党風刷新連盟をつくり、「自民党の近代的統一」「派閥解消」を要求するなど盾《たて》ついた。

福田は佐藤政権の誕生に大きく貢献し、大蔵大臣に就任したのであった。佐藤の有力な後継者、「自民党のプリンス」と見られていた。特に岸信介は福田を可愛いがり、「（実弟の）佐藤の後は福田」と後押しをしていた。

田中は、自身の出自とは対照的に超エリートコースを歩んできた福田に、いっそう闘志を剝き出しにする。

## 目白に判断を仰いだ堤清二

昭和四十年の暮れ、自民党幹事長に就任していた田中角栄の東京・目白の私邸に、西武百貨店社長の堤清二《つつみせいじ》が訪れる。

堤清二は、西武コンツェルンの創業者で衆議院議長を務めた堤康次郎《つつみやすじろう》の次男であった。昭和三十九年に父康次郎が死去すると、コンツェルンのうちの西武百貨店を堤清二が引き受けた。本体の鉄道グループは、異母弟の三男・堤義明《つつみよしあき》が受け継いだ。

堤清二は、その後、挑戦の経営を旗印に、流通グループを凄まじい勢いで拡大していた。

清二は、父親の康次郎を若く繊細にしたような顔で訴えた。

「わたしの父、堤康次郎は、故郷の滋賀県から大正十三年に初当選以来、衆議院議員に十三回当選させてもらい、三十九年、現役のまま他界しました。父が遺した多くの遺産のなかで、この政治遺産だけは、跡を継ごうという子供が、わたしを含めて誰もいなかった。誰かよい人に後継者になってもらいたいと願って、わたしは佐藤栄作さんに相談しました。佐藤さんは滋賀県出身の二人の人物を推薦してくれました。一人は元大蔵省銀行局長の青山俊さんで、もう一人が山下元利《やましたがんり》さんでした」

山下元利は、田中角栄が大蔵大臣時代、主税局税制第一課長であった。田中とは、山下が所得税法改正案の税率表の数字を誤り、詫びにきたとき以来の知り合いであった。山下はその後、広島国税局長に就任していた。

「わたしは池田首相を訪ねて、山下さんの名前を出しました。すると池田さんは、文字どおりハタと膝を打って、『なに、あいつは滋賀県出身か。あいつはいけるぞ。あいつ以外にはない』と言い、『あれは官僚としても一級品だが、政治家にしたら最高だよ』ということでした」

「うむ……」

田中も同感だったので、つい身を乗り出して話に耳を傾けた。

「山下さんに話を持っていくと乗り気でした。わたしは早速、滋賀県の父の後援会『堤会』に、山下支持の承諾を取りつけに出向いたのです。しかし、拒絶反応は予想以上に強烈でした。とてもすんなりとおさまる形勢ではない。おまけに西武グループの内部も意見が割れ、わたしはほとほと困り果ててしまいました。そこで、田中さんに裁きをつけてもらおうと思いまして」

田中は、顔をほころばせた。

「よし、わかった。山下君なら、大丈夫だ」

清二は、安堵した表情になって言った。

「近いうち、主だった後援者を、十五、六人ほど東京に呼び集めます。もちろん、幹事長に恥をかかせないように根回しはしておきます」

田中は、力強い口調で言った。

「堤君、きみ、なかなか目が高いよ。あの男なら、父君の後釜として、何の不足もない。任せておけ」

三カ月後、手はずどおり集めた「堤会」の後援会幹部の前で、田中は、自信に満ちた口調で言った。

「わたしは、自民党を代表してお願いする。山下ほどの人材を政界に送り出すことは、滋賀県のためだけでなく、日本国のためだ。みなさんの気持ちもよくわかるが、そこを曲げて頼む」

かくして、山下の立候補は決定した。

山下は、改めて田中に感謝した。

〈二度までも、田中さんに助けられた。田中さんへの恩は、一生忘れまい〉

昭和四十二年一月二十九日の衆議院議員選挙において、四十五歳の山下は、滋賀県全県区より初出馬、七万一千二百三十五票を獲得し、宇野宗佑《うのそうすけ》（のち首相）に次ぐ二位で当選する。

山下はのちに田中派の幹部となり、〝田中軍団の森の石松〟と呼ばれるほどの、最大派閥にはなくてはならない存在になっていく……。

## 官房長官を免れた田中角栄

昭和四十一年の夏、岸信介は、世田谷区代沢《だいざわ》の高級住宅街にある佐藤栄作邸を訪ね、実弟の佐藤に言った。

「佐藤内閣は、日韓会談もやり遂げ、やるべきことは、見事に仕上げてきた。にもかかわらず、世論の評判はかんばしくない。ひとえに、幹事長の田中君と、官房長官の橋本登美三郎《はしもととみさぶろう》君の責任だ」

田中は、幹事長として辣腕《らつわん》をふるい、めきめきと頭角を現していった。福田赳夫を次期首相にと後押しをしていた岸は、田中の突出ぶりに、不安になっていたのだ。

佐藤は、昭和四十年六月二十二日に懸案であった日韓基本条約の調印式をすませていた。

その他のことも問題なく処理しているのに人気がいっこうに上がらないのは、幹事長と官房長官のマスコミ対策のまずさである、という田中批判であった。佐藤は、岸の要求をのんだ。田中を、八月一日におこなう第二次改造内閣・党役員人事で、幹事長から外し、官房長官に据えようと考えたのだ。

じつは、佐藤も、田中を幹事長の椅子に据えつづけていることに不安を感じていた。

佐藤は、肚の底では、田中を恐れていた。表面的には、「小学校出に、何ができるか」という田中に対する高《たか》をくくったエリート意識（佐藤は、兄・岸信介とともに東京帝国大学法学部卒業）が感じられたが、裏では、台所事情の面倒まで見てもらっているという負い目があった。

また、佐藤は田中に対して、「何をしでかすかわからない男だ」という不信感も抱いていたという。

田中を官房長官にしておけば、官邸で自分の監視下に置くことができる。官房長官ならいつも首相に密着していなければならないし、自分の私邸にもしばしば来なくてはいけないだろう。

さらに、一日に、昼間で最低二回か三回は、記者会見がある。夜にも最低一回はある。特に、夜の記者会見は、田中の夜の行動を制限することができる。

〈あれだけ顔の広い田中のことだ。どこで誰に会わないとも限らない。そして、どんな企みをしているか、わからない〉

佐藤は、真剣に田中官房長官案を考えていた。

しかし、田中は佐藤の肚を読み、逃げまわった。佐藤邸にも近寄らなくなっていた。

田中は、親しい代議士にふと漏《も》らした。

「おい、官房長官を押っつけられそうなんだ。どうすればいいかなあ。弱った、弱った。何かうまい方法はないか」

「代理人を立てるんですね」

「誰だ?」

「佐藤派五奉行の愛知揆一《あいちきいち》さんを官房長官に据えるようにし、官房副長官におなじく佐藤派の木村俊夫《きむらとしお》さんを立て、佐藤派で固めればいいんじゃないですか」

「おお、そうか、それは、うまい。それでいこう」

田中は、すぐに決めた。

のちに、愛知は、第二次田中角栄内閣の大蔵大臣として、インフレと石油危機のダブルパンチに、田中の〝切り札〟として困難な経済政策の舵取りに奔走する。が、激務がたたり在任中に急逝する。

また、のち無派閥ながら田中シンパとして動く木村俊夫は、明治四十二年一月、三重県員弁《いなべ》郡東員町《とういんちょう》生まれで、田中より九歳年上であった。

木村も愛知同様、東京帝国大学法学部卒で、運輸官僚を経て、政界に転じていた。佐藤派のなかでは、愛知とともに政策通であった。佐藤邸にも、しょっちゅう出入りしていた。マスコミ受けも、非常によい紳士であった。

田中は、ほくそ笑んだ。

〈佐藤さんの子飼いだから、木村官房副長官というのは大抜擢人事だ。佐藤さんとしても、木村さんなら、嫌とは言えまい。おまけに、木村さんにも貸しをつくれる〉

田中は、木村に会い、説得した。佐藤首相にも、愛知と木村を正副官房長官にとすすめた。

昭和四十一年八月一日の佐藤内閣第二次改造では、大蔵大臣は福田赳夫、官房長官は愛知揆一、官房副長官に木村俊夫が抜擢されていた。幹事長は田中角栄であった。危機一髪、田中は、官房長官を免れる。

田中は、幹事長として実力を蓄え、福田赳夫を抜いてみせる、と自信満々であった。

## "二人の田中"と黒い霧

が、思わぬ陥穽《かんせい》が待っていた。「黒い霧事件」である。寝業《ねわざ》師と言われた川島正次郎《かわしましょうじろう》が常々言っていたように、まさに「政界は、一寸先は闇」である。

昭和四十一年八月五日、田中彰治《たなかしょうじ》が、田中角栄の「刎頸《ふんけい》の友」と言われていた国際興業社主の小佐野《おさの》賢治《けんじ》にまつわる恐喝と詐欺の疑いで逮捕され、田中角栄にまで世間の批判の火の手がおよびそうになったのである。

田中彰治は三度、衆院決算委員長を務め、一貫して決算委員会をバックに汚職を追及。国有財産の不当処分問題をはじめ、昭和二十九年の造船疑獄、グラマン、ロッキード機種選定などをめぐって、野党も舌を巻く政府追及をおこなった。が、裏面でそれを利用、揉み消しにまわって金を取っていた。

自分でマッチの火を点けておいて、ポンプで火を消す政界の「マッチポンプ」の異名をとっていた。

田中彰治は、資金繰りに窮し、ついに田中角栄と小佐野の絡んだ虎ノ門公園跡地払い下げに目をつけた。

田中角栄は、その問題を経済誌『経済春秋』にあばかれ、腹心の二階堂進《にかいどうすすむ》を使って、それ以上大きな火の手があがらないようにしていた。が、もっともうるさい田中彰治に嚙みつかれたのである。

田中彰治は、この問題を、昭和四十年に国会に持ち出し、鋭く追及した。

「これは、あきらかに転売だ。五年間譲渡禁止の条件があったのに、田中大蔵大臣が、便宜を図ったのだ」

これを材料に田中彰治は、田中角栄に手形割引を斡旋させ、小佐野へのルートを得る。

田中角栄は、長岡鉄道の社長時代にも、田中彰治には痛い目にあわされていた。部下の経理課長が、裏の帳簿を田中彰治に持ち込んだのだ。このときは、なんとか揉み消したものの、再び田中彰治に尻尾をつかまれたのだ。

小佐野も、田中角栄のたっての頼みと思い、求めに応じたのであった。

しかし、田中彰治は、それ以後も小佐野に何度も手形の割引を迫った。さすがに小佐野が断ると「田中角栄の鳥屋野潟《とやのがた》などの疑惑も追及する！」と脅しをかけた。

鳥屋野潟疑惑というのは、新潟市にある淡水湖の埋め立て予定情報をあらかじめ掴んで、水面を買い占めておき、転売で大儲けをしたというものである。

佐藤首相も、政権の屋台骨をゆすられては困る、という判断で、田中角栄をかばい、田中彰治を逮捕したのであった。田中彰治は、入院していた東京・文京区の順天堂大学病院から、着物姿のまま連行された。

田中彰治は、懸命に叫び訴えた。

「すべては、田中角栄、小佐野賢治、それに小佐野の弁護士・正木亮《まさきりよう》と東京地検特捜部長・河井信太郎《かわいしんたろう》の仕組んだ陰謀だ！」

田中彰治は、のちに懲役四年の一審判決を受ける。

佐藤は、ひとまず内閣の安泰を保つと、今度は田中角栄の切り捨てにかかった。田中は、昭和四十一年十二月に幹事長を降ろされた。後任の幹事長は、田中とポスト佐藤を狙っていた福田赳夫であった。

田中は、都市政策調査会長という閑職《かんしよく》に追いやられた。これで、田中は、完全に福田に差をつけられた、と周囲の誰もが見た。が、田中はなお、執念を燃やしていた。

## 金は渡し方を間違えると〝死に金〟になる

昭和四十三年十一月下旬、田中角栄は、首相執務室で、佐藤栄作に申し渡された。

「今度の改造で、再び幹事長をやってくれ」

田中は、精悍《せいかん》な顔をほころばせて答えた。

「引き受けさせていただきます」

田中は、興奮していた。これで、福田との戦いを、再び五分に持ち込めるのだ。

田中は、首相執務室から出ると、絨毯の上をつい弾むような足取りで歩きはじめた。

佐藤政権は、福田に金を扱わせていては、勢いを得るわけがない。やはり、自分の出番だ、と田中は意を固めた。つまり、田中にとって、自分の勢力を一気に伸ばす、絶好の機会がめぐってきたのである。

十二月一日、田中角栄は再び自民党の幹事長に就任した。

昭和四十四年十二月末の総選挙は、田中が幹事長として采配を振ることになった。

第三十二回の衆議院総選挙が公示された。

それから間もない夜、代議士の一人から、赤坂の佐藤昭《さとうあき》（田中角栄の金庫番秘書）の自宅に電話がかかってきた。代議士は、あわてていた。

「資金不足で、当落が危ないんです。今日の十一時の夜行列車に、使いの者を乗せます。どうか援助してください」

時計は、夜の十時になろうとしていた。早寝早起きの田中は、すでに床に入っているにちがいない。起こしては悪い。

田中が次の総理総裁の椅子を狙いはじめたころから、資金援助を求めてくる政治家たちがひときわ多くなった。今回の選挙では、さらに多かった。昭の自宅に電話がくることも多々あった。

昭は、資金援助を求めてきた代議士に言った。

「わかりました。お渡ししますので、事務所までご足労ください」

いくら田中が寝ている時間とはいえ、金を渡さなければ、田中の沽券《こけん》にもかかわる。

〈勝手に金を渡して、田中が怒るようであれば、わたしが一年分の給与をもらわなければいいのだから〉

肚は、据わっていた。

田中がだいたいどれほどの金を渡すか、昭はいつも見てきた。田中は、いつも公平にしようとしていた。が、個々の代議士によって状況がかなり異なる。

昭は翌朝早く、砂防会館の事務所に出かけた。

金庫から金を出すと、その代議士の使いの人に手渡した。そしてこう言った。

「このお金は、お返しいただかなくても結構ですよ。どうぞ、頑張って当選してきてください」

政治家たちは、いくら貸してくださいと頼んでくる者でも、金を返す者はほとんどいない。貸してくださいということは、くださいという意味だった。額も、のちに金権政治と批判されるほど高額ではない。それゆえに、相手に負担に思わせないために、初めからそう言っておいたのである。

朝、田中は、砂防会館の事務所に入ると、昭に訊《き》いた。

「今朝、あいつが来たろう」

「ええ、ちゃんと渡しておきましたよ」

「そうか、わかった」

田中はそれ以上、いくら渡したか問い質《ただ》しもしなかった。佐藤昭に全幅の信頼を寄せて任せていたからだ。以後、田中と連絡がとれないときなど、昭は独断で資金を渡したりもすることになった。このことが原因となり、昭は、のちに「越山会の女王」と呼ばれることになる。

しかし、田中は、一つだけ昭に口を酸っぱくして言い聞かせていたことがある。

「金はもらうときより、渡すときの方に気をつけろよ。相手に負担のかかるような渡し方をしちゃ、死に金になる。だから、金をくれてやるというような態度で渡してはいけないよ」

田中は、幼いころから、馬喰《ばくろう》の父の借金のために苦労させられた。親戚たちにも、下げたくもない頭を何度も下げた。その悔しさや辛さを、忘れていなかった。そのため、昭には、執拗《しつよう》と思えるほどに念入りに釘を刺したのである。

田中事務所は、選挙の準備のためにおおわらわとなっていた。

田中が幹事長になって初めての選挙である。田中の名を上げるためにも、この選挙は絶対に負けられない。

佐藤首相は、沖縄返還の約束を取りつけ得点をあげた余勢を駆り、日米安保条約の自動継続について、この選挙で国民の信を問うという狙いでいた。

田中は、いよいよ天下分け目の勝負時だと思った。

〈この選挙で自民党を圧勝させ、自分の力を見せつける。同時に、新人議員をたくさん出し、自分の子飼いの議員にしてみせる〉

## おまえの恩返しなんていらん!

昭和四十四年十二月初め、橋本龍太郎（のち首相）は自民党本部四階にある幹事長室にエレベーターで向かっていた。

橋本は、その年たまたま衆議院では社会労働委員会と文教委員会の両方にいて、党の政務調査会でも文教部会の副会長をしていた。文教関係では大学立法（大学運営臨時措置法案）を抱える一方、社会労働委員会の理事として、健康保険法（健康保険特例法修正案）も抱えていた。

当時、東大安田講堂占拠事件をはじめ、大学紛争はエスカレートする一方だった。大学への介入を強化する大学立法への反発は、特に激しかった。

この年は、国鉄の運賃問題を含め、与野党対決法案が三本もあった。

選挙前には、健康保険法案と大学立法との二つのため、国会では大乱闘事件まで起きた。

橋本は、地元にまったく帰れなかった。強行採決の連続の結果、野党が出てこなくなり、解散以外、方法がなくなった。そのため、話し合いのような恰好の解散で、選挙戦に突入したのであった。

二回生議員の橋本にとって、風当たりは強かった。

橋本は、佐藤栄作に応援に来てもらいたかったが、首相みずから応援に来るのは無理なので、代わりに幹事長の田中に来てもらおうと、幹事長室へ向かった。

橋本は、それまでおなじ佐藤派に属していながら、田中角栄とのつながりはなかった。

吉田茂《よしだしげる》十三奉行の一人とまで謳われた父親の橋本龍伍《りゅうご》は、池田内閣時代、田中と大蔵大臣の椅子を争い、負けていた。龍太郎の母親からすれば田中はあくまでもライバルであり、快く思っていなかった。そうした過去の経緯もあり、橋本は、保利茂の指導を受けていたのである。

橋本は、自民党本部の四階でエレベーターを降り、いつも記者会見がおこなわれるロビーの手前を左に折れ、すぐ右手の幹事長室に入った。事務の部屋をとおり、さらに奥の部屋のドアを開けると、田中が、本部玄関側に向かった窓に近いソファーに座っていた。

橋本は、田中に頭を下げて頼んだ。

「幹事長、ぜひ、応援に来ていただけませんでしょうか」

田中は、木で鼻をくくったような返事をした。

「幹事長というのは忙しいんだ、全国を相手にしている。わざわざ、きみのところに行ってはおられん」

〈こんちくしょう……〉

鼻っ柱の強い橋本は、

「それなら、結構です」

と、席を立って幹事長室を出た。

案の定、つらい選挙になった。一番スランプに陥っているころに、自民党国会対策副委員長の竹下登が、岡山一区の大村襄治《おおむらじょうじ》（のち防衛庁長官）の応援を午前中にやり、午後から岡山二区の橋本のところに応援に駆けつけてくれるという知らせが入った。

〈竹下さんが……〉

橋本は、うれしさが胸の底から込み上げてきた。

橋本は初出馬した際、佐藤栄作から教育係として、竹下に引き合わせてもらっていた。竹下は、昭和三十九年十一月九日、佐藤が首相に就任すると、佐藤内閣の内閣官房副長官に就任していた。それ以前は、自民党の青年局長であった。

竹下は、橋本に、選挙の際の演説の内容から、演説の調子まで教えてくれた。やはり同じ総選挙に立った小渕恵三《おぶちけいぞう》（のち首相）も同様であった。

小渕は、竹下が早稲田大学「雄弁会《ゆうべんかい》」の先輩ということもあり、竹下の言う通りの演説をした。

が、橋本は、

「よけいなお世話だ。おれの演説は、おれのしたいようにする」

と、竹下の教えを蹴り、自分流の演説をやって初当選を飾っていた。橋本は、竹下のいい弟子とはいいがたかったが、もっとも苦しいときに竹下が来てくれるのが、うれしくてたまらなかった。

ところが、竹下が、「大村事務所を出た」という連絡があってから、いつまでたっても応援にやって来ない。街頭での演説時間の切れる直前に、ようやく竹下がやって来た。道で顔を合わせ、マイクを持ってもらう時間もなく、せめて個人演説会場だけでも、と演説してもらったのであった。

その夜、橋本は、たまたま山深いところに入っていた。

竹下の応援に期待していただけに、かなり落ち込んでいたところ、選挙事務所から至急戻るようにと連絡が入った。

選挙事務所に引き返すと、選挙員から一通の手紙を渡された。

「この手紙を読んで、折り返し返事がほしいそうです」

橋本は、すぐに開いてみた。

地元の会社の社長から、田中幹事長に宛てた手紙であった。

「委細承知しました。工場のほうに連絡をとってありますから、橋本龍太郎の選挙事務所から誰か工場に行かせるように指示してください」

その手紙のなかにもう一通手紙が入っていた。その手紙を開けてみると、巻紙で一間（二・八メートル）ほどある長い手紙であった。ひと目で、田中角栄の直筆とわかった。

そこには、毛筆で、こう書かれていた。

「幹事長として今度の選挙は、どんなことがあっても自民党を勝たさなければいけない。全力投球をしたい。岡山県の第二区は、長老の藤井勝志《ふじいかつし》先生は大蔵政務次官を経験なされて、安定している。加藤六月《かとうむつき》先生は、兄君が県知事ゆえに、これも大丈夫だ。残るのは、橋本龍太郎だ。当落線から上がらない。ところが、彼は今年、大学立法と健康保険という二大法案をあずかり、国会できりきり舞いをしている。地元へまったく帰ってないはずだ。党として、党務で全力投球をした人間を落選させるのは、一番の恥である。なんとしても、彼を上げなければならぬ。そこで、あなたの会社の事業所が、彼の選挙区にあるそうだが、なんとか協力をお願いできないであろうか」

橋本は、その手紙を読みながら、涙があふれた。

〈田中さんは、おれの甘さを知って、表面上は厳しくあたったが、心の底では、こんなに心配してくれていたんだ〉

橋本は、田中の後押しがあり、昭和四十四年十二月二十七日の総選挙では、七万七千四百八十九票をとり、トップ当選を果たした。

橋本は当選後、佐藤首相にあいさつに行ったその足で、礼を言うために幹事長室に田中を訪ねた。橋本は、それまでイメージに描いていた田中幹事長だったら、そこで恩に着せて、威張ると思っていた。

〈威張られても、お礼を言おう〉

そう覚悟を決めていた。

ところが、橋本が礼を言っても、田中は、手紙のことはひと言も言わない。それどころか、

「上がってこなくてもいいような、おまえみたいなヤツが上がってきやがって、どうしても上げなきゃいかんヤツが、落っこってしまった」

さらに、

「もう少し勉強、勉強しろ」

とまで言いはじめた。

橋本は、だんだん腹が立ってきた。

「とにかくいいです。わたしは、勝手に感謝します。いつか何かで恩返しをすることがあると思います」

すると、田中は、大声で怒鳴った。

「おまえの恩返しなんて、そんなものはいらん！」

橋本は、

〈人がお礼を言ってるのに……〉

と、なかばむくれながら帰った。

ところが、橋本は、その後、竹下から、思わぬ話を聞かされた。

「じつは、この前、きみのところに応援に行く時間が、遅れただろう。あれは、わたしが、橋本龍太郎のところへ応援に行くと言ったら、田中さんが、リストを渡して言うんだ。

『おれの手紙で、協力を約束してるのは、これだけある。だけど、本当に指示が下りて、やってくれるかどうかわからんから、おまえが街頭演説などをやるよりも、この事業所を全部まわってくれ。本社の指示が下りてるかどうかを全部チェックして、下りてるようだったら、よろしくありがとうと言って、下りてなかったら、田中からこういう手紙が社長にいって、社長からこういう返事が来てるんだから、よろしくと言ってこい』

それをやっていたために、明るいうちに姿を見せるわけにいかなかったんだ」

橋本は、田中の細やかな心遣いに、胸の底から熱いものがこみ上げてきた。

## どうして、わたしを公認してくれなかったんです！

小沢一郎は、昭和四十四年師走の衆議院総選挙で初当選を飾った。

小沢は、昭和十七年五月二十四日、岩手県水沢《みずさわ》市に生まれた。

父親の小沢佐重喜《さえき》は、吉田内閣時代に運輸相、建設相を務め、藤山派全盛時代の政治参謀だった。

慶應義塾大学経済学部を卒業した小沢は、父親とおなじ弁護士になるため、日本大学大学院の法律専攻科に入り、司法試験を目指した。が、その最中の昭和四十三年五月、父親が急死した。

小沢は、そのとき二十六歳であった。父親の跡を誰が継ぐか、家族はじめ、佐重喜後援会の幹部が集まって激しい議論が闘わされた。その結果、ようやく長男の一郎の後継が決定した。

次の問題は、政界でのいわゆる親分を誰にするか、であった。これがまた、揉めに揉めた。

佐重喜は、藤山愛一郎《ふじやまあいいちろう》派であった。当然、小沢一郎も藤山派から出馬するというのが大方の見方だった。ところが、選挙参謀の一人が、「藤山派では、先が思いやられる」と言いはじめた。確かに藤山愛一郎の時代は去り、藤山派そのものが風前の灯《ともしび》となっていた。

家族と後援会の幹部が集まって、再び激しい議論が闘わされた。政界では、師事する政治家によって、大きく将来が変わってくる。

「やはり、藤山が筋だ」

「いや、大平がよい」

と意見が出されたが、選挙参謀の一人から、強力な意見が出てきた。

「一郎はまだ若いし、これから大きく伸びる若い政治家につけるべきだ」

「誰だ」

「田中角栄しかいない。今をときめく幹事長だし、年も若い。一番勢いのある政治家だ」

それをこえる意見は、ついに出なかった。小沢を田中角栄に預けようということになった。

小沢と母親のみち、それに後援会長の及川利二の三人は、さっそく上京した。目白の田中邸を訪れると、田中に頼み込んだ。

「一郎の身柄を、田中先生にぜひお預かり願い、教育していただきたいと思って上京してまいりました」

田中は、小沢の年齢などを聞き、快諾した。が、こうつけ加えた。

「一郎君、きみな、親父の跡をのんべんだらりと継いじゃ駄目だぞ。全有権者と握手しろよ。後援会幹部の家も、一軒一軒まわって、きっちりしてから、ここへ幹部のみなさんを連れてきなさい。わたしから、あいさつするから」

つまり、後継者問題などですきま風が吹いている後援会を田中の激励で結束させてやる、と言っているのだ。小沢は、郷里の水沢に帰ると、田中に言われたとおり幹部の家を一軒一軒まわってあいさつした。

東京の田中邸へ、いっしょに行ってください、と頼んだ。

その年の十二月、バス五台を連ね、二百人を超える後援会の幹部が大挙して田中邸に乗り込んだ。

田中は、小沢の精悍になった顔をまじまじと見て、納得したようだった。

まだ朝早い時間であった。母屋の前の広い庭に通されると、そこにはテーブルが並べられ、ビールや酒、それに日本料理がずらりと並んでいた。

初めて田中に会う後援会の人々は、それだけで田中という政治家の勢いと器の大きさを見る思いがした。

田中は、小沢を自分の横に立たせ、後援会の人々を前に、ダミ声で猛然とあいさつをはじめた。

「わたしは、長男を五歳のときに亡くしている。ちょうど成長していれば、小沢君とおなじ年だ。小沢君を見ると、なかなか面構えもいい。亡くなった長男のことを考えると、まるで自分の子のようです。親父さんのあとは、わたしが徹底的に小沢君の面倒をみる。みなさんも、ぜひ小沢君を当選させるために、これまで以上に一致結束して頑張ってもらいたい」

田中のあいさつ、というより演説は、延々と一時間近くもつづいた。小沢を思う気持ちと、田中の迫力に、後援会の幹部たちは感激し、圧倒された。初めて田中角栄の人となりに触れて、この人物につけば若い小沢もまちがいない、と誰もが思った。不安が、田中のエネルギーによって吹き飛ばされた。

後援会の幹部は一人として抜けていく者がなかった。その勢いで、選挙は炎と燃えた。小沢は、田中に言われたとおり、自分自身で選挙区を一軒一軒まわって握手して歩いた。

小沢一郎本人にとっては、初めての経験だ。精神・肉体両面で苦しいことはあった。なにしろ、岩手県は広い。事務所に帰ってくるのは、毎晩十時か十一時ぐらいだった。くたくたになって事務所に戻ると、地元の後援者が集まっている。その後援者と、コップ酒を酌《く》み交わさなければならない。

もちろん、後援者の前では、少しも疲れたそぶりは見せない。よろこんで、後援者と酒を酌み交わした。それが、「若いのに、なかなかたいしたものだ……」と評判を取った。

幹事長の田中のバックアップから、自民党の公認も取れた。

父親からそっくり受け継いだ後援会は、しっかりまとまっていた。父親の死に対する同情票も集まった。

小沢は、中選挙区時代の岩手二区から立候補し、二位に二万票近くの大差をつける七万一千五百二十票をとり、トップ当選を果たした。二十七歳の若さであった。

いっぽう、昭和四十二年の総選挙で新潟四区から立候補したが落選し、田中角栄の事務所で秘書にまじって修業をしていた高鳥修《たかとりおさむ》も、この選挙に再度挑戦し、初当選を飾った。

また、高鳥とおなじく昭和四十二年の総選挙で、兵庫一区から初出馬して落選し、「田中角栄政務秘書」の肩書をもらっていた石井一《いしいはじめ》も初当選を飾った。この選挙では、のちに竹下派七奉行となる梶山静六《かじやませいろく》、奥田敬和《おくだけいわ》らも、初出馬し当選を飾る。

だが、この総選挙で福島二区から初出馬した渡部恒三《わたなべこうぞう》は、苦戦を強《し》いられた。自民党公認の申請をおこなったが、いくら頑張っても、公認が取れなかったのである。現職優先の原則上、新人は不利であった。

渡部は、幹事長の田中角栄を恨んだ。

〈人を見る目のない幹事長だ〉

投票日は、昭和四十四年十二月二十七日で、即日開票だった。

渡部は、投票をすませると、選挙事務所の近くの梅屋敷という旅館に泊まっていたので、そこに戻り、テレビで開票速報を見た。

夜の十時半をまわったころ、最下位の五位ながら、当選確実が出た。夢のようだった。早稲田大学雄弁会の仲間の藤波孝生《ふじなみたかお》と卒業の際、政治家の道を誓い合ったことが、遅ればせながら実現できたよろこびに体を熱くした。

渡部は、当選確実が出ると、選挙事務所に行った。みな、やんやの喝采で出迎えてくれた。

渡部は、ふとテレビを見た。自民党本部で開票状況を見つめている幹事長の田中が映し出された。

ＮＨＫの記者が、田中にマイクを差し出して訊《き》いた。

「福島二区の無所属の渡部恒三が、当選しましたね」

すると、田中は言った。

「いや、あいつはたいしたヤツだ。彼を公認しなかったことは、僕のまちがいだった。彼のように、壁に爪をたてて這い上がってくるような男が、いずれこれから自民党を背負っていってくれるよ。是が非でも、入党してもらわねばならん」

その瞬間、事務所のなかに、割れんばかりの拍手の洪水が起こった。事実上の公認宣言である。

渡部はうれしかった。幹事長として自分を認めなかった非を、率直に認めた田中の潔さに、一瞬にして惚れ込んでしまった。

選挙が終わり、年末、渡部は上京した。自民党本部四階の幹事長室で渡部は、それまでの恨みつらみを、ぶつけた。

「どうして、わたしを公認してくれなかったんです！」

田中幹事長は、まくしたてた。

「きみを当選させるために、あえて公認しなかったんだよ。だってそうだろ。もし公認してたら、きみ、当選しなかったよ。公認してたら、公明党や民社党から票が入らなかったろう」

福島二区の公認候補は、自民党、社会党、共産党の三党であった。公明党と民社党の公認候補はいない。自民党には入れたくない、さりとて社会党や共産党にも入れたくない。そう考える公明党や民社党の支持者の票を得て、当選したというのである。渡部は、田中の選挙区分析の正確さに感心した。

〈言われてみれば、そのとおりだ。よく研究しているんだな。やはり、次に総理の椅子を狙うという勢いのある人物は、ちがう〉

田中は「ほれ」と言って茶封筒を差し出した。公認料であった。五百万円であった。

渡部は断った。

「選挙は終わったから、お金はいりません」

「きみ、そんなこと言って、困らせるな。こんなもの、あっても邪魔になるもんじゃない」

田中は、渡部に茶封筒を押しつけた。選挙前にさかのぼって公認するという田中独特の措置であった。

渡部は、その選挙以来、田中に骨の髄まで惚れ込んだ。

佐藤首相も、この選挙の結果に上機嫌であった。

自民党二百八十八人、社会党九十人、公明党四十七人、民社党三十一人、共産党十四人、無所属十六人で保守系無所属を加えると、三百議席の大台に乗ったのである。

田中は、佐藤にその功績を買われ、党幹事長に留任した。田中も、総選挙の圧勝で手応えを感じていた。

福田との雌雄《しゆう》を決する戦いに、勝てると燃えていた。

なお、このときの初当選組が、のちの田中派「木曜クラブ」の中核になる面々である。
渡部恒三（のち厚相、自治相、通産相、衆議院副議長）、高鳥修（のち総務庁長官、経済企画庁長官）、小沢一郎（のち自民党幹事長、民主党代表、現・自由党党首）、羽田孜《はたつとむ》（のち首相）、奥田敬和（のち自治相、国家公安委員長）、斉藤滋与史《さいとうしげよし》（のち建設相）、梶山静六（のち自民党幹事長、内閣官房長官）、小坂徳三郎《こさかとくさぶろう》（のち運輸相）、綿《わた》貫民輔《ぬきたみすけ》（のち自民党幹事長、衆議院議長、国民新党代表）、石井一（のち自治相）、左藤恵《さとうめぐむ》（のち郵政相、法相）、中山利生《なかやまとしお》（のち防衛庁長官）、佐藤守良《さとうもりよし》（のち農水相、沖縄・北海道開発庁長官）、林義郎《はやしよしろう》（のち厚相、蔵相）、稲《いな》村利幸《むらとしゆき》（のち環境庁長官）、野中英二《のなかえいじ》（のち国土庁長官）、有馬元治《ありまもとはる》（のち防衛政務次官）らがいた。

賢明な読者は、もうお気づきであろう。田中角栄が幹事長として辣腕をふるい二百八十八議席の自民圧勝に導いた昭和四十四年の総選挙において、自派に取り込んだ新人議員のほとんどが、のちに首相、衆議院正副議長、閣僚、党幹部となっている。いかに幹事長・田中角栄の政治的嗅覚、観察眼が確かであり、かつ田中派が権力の中枢を握っていたかの証左であろう。

一つの派閥のなかで同期当選組は、たいてい四、五人しかいない。が、昭和四十四年初当選組に限っては、田中派となる者が十七人もいた。田中角栄幹事長のもとで当選した彼らは、「田中派の初年兵」を自任していた。

党大会が終わり、首相官邸で、佐藤首相を囲み、ガーデンパーティーが華やかに開かれた。

羽田孜は、離れた階段の高いところから、じっと庭の様子を見ていた。

庭の真ん中で佐藤栄作のそばを、田中角栄が歩いている。すると、ドーッとどよめきが聞こえる。人の輪が、うねりながら動いていく。その輪の中心に、田中幹事長がいた。羽田には、どよめきが聞こえるというより、どよめきが見える、という感じで、それはもの凄い盛りあがりようであった。田中が動くと、人の輪が、田中といっしょに動いていく。

佐藤といっしょに歩いていても、佐藤より田中のまわりに人が集まっている。ほかにも、福田赳夫をはじめ閣僚が来ていたが、人波がうねっているのは、田中の周囲だけであった。

羽田は、興奮を禁じ得なかった。

〈これが、時の勢いというものか〉

首相官邸の庭で、みなに取り囲まれた田中は、闘志にあふれていた。この官邸の主に、必ずなるという自信に満ち満ちていた。

周知のように、田中角栄はのちに総理総裁の座につき、日中国交回復を成し遂げ、列島改造に臨み現代日本の社会経済・インフラシステムの基を築いた。が、中東のオイルショックに端を発したインフレ、また頭越しの資源外交展開に米国の怒りを買い、ロッキード事件で失脚するが、その後も、目白の闇将軍として政界に君臨しつづけた。が、昭和六十年、竹下登の創生会旗揚げに激高したのが災いし、病に倒れる。

その生い立ちからの壮絶な七十五年の生涯において、もっとも自身の政治的能力が開花し闘志にあふれた幸福な時代は、田中にとって幹事長時代だったのかもしれない。

# 第二章

# 角栄以後の〝豪腕〟幹事長

## 神出鬼没の田中六助

中曽根康弘首相のもとで、二階堂進の次に自民党幹事長を務めたのが田中六助《たなかろくすけ》であった。

田中六助は、東京永田町の自民党本部から、いつもと変わらぬ顔をして、政調会長用の黒塗りのトヨタクラウンで出発した。昭和五十八年十月二十二日土曜日の午後四時十五分過ぎであった。

田中角栄元首相に「懲役四年、追徴金五億円」の一審判決が下った十一日後のことであった。

「六さんの動きが怪しい。田中元総理の首切りを狙っているらしい」

と目を光らせていた新聞記者たちも、六助の行き先を怪しむ者は、いなかった。

じつは、六助、白昼堂々、田中角栄邸に乗り込もうとしていたのであった。

六助は、昭和五十六年十一月三十日、第二次鈴木内閣成立と同時に、初めて党三役の一つである政務調査会長に就任した。

六助は、「一六戦争」と呼ばれる宮澤喜一との派閥内の覇権争いをめぐり、次期首相候補と言われた中曽根にすり寄っていた。宏池会の跡目は、会長の鈴木善幸《すずきぜんこう》が宮澤と親戚関係を結んだことで、ほぼ自分には回ってこない、と読んでいた。

自分が生きのびる道は、次期宰相候補の中曽根に近づき、中曽根政権を実現させることだ。

六助は、逐次、中曽根に鈴木の情報を伝えた。鈴木に退陣の意志のあることを掴み、真っ先に伝えたのも中曽根であった。

中曽根も、六助の行動力と情報収集能力を買っていた。

昭和五十七年十一月、中曽根内閣が成立すると、六助は、自民党政調会長に留任し、ニューリーダーの一隅を確実に占めるようになっていた。

田中角栄は、「所感」で、「絶対に議員を辞めない」と言い張っていたが、六助には、「ひょっとしたら……」という一縷《いちる》の望みがあった。

六助は、岸信介や中曽根に連絡をとった。二人に、「一度、直接に田中角栄の胸の内を聞いてみてくれまいか」と頼まれた。

「それでは……」

と引き受け即座に行動に移そうとしていた。六助ならではの出番である。

今後の自民党にとって、田中角栄をどう扱うか……は重大な問題であった。

しかし、いざ田中角栄に会おうとしても、至難の業《わざ》であった。目白の田中角栄邸の周囲は、新聞記者やカメラマンがうようよしている。四六時中、監視がついているようなものである。

かといって、話が話だけに、電話で済ませるわけにはいかない。

〈なんとかして、角さんに会うことができまいか……〉

頭をひねりつづけた末、名案が浮かんだのであった。

田中六助は、首都高速の護国寺インター出口に下りるや、あらかじめ待たせておいた宅急便の軽トラックに乗り込んだ。まるで現金輸送車でも襲った犯人が、別の車に乗り換えるような素早さであった。

もちろん、人目を避けるため、荷台の箱のなかに、レインコートをはおって息を殺していた。

六助、このとき六十歳。前年の一月二十七日の衆院本会議で代表質問に立ったとき、新聞の一面トップの見出しほどもある特大の文字で記した電話帳のような分厚い原稿を持ち込んでおきながら、原稿が読めず立往生してしまった。糖尿病がいよいよ酷くなり、ついに白内障まで引き起していたのであった。

すぐに入院し、一時は「再起不能か」「失明か……」とデマを飛ばされたほどである。それほどの満身《まんしん》創痍《そうい》を押し、還暦の政調会長の気取りも品位もかなぐり捨てて、スパイ映画『００７』ばりのことをやってのける人物は、政界広しと言えども、六助しかいまい。

もちろん、宏池会の跡目をめぐって、〝一六戦争〟とまで呼ばれて争っていたライバルの宮澤喜一にはとてもできないことだし、死んでもやるまい。まさに「神出鬼没の六助」の面目躍如と言えよう。

田中邸の玄関前に着くと、警備の警察官が宅急便のトラックを止めた。事前に早坂茂三秘書に連絡してあったから、田中邸の門はスムーズに開いた。が、張り番をしていた新聞記者たちが車に寄ってきて、ジロジロと運転席や荷台の窓を覗き込む。

〈見つかるわけはない……〉

とは思っていたが、六助、さすがに緊張した。

そのうち、

「誰も乗っていないようだ。ただの宅急便だよ……」

とぶつぶつ言いながら離れていった。

結局、六助の角栄邸潜入が伏線となり、それから六日後の昭和五十八年十月二十八日、ホテル・オークラで田中、中曽根会談が開かれた。

が、田中角栄は、ついに辞職せず、同年十二月十八日に第三十七回総選挙がおこなわれた。自民党は解散時の二百八十六から、二百五十に議席を激減させた。田中角栄のロッキード判決の影響であった。

総選挙の翌日開票が進んでいる十九日の午前十一時、自民党の敗色は濃厚だったが、東京、大阪などの大都市部の行方は、まだわからなかったときである。

顔面蒼白で党本部に現れた中曽根に対して、田中六助が開口一番、言い放った。

「総理、これは予算委員会の逆転は必至ですよ。新自由クラブを取り込みましょう。それしか活路はない。わたしに任せてください」

ドイツの政治学者マックス・ウェーバーの『政治家とは、不可能を可能にすることを天職と思わなければならぬ』という言葉を座右の銘としていた田中六助、危機に立たされれば立たされるほど、〈おれの出番……〉と燃えてくる。六助はただちに、国会から車で五分ほどのところにあるホテル・オークラ七階の特別室七三〇、七三一号を無期限で予約した。

二十一日から、田中六助は党本部の政調会長室を「ちょっと」と抜け出しては、この部屋に身を隠した。ホテル・オークラ本館の七階は、テラス式の庭園を持ったデラックスルームが並び、外国人客にも人気のある茶室「聴松庵」もある静寂なフロアである。外部からの通行人は、ほとんどない。人目を忍んで密会するには絶好の場所である。

六助は、その特別室に、連日、新自由クラブの田川誠一《たがわせいいち》、河野洋平《こうのようへい》、山口敏夫《やまぐちとしお》らを招いた。

招き方は、きわめて丁重であった。自分より年齢も若く、当選回数も下の河野や山口にまで、「先生のご都合のよろしい時間で結構ですから、ぜひお越しいただけませんでしょうか」と密談を誘った。

当時、社会党や公明・民社両党など野党内部でも、ここで新自由クラブに逃げられたら、せっかくの与野党伯仲《はくちゅう》状況が崩れると警戒心が強かった。

それだけに、六助の工作がもし事前に露見したら、新自由クラブは話を白紙に戻す公算が大きかった。オークラでの密談は神経質なくらい人目を避け、新自由クラブの幹部たちは、ホテルに入った玄関と出口を変え、カモフラージュした。

六助は、話を成立させるために、新自由クラブの幹部に、中曽根首相の承諾もなしに言った。

「連立ということになれば、閣僚ポストも、約束する。金の面倒も、見る」

それを聞いた中曽根は、六助を叱った。

「六さん、そういう約束を勝手にされたんじゃ、困る！」

田中六助も負けてはいなかった。

「そうですか。そうおっしゃるなら、わたしは、この件から手を引きます。わたしは、総理のためを思ってここまでやってきたのに、そう言われるんなら、仕方ありません……」

中曽根は、六助なしには、この工作が成功しないことは、百も承知していた。

「いや、六さん、待ってくれ。いいから、好きなようにやってください」

六助は、にやりと笑った。

六助の綱渡りのような折衝の末、連立の話はまとまった。この連立により、実質安定多数を確保し、秋の総裁再選に望みをつなぐことができた中曽根は、六助に感謝してもしきれない気持ちを抱いていた。

十二月二十三日、中曽根は、最高顧問会議で田中角栄排除の総裁声明を出すことで首相批判を収拾させ
翌日、「いわゆる田中氏の影響を排除する」という総裁声明を発表した。

## 川筋者の意地

この日、中曽根は、六助を呼んで言った。

「六さん、今回の連立を成功させた功績で、あなたを幹事長にと思っているんだが、どうですか」

六助は、心のなかでしめた、と思いながら答えた。

「それは、自分だけの問題ではありませんから、総理から、鈴木善幸さんの方に話してくださいよ」

中曽根は、国会開始の前日にあたる二十五日、電話で鈴木に言った。

「六さんを幹事長に、と思っているんですが、いかがですか」

鈴木は憤然として答えた。

「それは、駄目です。うちの会長代行である宮澤を幹事長に、というのが筋じゃありませんか」

「それは、もちろんわかっているんですが、六さんは、今回の新自由クラブとの連立を成功させた大功労者です……」

しかし、鈴木は、最後まで、宮澤を主張した。

中曽根には、六助を幹事長に据える深い計算があった。再選を狙うためには、やはり総裁の座を狙うライバル宮澤に、党の元締めである幹事長になられては困る。

六助を幹事長にすれば、岸信介、田中角栄とも親密な関係にあるし、寝業師としてなにかと自分のためにも役に立ってくれる。少数派閥の中曽根派には、六助的な寝業師がいなかったからだ。

六助は、鈴木が自分を幹事長に据えることを渋っている、と耳にするや、国会開会当日の十二月二十六日、宏池会事務所に乗り込んで行った。

六助は、鈴木善幸に食ってかかった。

「鈴木さん、言っておきますけど、わたしは一度も〝幹事長になりたい〟と言ってません。わたしでは駄目だというのは、わたしでは幹事長は務まらないという意味ですか」

「六さん、そういうこととは話がちがうんだ」

六助は、たたみかけるように言った。

「少なくとも、わたしは党のことを考えて、精一杯やったつもりです。あなたは、わたしを幹事長にはできないというが、しかし、党の規則では、党三役は総裁の指名ということになってます。いったい、どうしてわたしじゃまずいんですか。まずいんだったら、理由を言ってください！」

六助は、鈴木が派閥の論理で考えているところに、党の論理を持ち出す。このあたり、六助が策士であるところの所以である。

しかし、鈴木は抵抗を示した。

「それはわかるけれども、六さん、うちのムラ（派閥）が宮澤で行こうといってるのに、それをあえて、ひっくり返すことはないじゃないか」

「そうですか。わかりました。鈴木さんに任せます。わたしは幹事長になりたいわけじゃないし、鈴木さんが勝手に決めて、中曽根さんに電話してください」

そう言い放つや、田中六助は、事務所を飛び出していった。

六助には、自分で泥をかぶらないで、トントン拍子に出世していく宮澤が、心情的に許せなかった。

大平が死に、文字通り駆けずりまわって、鈴木政権をつくったのは誰なんだ。それなのに、鈴木の後継は誰か——ということになり、ふたを開けてみると、六助ではなく、宮澤になっていた。

宮澤は、鈴木と姻戚関係を結び、宏池会のプリンスと呼ばれていた。昭和五十五年二月、鈴木内閣で文部大臣をやった宮澤の母方の叔父でコトブキ技研工業取締役の堤平五《つつみへいご》の末娘・敦子が、鈴木の長男・俊一《しゅんいち》に嫁いだのであった。

六助は、宮澤のとりすました顔を脳裏に浮かべながら、歯ぎしりした。

〈泥もかぶらん、汗もかかん奴は、好かん。そんな奴に、幹事長の椅子を渡してなるもんか……〉

六助は、すぐに中曽根と、竹下登、安倍晋太郎に連絡を入れた。

それから、マスコミが騒ぎ出した。

宏池会の内紛のために、党内調整がつかず、首班指名が、延び延びになってしまっている。

党内では、

「いつまで待たせるんだ！」

という声が湧き起こり、竹下登や安倍晋太郎らは、

「うーん、首班指名がなかなかできなくて、困っちゃうよ」

などと漏らしだした。

テレビでは、首班指名の問題よりも、宏池会の内紛のほうがクローズアップされて報道され、あたかも、会長である鈴木の力が足りないからだ、とでも受け取れるような始末であった。

鈴木も、これには頭を抱え込んでしまった。

そんなとき、宏池会事務所に、阿部文男《あべふみお》、渡辺省一《わたねべしょういち》、小里貞利《おざとさだとし》ら親六助派の若手代議士たちがいっせいに雪崩れ込んできた。

急先鋒の阿部が、鈴木に詰め寄った。

「どうして、六さんじゃいかんのですか！　六さんのどこに問題があるんですか！　せっかくうちのムラから幹事長を出すと言ってくれているのに、拍手で送り出してやることはできないんですか！」

親六助派は、こういった点で行動力、団結力ともに抜群である。いっぽうの親宮澤派は、人数こそ六助派より多いが、こういった動きは見せない。きわめて大人しいのである。

親六助一派が去ったあと、今度は親分の六助が、また鈴木のところへやって来るわけである。

六助は、再び宏池会事務所に鈴木を訪ねた。

「わたしは、もう、幹事長にはなりません！　わたしは、宏池会こそ保守本流の牙城だと思い、宏池会のために一生懸命駆けずりまわってきました。あなたの政権をつくるときにも必死で飛びまわりました。だから、わたしが幹事長になることになったら、宏池会のために、精一杯死力を尽くそうと思ってたんです」

六助は、今度は、「派のために」という派閥の論理を持ち出してきた。

六助は、さらにまくしたてた。

「鈴木さん、それでも、あなたが『できない』と言うのなら、それがあなたのためになるのなら、結構です。中曽根さんに、はっきり断わってください！」

鈴木は、言葉もなかった。

六助は、最後に、ケツをまくった。

「しかし、ここまで恥をかかされたら、わたしの立つ瀬がありません。勝負するときは、勝負しますよ。わたしも、川筋者ですからね……」

鈴木は、六助の凄味にあわてた。六助を敵にまわすと、怖い。

「まあ、まあ、六さん、そんなこと言わずに……」

鈴木は、六助を連れ、別室に去り、調整を図ろうとした。鈴木は、六助に、「宮澤政権をつくるために努力する」という約束をとりつけた。

六助は、ついに、初入閣からわずか五年で党幹事長の座を掴むという離れ業をやってのけたのである。

鈴木は、六助を幹事長として認めるや、全員で送り出そうということになった。事務所に集まった議員たちが、六助を拍手で送り出した。

このとき宮澤は、近くにいたある議員に、苦虫を嚙み潰した表情で漏らした。

「わたしは、これほどの屈辱を味わったことはない……」

六助にとって、幹事長の座を掴むための裏舞台が、最後の華であった。

## 終戦が一日遅れていれば、果てていた命よ

田中六助は、大正十二年一月二十三日、福岡県田川《たがわ》郡上野《うえの》村で生まれた。日本経済新聞社政治部次長、池田勇人首相秘書官を経て、昭和三十八年に衆議院議員に当選した。第一次大平内閣で官房長官に就任し、鈴木善幸内閣で通商産業大臣に就任している。

なお、現在自民党の幹事長特別補佐で衆議院議員の武田良太《たけだりようた》は、田中六助の妹の息子にあたる。

田中六助は、幹事長に就任してから病状が悪化し、昭和五十九年の五、六月ごろには、幹事長室に入って来る人間も見えないほどに視力が落ちていた。

八月二十八日、ついに東京女子医大病院に入院した。「神出鬼没の六さん」にとって、ベッドに縛りつけられ、身動きが取れないことは、二重の意味で苦しくてたまらなかった。

ベッドの上から、自民党総裁選の動向に気をもんでいた。ポスト中曽根の世代交代を進める意味からも、党内の一部に田中派の大番頭・二階堂進副総裁擁立の動きが耳に入ってくる。

六助は、十月二十一日、病床で、金丸信総務会長宛に、和紙の巻物に、毛筆で延々と、

「いまは、中曽根に代わる指導者はいない……」

との書簡を書きつづった。

「床を離れるも至近……」

と一線に復帰する意欲をまず書き、政局観を列挙した。

「中曽根政権は国の内外で成果をあげ、失政はない」

「この時期に中曽根首相に代わる指導者を必要とする合理的根拠は乏しく、派閥抗争の印象を与える」

「執行部としては総裁公選規程に従って総裁を選出することが必要である。便宜に従って政権抗争の種子を残すことは戒め、安易な話し合い調整は避けるべきだ」

「将来の政権のために、政治の大道を踏み外さない先例を築くことが、我々の役目」

六助は、長さ三・五メートルにもおよぶ書簡で、鈴木善幸前首相を軸に潜行していた二階堂暫定政権の

動きを批判した。

この書簡に対し、党内調整工作の行動を開始した金丸は、秘書を通じて六助に伝言を託した。

「幹事長の意向は十分わかった。すべて任せてほしい」

金丸総務会長は、二十四日午後、党の要である田中六助幹事長の「意思」を明確に示し、中曽根再選の基軸を固めるため、田中六助書簡を公表した。

六助の病床からの凄まじいばかりの執念が実ったか、二階堂擁立構想は潰れ、十月三十一日、中曽根は総裁に再選された。

政局が一段落した十一月二十三日、中曽根首相が見舞いに持参した軽井沢の紅葉を見て田中六助はその心境をこう詠んだ。

『野分去り　澄みわたりたり　茜燃ゆ』

六助は、昭和六十年の一月に入り、退院宣言をした。

「国会再開の一月二十五日までに退院したい」

宏池会若手の田中六助系が、宮澤系に切り崩されていると聞き、居ても立ってもいられなくなったのだ。

〈おのれ宮澤……〉

六助は、新聞記者のころ、朝起きるや、庭に出ては叫んでいた。

「おれは、必ず総理になってみせる！」

しかし、いつのころからか、おれは総理総裁の器ではない……と思いはじめていた。

〈おれは、大野伴睦《おおのばんぼく》とか川島正次郎のような、裏の実力者に徹する政治家になる。大野さんも川島さんも、

最後には総理への野望を持って失敗したが、おれは、そんな野望は持たんよ……〉

六助には、憎っくき宮澤を封じ込め、新聞記者時代からの盟友である安倍晋太郎を首相にかつぎ、自分は副総裁に徹する夢があった。

〈そのためにも、なんとしてでも退院して……〉

と願っていたが、昭和六十年一月三十一日、午後六時五分、ついに持病であった糖尿病の悪化にともなう心筋梗塞《こうそく》のため、この世から去った……。享年六十二であった。

六助は、大平の死ぬ前、病床を見舞い、大平に言った。

「わたしは、もともと特攻隊の飛行機乗りじゃあないですか。空はいいですよ。苦しみのない無の空を見ているのが、わたしは大好きですよ」

六助は、苦しみのない無の空へ飛び立っていった……。

一月三十一日の夜、田中六助死す——の訃報を聞くや病院に駆けつけた田中角栄は、目に涙を浮かべて言った。

「去年の十二月、見舞ったところ、『遺書を書いている』というので、つまらんことを考えず、ちゃんと療養しろと言ってきたのに……」

中曽根も、顔を青ざめさせて語った。

「いつ死んでも本望だ、と思っていたようだ。死を予期しながら、政治に自分を燃焼させた男だ。オセアニアから帰って電話をしたときは、しっかりやってくれ、と言っていました。しかし、あんまり、声が弱々しいんで『六さん、栄養をつけて早く国会に帰ってこいよ』と言ったんですが……」

六助、この世を去りながらつぶやいたにちがいない。

「終戦が、もう一日遅れていれば、果てていた命よ。それをこれまで、政治の裏舞台で、好きなように暴れさせてもらった。味な人生だったよ……」

## 捨て身の策士・金丸信

中曽根康弘首相のもと、金丸信は、二年近く自民党幹事長を務めている。

金丸信は、昭和五十九年十月二十四日の午後、中曽根再選のために外堀を埋める強力な一手を打った。

先に触れたように、病床にある田中六助幹事長から二日前に送られてきた金丸への書簡を、公表したのであった。

その書簡には、

《いまは中曽根首相に代わる指導者はいない》

と中曽根再選支持を切実に訴え、二階堂擁立の動きを批判していた。

金丸は、党の要である幹事長の「意見」を明確に内外に示すことで、中曽根再選の基軸を固めることを狙ったのである。

さらに河本敏夫《こうもととしお》経済企画庁長官を説得し、二階堂副総裁擁立派から中曽根再選側に寝返らせることに成功した。

二階堂擁立に鈴木派とともに動くことになっていた福田派の安倍晋太郎外相とも会い、行動をともにしないように説得した。擁立工作の仕掛け人である鈴木善幸ら最高顧問を歴訪し、率直に中曽根再選を説いてまわった。

田中派は十月二十八日の朝、中曽根再選支持を決定した。

ところが、二階堂擁立の芽は、死に絶えてはいなかった。二十八日午後に入り、二階堂を宰相に、という声が再び出てきた。土壇場にきての巻き返しを計ろうとしたのである。

公明、民社の支援を受けての最後の賭けであった。なんと田中派内部でも、この工作に関わっている者がいた。そのひとり「木曜クラブ」会長代行の江崎真澄《えさきますみ》が、金丸の説得にかかった。

「あなたが肚を決めれば、新しい流れができる」

金丸は何をこの期におよんで、という思いが込みあげてきた。とたんに、右足の踵《かかと》にできている腫れ物の痛みが、酷くなってきた。

金丸は、猛然と反論した。

「中曽根内閣は、国民の六十パーセントの支持を得ている。潰してはならない、という委任を受けている。あなたの話を聞くわけにはいかない。幼稚園児みたいなことは、言わんでくれ！」

江崎は、食い下がった。

「田中派も、相当数ついてくることになっている。あなたがイエスなら、雪崩を打ってついてくる」

「いまごろになって、何だ！　いい加減なことを、言うな！　選挙をやる前から公民と組むなんて言ったら、前線で汗を流している党員はどうなるんだ。田中派は今朝、中曽根で行く、と決めている。特急電車は、もう走り出しちまってるんだぞ！」

金丸は、二階堂にも、食ってかかった。

「あんたが、出ないといえば済むことだ」

金丸は、二階堂、江崎を説得するため、竹下、小沢辰男《おざわたつお》、後藤田正晴《ごとうだまさはる》の田中派三幹部を呼んだ。

三人とも、二階堂に仕えたことがある。かつての腹心に反対させようという金丸一流の策であった。

竹下は、当然、金丸とぴたり歩調をあわせた。

「この期におよんで、二階堂擁立には、我々はとても賛成できない」

後藤田も、机を叩き、二階堂を怒鳴った。

「あんたは、明智光秀《あけちみつひで》になろうというのか！　いい加減にしろ！」

深夜に入り、二階堂副総裁は、ついに今回の擁立をバックアップしてくれた福田、鈴木に済まなそうに伝えた。

「今回は、立候補をご辞退します」

二階堂擁立劇の幕が、今度こそ降りたのであった。

十月三十日の深夜、金丸を乗せた黒塗りのクラウンは、静かに首相官邸の「開かずの門」を滑り込んだ。

首相官邸には、正門、西門、通用門、坂下門の四つの門がある。ふだんはまったく使われていない道路を隔てて総理府（現・内閣府）に面した坂下門が、通称「開かずの門」と呼ばれていた。

官邸では、再選の決まったばかりの中曽根が待っているはずだった。

金丸は、ＳＰ（要人警護）の二人に両脇を抱えられ、右足を引きずりながら歩いた。右足の裏にできた腫《は》れものが酷くなっていた。膿んでいるのだった。

中曽根は、公邸の応接室で金丸を迎えるや、深々と頭を下げた。

「明日は、真っ先に、あなたを呼びます」

事実上の幹事長就任の要請である。

中曽根は、改めて二階堂擁立劇を振り返って言った。

「あなたは、恐ろしい人だと思っていましたが、おかげで命拾いしました……」

金丸は、なまずのような目を一瞬きらりと光らせた。

「あなたがおかしなことをやるようだったら、話は別だ。そのときは、この金丸信、あなたと刺し違える覚悟です」

翌三十一日、金丸は正式に幹事長に就任した。

総裁に次ぐ自民党ナンバー2の座を得た金丸は、その気持ちを率直に言い表した。

「男子の本懐だ」

幹事長は、与党の政策から選挙、資金そして人事のすべてを握る自民党の実質的な最高権力者と言っても過言ではない。

金丸は、ようやくその日、自民党本部四階の幹事長室に医者を呼んだ。右足を手術するためであった。傷から黴菌《ばいきん》が入り、破傷風になる寸前であった。

切り終わったあと、医者が金丸に驚きを隠せない口調で言った。

「こんなに痛くて、これまでよく我慢できましたね」

金丸は、にやりとした。

「いやあ、できるさ、こんなもん。おれは〝おしん〟の兄貴だもん」

〝おしん〟というのは、竹下登のことである。田中角栄が、「まだまだ雑巾《ぞうきん》がけがたりん」と言って、いつまでたっても竹下を総裁候補に認めてくれない。それに、じっと耐えつづけている竹下のことを、政界、マスコミはこの当時人気を呼んでいたNHKの朝の連続ドラマ「おしん」で、苛《いじ》められ耐えぬく主人公の娘にひっかけ、そう呼んでいた。

金丸は、改めて闘志を燃やしていた。

〈さあて、いよいよ〝おしん〟の擁立の番だ……〉

金丸信は、第一次世界大戦のはじまった大正三年九月十七日、山梨県中巨摩《なかこま》郡今諏訪《いますわ》村に生まれた。父康三は、造り酒屋を経営するかたわら、山梨交通の専務も務め、そのうえ県会議員をしていた。

金丸は、昭和八年、東京農業大学に入学した。昭和十一年三月、東京農業大学を卒業するや、郷里に戻り、父親のやっている造り酒屋の経営を任されるようになった。金丸の実家では、「若駒」と「九重」という地酒をつくっていた。昭和十八年、山梨県酒造組合常任理事に就任した。金丸は、戦後の昭和二十四年に日東工業、二十六年に中央コンクリートを興し、社長に座った。大平醸造も引き受けた。三十一年には、山梨県観光協会会長になる。

金丸は、昭和三十三年、山梨全県区から、衆議院総選挙に初出馬した。六万九千三百五十四票のトップ当選を飾った。四十三歳であった。金丸は、佐藤派に属した。この第二十八回総選挙の初当選組には、のちの政界のニューリーダー、竹下登、安倍晋太郎の二人がいた。

竹下が総裁派閥のプリンスとして注目を集めるようになったのは、昭和三十九年、第一次佐藤内閣で官房副長官になったころからであった。金丸・竹下コンビは、昭和四十三年十月、金丸の長男康信と、竹下の長女一子を結婚させ、血盟の杯を交わす。

金丸は、田中角栄に師事。建設大臣、国土庁長官、防衛庁長官を歴任。国会対策委員長を四度務め、その寝業師ぶりから、与野党のパイプ役として調整のうまさには定評があった。

## 密室の謀議——創生会旗揚げの攻防

昭和六十年一月二十三日夕刻六時——。

千代田区紀尾井町のホテル・ニューオータニ本館「芙蓉《ふよう》の間」では、田中派の次期衆議院議員総選挙で、広島二区から初出馬予定の建設省OB粟屋敏信《あわやとしのぶ》を励ます会がおこなわれていた。

金丸は、簡単にあいさつをすませると、そのままするっと会場を抜けた。大蔵大臣の竹下も、あいさつを終えると会場から消えた。そのようにして、二十数名の田中派の中堅、若手が会場から次々と姿を消した。このパーティーに出ることを、金丸は渋っていた。田中角栄と顔を合わせたくなかったのだ。

それでも、最大派閥・田中派から出ている天下の幹事長だからと、無理矢理引っ張りだされた。

金丸は自家用のベンツに乗り込むと、築地《つきじ》へ向かった。料亭「桂」に着いたときは、午後七時を過ぎていた。「桂」の座敷には、竹下をのぞく秘密のメンバーが全員そろっていた。

この築地の会合のために、金丸は田中と顔を合わせたくなかったのだった。うしろめたさがあった。

これから一世一代の政治生命を賭けた儀式をおこなう手はずであった。それは、闇将軍と呼ばれた派閥のオーナー田中に対する、おおいなる謀叛《むほん》の企てであった。

部屋の正面に、竹下の座が空いていた。竹下の席に向かって右に、金丸は座った。その隣に、橋本龍太郎、竹下の左には亀岡高夫《かめおかたかお》、その隣に小渕恵三。この正面の五人を中心に、コの字形に席についていた。これに小沢一郎、羽田孜ら中核部隊をはじめとして、総勢二十四人が緊張しきった表情で座敷に座っていた。

竹下も、すぐにやってきた。

料理や酒の支度をしていた仲居は人払いされ、梶山静六の司会で、いよいよ運命の会がはじまった。

謀叛の最高指揮官である金丸が、ドスの利いた声を張り上げた。

「派閥というものは、天下を取るためにある。しかるにだ、『木曜クラブ』は、この十年間天下を取ったことがあるか。ないじゃないか。では、人材はいないかというと、そうじゃない。二階堂だって、江崎だって、みんな総理を狙える。この金丸信だって、みんなの協力をもらえれば、やれないことはない。竹下君は、世間からはニューリーダーと言われているが、親戚のわたしとだって、将来のことを話し合ったことはない。今日は、竹下君を総理総裁にしようという信頼のおける同志に集まってもらったので、血盟の契りをしたい。まず、竹下君の話を聞いてやってください」

竹下が、いつになく声をふるわせて、決意を最大限の表現で表明した。

「わたしは、二十数年間、国会生活をやってきました。この間、いつも陽のあたる道を歩かせていただきました。これもひとえにみなさんのご支援のお陰であると、心から感謝いたします。わたしはいま、竹下登のすべてを燃焼し尽くし、一身を国家のために捧げる覚悟をして、ここに参りました」

ピーンとした静寂が走った。その後、大きな拍手が座敷いっぱいに湧いた。金丸は竹下のその言葉に、少なからず感動をおぼえた。

やがて酒宴に入った。集まったメンバーのなかから、「血判状を取りましょう」という声があがった。梶山から、「勉強会の名称をつけたい」と提案が出た。

梶木又三《かじきまたぞう》が、あっさりとアイデアを出した。

「竹下先生は創政という雑誌をすでに出しているし、『創政会《そうせいかい》』でいいではないか」

「創政会」と名称は決定した。創立総会の日取りも、二月七日と決められた。

金丸が、締めくくりの言葉を飾った。

「竹下君は、神輿《みこし》に乗った。神輿を担いだ者のよりどころだ」

さらに、張りつめた声でつづけた。

「我々は、あくまでも話し合って、オヤジの了解を求める努力をすべきだ。だが、このメンバーは血盟の契りを結んだぐらいの考えでやらなければならない。もし、失敗すれば、我々の首は飛ぶ。このへんのことを、しっかりと肚に入れてやってもらいたい」

その言葉を、全員が肝に銘じた。

金丸は、もはや田中角栄を見切っていた。金丸が世代交代論をぶって以来、田中とのあいだにすきま風が吹くようになり、それはいつしか埋めることのできぬ溝となっていた。

前年十一月の二階堂擁立劇のあと、田中は自分に謀叛をはたらいた男にもかかわらず、「次は二階堂だ」などと頻繁に言いはじめた。それが金丸の耳にも入ってきて、金丸は何事かと肚を据えかねた。

〈竹下を、どうしても総理にせぬ気だな……〉

理由は簡単だった。世代交代をされては、旧世代である田中自身の影響力がなくなってしまうからだ。また田中は金丸が幹事長となり、大きな力を持つことを恐れていたのだ。案の定、人事の際、田中は、幹事長候補に腹心の小沢辰男をあげて、金丸幹事長を阻止する行動に出てきた。

〈こんな親分を持っていても……〉

金丸はそう思いはじめると、すみやかに動きはじめたのであった。

中曽根の再選に全力を尽くしたのも、世代交代への布石であった。中曽根にとっても、当時のメディアから「風見鶏《かざみどり》」「田中曽根内閣」と揶揄《やゆ》され、田中にコントロールされたままでは具合が悪かった。それに、実際のところ中曽根政権を支えている田中派の大半は、金丸、竹下の掌中にある。それゆえ、金丸との連携はどうしても必要なのであった。

金丸は彼らを束ねて中曽根政権に協力させることで、竹下を大蔵大臣に就任させ、もういっぽうのニューリーダーである福田派のプリンス安倍晋太郎とも連携をはかり、安倍は外務大臣となった。それによって、たがいに力を蓄えようというのだった。

金丸は、周到であった。金丸は、「創政会」の準備会がおこなわれた数日後の十二月二十七日夜、中曽根と赤坂の料亭「茄子」で極秘に会った。金丸は、この席で竹下のことと、世代交代の旗振り役になってくれることを頼んだ。

年が明けた昭和六十年一月二十三日に、「創政会」拡大世話人会がおこなわれた。

その二日後、衆参両院本会議でおこなわれた施政方針演説のなかで、中曽根首相は、はっきりと世代交代の必要性を述べた。

「次の時代を担う世代に、明るく、力強い時代の松明《たいまつ》を引き渡すことができるよう、全力を傾けるときである」

「創政会」の旗揚げは、二月七日である。

二月六日夜、赤坂プリンスホテル新館十二階の一室は、異様に緊張した雰囲気に包まれていた。

「創政会」旗揚げのための極秘の前線基地であるこの部屋には、竹下登をはじめ小沢一郎のほかに、羽田孜、橋本龍太郎、梶山静六ら「創政会」中核メンバーと、竹下の秘書グループ十人を合わせた三十人を超えるメンバーが集結していた。

金丸は、彼らの背後にでんと控え、まんじりともせず状況を見つめていた。

先ほどから電話をかけていた小沢が、苦しそうに電話を切り、金丸に報告した。

「どうやら、オヤジの切り崩しにあい、明日にあわせて地方に用事をつくり、東京から逃げたようです」

竹下らは、「創政会」旗揚げの土壇場で、明日の「創政会」発会式にいったい何人が参加するか、当初入会届けを出していたメンバー八十三人に、必死の思いで最後の確認の電話をかけつづけていた。

箕輪登《みのわのぼる》、綿貫民輔《わたぬきたみすけ》、保岡興治《やすおかおきはる》らが、次々と出席を断ってきた。田中派の長老として「創政会」の顧問に内定していた原田憲《はらだけん》は、関西財界の大物である関西電力名誉会長の芦原義重《あしはらよししげ》から電話で出席見合わせを要請され、顧問返上を申し入れてきた。

そんなふうに、田中角栄は目白の邸内から、凄まじい切り崩しをおこなっていた。それも側近議員や秘書など使わず、自ら電話器を取って、直接相手を切り崩していた。

「創政会」側は、当事者の議員たちをホテルなどに泊め、行方をくらます戦法に出たが、このようにやられては、打つ手がなかった。見る間に、出席者数が減ってきた。

金丸は、腕組みをして渋い表情になった。

〈こうなってしまっては、オヤジとの食うか食われるかの戦争だな……〉

田中角栄の怒りは、修羅のそれだった。一月二十七日の夜、竹下が訪ねてきたときには、竹下は単なる勉強会としか報告していなかった。ところが日を追うにつれて「創政会」の全貌があらわになってくると、田中は飼い犬に手を噛まれたと思うしかなかった。

情報収集ではピカ一と言われた元警察庁長官で田中の懐刀《ふところがたな》・後藤田正晴ですらわからなかった極秘行動。その黒幕は、田中派の大番頭である金丸信幹事長だということ。すでにメンバーの一人ひとりに、二百万円の金が配られていた。

田中にとっては幹事長時代から自分が手塩にかけて当選させ、育ててきたと思っていた小沢や羽田、渡部、梶山らがその中核部隊となっていることが、怒りをさらに倍加させた。

「こんなもの、勉強会なんかじゃない。派中派じゃないか！」

参議院議員に電話をかけまくっていた小渕恵三が、悲痛な顔で竹下に言った。

「参議院からは、五人しか見込めません」

参議院議員のうち、地方区議員に対しては、県連を通じて圧力がかけられた。参院選は、翌年だ。

「明日参加したら、公認できない」

と脅しがかけられたのだ。さらに、有力後援者を通じての説得もおこなわれた。

小渕の報告に、竹下と並んで座っていた金丸の顔が、曇った。

参議院の梶木又三と遠藤要《えんどうかなめ》の二人が、金丸ににじり寄るようにして告げた。

「参加予定者から、次々に、『申し訳ないが、出られない』と電話が入っています。やはり、角さんと対決した形は、うまくない。明日の発足式は、延ばした方が得策です。参議院側の人数はあまりに少ないし、竹下さんにも、申し訳ない」

梶山静六は、猛然と反論した。

「延期は、絶対に駄目だ。そんなことをしたら、オヤジに潰されてしまう。明日は、なんとしてもスタートさせて、こちらの力量を示す必要があるんだ」

「しかし……」

「まあ、待て」

金丸が言葉を引き取った。

「ここは、梶山君の言うとおりだ。何人集まろうと、血盟の同志さえがっちり固まっていればいいんだ。予定どおりに、やろう」

延期などしては、オヤジの思う壺だ、と金丸は思った。

「竹さん、どうだい」

「異議ありません」

そう答えた竹下ではあったが、胃がキリキリと痛んでいた。

金丸が元麻布《もとあざぶ》二丁目の自邸に帰ったのは、深夜の零時を過ぎていた。糖尿病から、白内障を併発している。過労はたたる。金丸は、七十歳になっていた。

金丸は、竹下が代沢の自邸に着いたころあいを見はからって、電話を入れてみた。

「おれは幹事長という立場だから、明日の旗揚げには出ないぞ。心してやってくれ」

「わかってる。しかし、どのくらい来るかね」

「おれは、固く見て三十八か三十九だろうと見ている。うまくいけば四十二か四十三だろう。あんたは？」

「いい線だと思う」

「総裁候補の推薦人には、五十が必要だ。まあ、焦ることたあねえよ」

「うん」

金丸は、居ても立ってもいられなかった。赤坂プリンスホテルの前線基地に電話を入れ、状況を聞いた。それは竹下もおなじだった。電話をかけまくり、ついに緊張のあまり一睡もできず、二月七日旗揚げの朝を迎えた。

午前八時から、砂防《さぼう》会館別館三階の田中派事務所で、ついに「創政会」の設立総会がひらかれた。あえて田中派事務所でひらいたのは、田中角栄の側近である小沢辰男から、「発会式の場所はあくまで田中派事務所で」という提案に妥協したためであった。

竹下の目は、血走っていた。集まったメンバーは入会届け八十三人中、四十人しか出席していないことを確認した。正確には、衆議院議員二十九人、参議院議員十一人である。

田中角栄の恐ろしさを、まざまざと思い知らされていた。

竹下は、「創政会」会長として、集まったメンバーにあいさつした。

「この日を深く心に刻みつけて、さわやかな勉強会として進んでいきたい。政治生命とかではなく、これからの生きとし生ける身柄を燃焼していかねばならない」

会合が終わっての記者会見で、竹下は、「創政会」を背景に、ポスト中曽根へ始動する決意を表明した。

「みなさんの自主的判断での参加に、感謝する。会合を通じて政策を身につけたい。客観的にニューリーダーと言われているわけだが、もう六十歳を超えている」

金丸は、自民党本部四階の幹事長室で、四十人が集まったとの報告を聞いた。

〈まずまずだ〉

田中角栄の凄まじい切り崩しにあっても残った連中だ。それが四十人もいるということだ。

それにしても、長老の足立篤郎《あだちとくろう》が、この四十人という数字を聞いて、「〝花も嵐も踏み越えて〟の決意がうかがえる。この会は、政界に新風を吹きこむだろう」とあいさつしたと聞いたときには、同感の思いで、さすがの金丸も年甲斐もなく胸が熱くなった。

こうして竹下政権づくりへの具体的な第一歩を、金丸は踏み出したのであった。

が、二十日後の二月二十七日夜、田中角栄は脳梗塞《のうこうそく》で倒れる。田中が病床についてからでは、旗揚げはできなかったかもしれない。まさに間一髪のタイミングであった。

## 衆参ダブル選とキングメーカー中曽根康弘

昭和六十一年七月七日、千代田区永田町一丁目の自民党本部では、拍手の洪水が湧きあがっていた。

この日、衆参ダブル選挙の開票が、朝からおこなわれていた。総裁室、幹事長室のある四階のエレベーター前ロビーが、開票集計本部となっていた。南側の窓の前には、衆議院三百二十二人の立候補者名を書いた横二十メートルもある長い掲示板がかけられていた。

掲示板を背に真ん中の空席を除いて、右に二階堂進副総裁、藤尾正行《ふじおまさゆき》政調会長、左に金丸信幹事長、宮澤喜一総務会長が座っていた。

自民党の五十人もの議員が、電話を片手に各地の開票情報を集め、速報を流した。

当選者が出るたびに、

「オーッ！」

「やった、やったぞ！」

と歓声が上がった。

午前十時を二、三分過ぎたとき、中曽根康弘自民党総裁が、ロビーに颯爽と姿を見せた。

中曽根は、正面の空いている真ん中の席に、どっかりと腰を下ろした。

中曽根は、左隣の金丸に、話しかけた。

「金丸さん、好調ですね」

金丸は、いつもの掴みどころのない昼あんどんのような表情で、黙ってうなずいた。あまりしゃべる気になれなかったのである。

中曽根は、上機嫌であった。

「これも、あなたのお陰です。ご苦労さまでした」

当選者が、続々と姿を見せはじめた。

十一時過ぎには、好調な票の伸びに、中曽根は思わず立ち上がり、金丸と握手した。金丸は、自民党幹事長として、この選挙を仕切った最大の功労者であった。

十二時二十分には、新潟二区の稲葉修《いなばおさむ》が二百七十一人目の当選者となり、まず安定多数を獲得した。中曽根の顔も、大きくほころんだ。

中曽根は、席を立ち上がると、ダルマに勝利の目入れをした。得意の瞬間であった。

そして、二百九十議席を超えたとき、金丸は、張った小鼻から、「ふう」と溜息を吐ぎ、椅子の背に右の二の腕を渡し、頬杖をついた。

〈こりゃ、三百いきそうだ。中曽根に分があったか……〉

竹下を次期総裁に担ぐため動いていた金丸は、ダブル選挙が終わったら、十月の総裁任期満了で、中曽根に辞めてもらうつもりでいた。

獲得議席の予想は、二百七十八議席。安定過半数を取り、中曽根には幹事長として恩を売り、力を残しながら竹下に総理の座を禅譲させよう、と考えていた。

ところが、三百議席を取る圧勝となると、これはもう、誰の力の所産でもない。勝利の女神が、中曽根の頭上に微笑んだ、という以外ない。

おなじころ、大蔵大臣の竹下登は、自民党本部から百メートルほど離れた砂防会館三階の田中派事務所で、開票状況を見つめていた。二百七十議席までは、竹下もさかんに手を叩いてよろこんでいた。が、二百九十議席を超えると、金丸と瓜二つのように頬杖をつき、笑みが消えうせた。

竹下と金丸は、このダブル選挙に賭けていた。田中派一本化のために、それまで百二十二人だった軍団を百四十人に伸ばす。そうして、対抗してくる二階堂グループの勢いを完全に削ぐ。二階堂グループの小《こ》坂徳三郎《さかとくさぶろう》、田中角栄の女婿《じょせい》の田中直紀《たなかなおき》は、そのまま手を貸さないでいると落選する、という読みがあった。竹下、金丸は、彼らにまず落選ギリギリの地獄を味わわせておき、最後の土壇場で手を伸ばし、当選させてやろうと目論んでいた。恩を売るのだ。そして、自分の側に流れを持ってくるつもりであった。

それに、百四十人に軍団が増えれば、自分らの読みの議席数である二百七十八議席の半分の勢力を確保できる。ダブル選挙は、田中派一本化への流れを確実にするとともに、自民党の主導権を竹下登の名のもとに手中にする、絶好の機会であった。

ところが、二百九十議席を超え、あっという間に、三百四という政党史上かつてない議席を獲得した。その勢いに乗り、田中直紀は福島三区でトップ当選、小坂も順当に当選を果たした。金丸、竹下の目論見は、吹き飛んでしまったのである。

三百四議席を獲得した中曽根は、満面に笑みをたたえて、自信に満ちたコメントをした。

「正直いって、三百四議席とは考えていなかった。国民の声、神の声であり、天の声だ」

まさに、誰もが予側しえない、神のみぞ知る数字であった。

テレビのスポットライトを浴びた中曽根は、込み上げてくる喜びにいつまでも笑いが湧いてきて仕方がなかった。

〈これで、おれの三選か、もしくは、任期延長は決まりだ。もう誰にも、文句は言わせない……〉

自民党の党則では当時、総裁は「二期四年まで、三選なし」ということになっていた。その総裁任期は、十月いっぱいに満了することになっていた。中曽根は総選挙の圧勝で、その党則をはみ出そうとの野心に燃えていた。

金丸は、竹下がやってきたとき、幹事長として、自民党本部とおなじフロアの西側隅にある自民党担当の記者クラブ（「平河《ひらかわ》クラブ」）で、記者会見中であった。

金丸は、しわがれた声で述べた。

「中曽根さんの任期は、十月いっぱいである。自民党議員の三分の二以上から、こうなれば、総裁にもう一期、もしくは一年長くやってもらえたらという声が出て、そのコンセンサスを得、党則を改正することになれば、うるわしいことだ」

しょっぱなから、中曽根三選をぶち上げた。寝業師である金丸は、このときすでに、完全に路線を変更していた。さらに、言い加えた。

「所期の目的を果たしたので、これからは若い人を登用し、思い切って清新な体制を組むべきだ。おれは、幹事長を辞める」

自分が辞めれば、次の幹事長は、おのずと竹下登への流れとなる。中曽根も、そこは了承する。ともかく、同年秋のポスト中曽根を狙う思惑が吹っ飛んでしまったのだ。こうなれば竹下を自民党ナンバー2の幹事長に据え、中曽根に睨みを利かせ、次を狙うしかない。

金丸が、突然辞任表明したのは、身をもって世代交代を中曽根に示すためである。

つまり、このダブル選への道を拓き、自民党大勝の功労者である幹事長自ら辞任することは、次の幹事長ポストに竹下を据える、という金丸の捨て身の意思表示であった。

中曽根は、選挙後、党役員人事と世代交代を促進しようと考えていたので、金丸の要求を受け入れた。

中曽根は、いずれ竹下と安倍晋太郎を三役に据えようと考えていた。竹下幹事長を実現する条件に、金丸に副総理を受けさせることを考えていた。

中曽根は、自分が名実ともに、キングメーカーへの道を確実に歩きはじめたことを実感していた。〈これが、国民がおれを支持している証しだ。永田町の論理では、これだけの支持を得た総理を敵にまわすことは、できるはずがない〉

中曽根は、思いどおりに、竹下幹事長を調整役に使い、総裁任期二期四年の党則を変え、九月十一日の党大会に代わる自民党両院議員総会で、一年間の任期延長を決めた。

この人事で念願の幹事長ポストを射止めた竹下は、昭和六十二年七月に正式に田中派から独立し、竹下派（経世会）を立ち上げた。現職幹事長の威光もあり、竹下派には田中派百四十一人のうち、大部分の百十八人が参加し、一気に党内最大派閥となる。

数の力を背景にした竹下は、「安竹宮」と呼ばれた安倍晋太郎、宮澤喜一との争いも制し、昭和六十二年十一月、中曽根首相の裁定により、総理総裁の後継指名を受け、宰相の座を射止める。

その後、竹下政権は長年の懸案だった消費税の導入を実現させるが、リクルート事件の発覚により、平成元年六月に総辞職に追い込まれた。

竹下内閣は退陣するが、竹下派はその後も政界で権力を握りつづけていく。他派の総裁を担ぐことにより、幹事長ポストを独占しつづけたからだ。竹下後の宇野宗佑、海部俊樹、宮澤喜一政権では、橋本龍太郎、小沢一郎、小渕恵三、綿貫民輔、梶山静六の五人が幹事長に就任し「経世会支配」を確立させていった。

これにより権力の中枢は、首相官邸ではなく、最大派閥の竹下派へと移行する。海外の高官が来日すると、首相よりも先に竹下や金丸信竹下派会長のもとを訪れる光景はその象徴であった。

だが、竹下や金丸が強い権力を握る歪んだ構造は、政界を揺るがす大スキャンダルとなったリクルート事件や、金丸を議員辞職に追い込む東京佐川急便事件など国民に政治不信を植え付けた負の事件を引き起こす背景となっていく……。

第三章

# 平成の〝喧嘩師〟幹事長列伝

## 経団連に三百億円献金させた「剛腕」小沢一郎

小沢一郎は、海部俊樹政権のもとで、平成元年八月から平成三年四月まで、自民党幹事長を務めた。

平成元年八月九日午前、新総裁の海部俊樹は、さっそく党の要となる三役の人事を内定した。政調会長には安倍派の三塚博《みつづかひろし》、総務会長には旧中曽根派の唐沢俊二郎《からさわしゅんじろう》、そして幹事長には小沢一郎が就任した。

小沢は、このとき四十七歳二カ月であった。史上最年少の幹事長は、佐藤（栄作）内閣時に四十七歳一カ月で就任した田中角栄である。田中に遅れること、わずか一カ月であった。

小沢は、就任の抱負をこう語った。

「選挙に勝つことが、幹事長として最大の仕事だ。それには、我が党に対する国民の信頼を、一日でも早く回復しなければならない。政策面では、政治改革と消費税の見直しをおこなう。どんな問題でも、国民の目をそらし、ごまかす姿勢はよくない。正しいと思ったことは、堂々と正面から説明し、納得してもらう」

小沢一郎は、昭和十七年五月二十四日、岩手県出身の弁護士・政治家小沢佐重喜の長男として東京府東京市下谷区《したや》（現在の東京都台東区《たいとう》）御徒町《おかちまち》に生まれた。

慶應義塾大学経済学部を昭和四十二年の春に卒業する。

昭和四十四年五月八日、父・佐重喜の急死にともなって、第三十二回衆議院選挙に旧岩手二区から自民党公認で立候補し、二十七歳の若さで当選した。

先に触れたように、この総選挙を党幹事長として指揮したのが田中角栄で、小沢も田中の薫陶を受けた。

昭和六十年には、第二次中曽根第二次改造内閣で自治大臣兼国家公安委員会委員長として初入閣した。竹下派内では、先輩の小渕恵三、橋本龍太郎らとともに小沢は竹下派七奉行の一人に数えられ、昭和六十二年に竹下が総理総裁に就任する際にも奔走し、竹下内閣では内閣官房副長官に就任した。竹下政権がリクルート事件を発端に崩壊した後は、経世会の事務総長に就任していた。

かつて中曽根裁定に異議を唱え、竹下派内で主戦論を小沢や梶山静六が展開すると、中曽根康弘は、小沢らを〝ちびっ子ギャング〟と揶揄し、「彼らを押え込んでくれ」と竹下に頼み込んだ。

だが、党内からは、「あんな若造で本当に大丈夫なのか」と、その幹事長起用を不安視する向きもあった。

なにしろ小沢の入閣歴は、自治大臣のただ一回だけである。いくらネオ・ニューリーダーだと評価されていても、幹事長の任は重すぎるのではないか、と思われても何の不思議もなかった。しかも、自民党は平成元年七月の参議院選挙で大惨敗を喫し、参議院では過半数を割ってしまっていた。

まさに、自民党は結党以来、最大の危機に瀕していたのである。

「総裁と幹事長は、どうせワンポイントだ。まあ、お手並み拝見といこうじゃないか」

党内では、そんな声さえささやかれていた。だが、小沢はそんな噂をものともせず、来るべき総選挙を前に着々と実績を積み上げていった。

幹事長に就任して、まだ間もない九月二日早朝のことである。小沢は、千代田区丸の内にある東京会館十一階の一室で、経団連の幹部らと極秘に会談の場を持った。小沢に同行したのは、自民党財務委員長の大野明《おおのあきら》と経理局長の岸田文武《きしだふみたけ》（現・自民党政調会長岸田文雄《きしだふみお》の父）であった。

対する経団連側は、会長の斎藤英四郎《さいとうえいしろう》（新日鉄会長）を筆頭に、副会長の平岩外四《ひらいわがいし》（東京電力会長）、松沢卓二《まつざわたくじ》（富士銀行相談役）、佐波正一《さばしょういち》（東芝社長）、それに事務総長の三好正也《みよしまさや》（J－Wave会長）が顔をそろえた。

小沢は、あいさつもそこそこに、いきなり切り込んだ。

「我が自民党は、次の選挙で二百億円ないし三百億円が必要です。だが、リクルート事件以降派閥や議員個人が選挙資金を集めることは非常に困難な状況になっています。そこで、自民党の公認候補三百人、一人一億円として三百億円の献金をお願いしたい。わたしは、これまで財界のお世話になったことはありません。ですから、こうして無理なお願いもできます。これは幹事長として、職務上のお願いです」

だが、あまりに唐突な要請に、斎藤は難色を示した。

「こちらも、それ相応の献金はさせてもらっているつもりです。それに、幹事長は、党の金を勝手に使えるんじゃないですか」

一説には、財界から自民党への当時の政治献金は、年間百三十億円程度だと言われていた。

小沢は、いささかムッとした。

「ですから、今度の選挙は、その額では闘えないんです。それに、支出についても、各派閥の財務委員長、経理局長と相談して決めることであって、幹事長であるわたしが、勝手に決めるものではありませんよ」

小沢は、机の上に置かれていた一覧表をおもむろに開いた。

「じつは、これはわたくしどもがまとめた献金のリストです。ここには、主要企業ごとに、政治資金規正法の枠内でできる献金可能額が明記されています。これを参考にして、自民党から直接、自動車、電機、建設などの各業界に献金を要請します。経団連をとおしませんが、いいですね」

今度は、斎藤が渋い表情を見せた。

なぜなら、これまで長く、財界から政界への献金額は、いわゆる「花村リスト」によって決められてきた。「花村リスト」とは、財界の金庫番と言われた経団連相談役の花村仁八郎《はなむらにはちろう》（日本航空会長）が、各業界の企業力を参考にして、その献金額を決めたものである。が、小沢はそれを踏襲せず、経団連の頭越しに各業界から献金を集めるというのである。

が、そこには小沢なりの考えがあった。

〈「花村リスト」がまとまったころの経済界は、確かに重厚長大産業が全盛の時代だった。が、今はちがう。景気の実情も、昔のそれとは比べものにならない。業界の栄枯盛衰も如実に現れている。それなりの献金方法をとらなければ、いつまでたっても重厚長大産業だけに比重がかかるだけだ〉

小沢は、懸命に説いた。結局、経団連側は、小沢の主張を聞き入れてくれた。「花村リスト」に沿った献金額ではなく、あくまでも小沢らがまとめた「小沢リスト」で、各業界に献金を募ることになった。その際、各業界からの問い合わせには、経団連が対処してくれた。

のちに、小沢は、この資金の集め方が世間からの不評を買い、「剛腕」「こわもて」「強引」などと、ありがたくない異名を取ることになる。

が、党内における小沢への評価は、それとはまったくちがった。

小沢は、これまで派閥本位であった政治献金を党に一本化させ、それを各派閥の所属議員の人数に比例して配分したのである。これなら、派閥領袖《りょうしゅう》が無理をしてまで、選挙資金を集めることはない。しかも、結果的に親分、子分という資金面での派閥政治の力を弱めることになった。党主導型による、本来の政党政治を展開するための基盤となったのである。いわば、党の近代化への先鞭《せんべん》をつけようとしたのである。

## 「本気でやる気があるのか」——小選挙区制導入の舞台裏

平成二年五月十一日午前、政治改革本部と選挙制度調査会の第一回合同総会が、永田町の自民党本部で開かれた。冒頭あいさつに立った首相の海部俊樹は、「時代から課せられた厳粛な使命だと受け止め、内閣の命運を懸けて政治改革に取り組む」と明言し、選挙制度改革の実現、つまり小選挙区制の導入を訴えた。

じつは、海部にその決意のほどを引き出させたのは、他ならぬ幹事長の小沢一郎であった。

小沢の父親佐重喜も小選挙区制論者であった。かつて鳩山（一郎）内閣時代に、公職選挙法特別委員会委員長として小選挙区制に取り組んだこともある。結局は、社会党の強硬な抵抗にあい廃案となった。が、佐重喜の遺志は息子である一郎に受け継がれた。昭和四十四年に初出馬したときから、すでに小選挙区制の導入を公約に掲げていたのである。

小沢の政治改革に懸ける思いは、幹事長に就任した直後に明らかにされていた。

平成元年八月二十四日午後二時、小沢は自民党本部四階の総裁室で開かれた首相の海部俊樹、政治改革推進本部長の伊東正義《いとうまさよし》、本部長代理の後藤田正晴との四者会談に臨んだ。

小沢はその席で、非難めいた指摘を伊東らに投げかけた。

「伊東先生、後藤田先生には失礼ですが、いまの改革案は綺麗事が多すぎるように思います。わたしには、一番大事な問題を避けているようにしか思えません」

わが子ほど歳の離れている小沢に、面と向かって非難された伊東と後藤田は、目をひん剥いた。

が、小沢は、構わずつづけた。

「一番大事な問題は、選挙制度の改革を本気でやるかどうかです。派閥解消をいくら叫んでも派閥はいっこうになくなりません。現行の中選挙区制を小選挙区制に変える。これを実現しなくてはなりません」

小沢は、その後も数度にわたって伊東と会談した。そのたびに、選挙制度の改革を懸命に説いた。初めは半信半疑で聞いていた伊東も、次第に考えを変えていった。

〈この若者は、本気でやるつもりなんだ……〉

小沢は、自ら全国に赴き、各都道府県連の幹部らを相手に小選挙区制の導入を説いて歩いたのである。

平成二年二月十八日、総選挙がおこなわれ、内閣改造とともに党役員の改選もおこなわれた。党執行部は、選挙制度改革の要となる党選挙制度調査会長の人選に入った。

が、小沢の頭のなかには、すでに白羽の矢を立てた人物がいた。同じ竹下派の同期生羽田孜である。

小沢は、羽田に言った。

「孜ちゃん、悪いけど、税調か選挙制度をやってくれないか。ただ、税調の方の消費税は、もう国会の方に行っちゃってるから出番があんまりないだろうな……」

羽田は、小沢から税制調査会長では目立たないかもしれない、と言われてそうかな、と思った。

「いや、税調の方は、土地問題も本腰を入れてやれば、いろいろ出てくるだろうけどね。本格的にやれば、いくらでもあるが……でも、おれは今年一年遊ばせてほしいんだ」

「そんな、遊んでいられたら困るよ」

「まあ、おれのことは、イッちゃんに任せるよ」

羽田は、そう答えた。

まもなく、羽田は、政調会長の加藤六月から呼び出しをうけた。党本部六階の政調会長室に行くと、いきなり加藤が頼んできた。

「羽田さん、選挙制度調査会長をやってくれよ」

明らかに、小沢と確認が取れているといった口ぶりであった。

〈おれは、税調じゃなかったのか……〉

羽田は、思わず訊き返した。

「選挙制度？　税調じゃないの」

「税調は、塩川正十郎《しおかわまさじゅうろう》さんがやる。ほら、塩川さんは前回、税調をやったときに体を悪くして、一週間で辞めてしまっただろう。だから、もう一度、やりたいと言うんだ。そういうことだから、悪いけど選挙制度の方をやってもらえないか」

羽田は、加藤を見つめながら念を押した。

「加藤さん、選挙制度の抜本改革を、本気でやるつもりはあるんですか」

「やらなきゃいけないらしいんだよ。小沢君も、あんたには、こっちの方をやってもらいたい、という気持ちがあるんだ」

羽田は、政調会長室を出ると、四階の幹事長室に向かった。小沢に、その真意を確かめるためである。

羽田は、小沢に訊いた。

「いま、加藤さんから、選挙制度をやってくれ、と言われたんだけどさ。制度を変えるなんて、そんな生やさしいもんじゃないよ」

「孜ちゃん、頼む。選挙制度が改革できれば、日本の政治を変えていくことができる。ぜひ、やってほしい。おれも、必ず外から手助けするから」

羽田は、いま一度、念を押した。

「イッちゃん、おまえ、本当でやる気があるのか」

小沢は、目を潤ませながら答えた。

「ある……」

羽田は、その一言で覚悟を決めた。

〈よし、イッちゃんがそこまで本気で考えているなら、やってやろう〉

このとき羽田は、のちに自分が「ミスター政治改革」と呼ばれ、政治改革の旗手になろうとは夢にも思わなかった。

羽田の了解を得た小沢は、今度は首相の海部俊樹に迫った。小沢にとって最大のハードルは、何を隠そうこの海部であった。

海部は、首相に就任した当初から、短命政権、暫定政権などといった陰口を叩かれていた。政治改革に失敗すれば、即退陣というイメージもある。それゆえ、表向き「政治改革を実現させる」と口では言うが、小選挙区制の導入については、あまり積極的ではなかったのである。

小沢は、海部の目を見据えると、その野太い声をとどろかせた。

「総理、政治改革を実現するには、選挙制度を変えなくてはいけません。しかし、これは総理総裁の立場にあるあなたが決断することです。わたしがやれ、やるなとは言えない。が、あなたからやれと言われれば、わたしは幹事長としてやるだけです。どういうお考えなのか聞かせてください」

「それは……」

小沢は、強い口調で訴えた。

「いいですか、あなたがやると言うのなら、総裁の任期切れまで政権は保てるんです。が、やらないのなら、到底そこまで、もたないでしょう」

海部は、ようやくうなずいた。

「わかりました。政治生命を懸けて取り組んでいきます」

こうして、海部も覚悟を決めた。両院議員総会の開かれる数十日前のことである。

## 総理、あなたの目はどこを見ているんですか!

平成二年八月二日、全世界を驚愕させる大事件が勃発した。なんとイラクがクウェートに突然、侵攻したのである。ここまで順調なすべり出しを見せていた海部政権だが、この降って湧いたような湾岸危機によって、大きな岐路に立たされることになった。

八月二十六日正午、幹事長の小沢一郎は、黒塗りのトヨタ・センチュリーで首相官邸に乗りつけた。ドアを開くと、猛然たる勢いで飛び出し、玄関をくぐった。剛腕で鳴るとおり、鋭い目がいっそう鋭くなり、見るからに怒っているようであった。この日は、日曜日である。

快晴にめぐまれた東京の空からは、太陽が真一文字に照りつけている。晩夏とはいっても、真夏日がつづいていた。小沢は、事実、怒っていた。激しい怒りであった。

出迎えた首相の海部俊樹は、愛想の一言もない。仕方なく握手だけを事務的に交わして、小沢を応接室に案内した。小沢は、席に着くや否や、いきなり怒声を上げた。

「今回の湾岸危機で、官邸と連絡をとり、情報を収集したいと何度も連絡を入れた。しかし、誰もいない。この大事なときに、官邸はいったい何をしていたんですか！」

海部は、小沢の剣幕に圧倒され、何も言えない。小沢の怒りは、おさまるところを知らなかった。

「官邸に電話を入れても、坂本《さかもと》（三十次《みそじ》）官房長官は夏休みでいない。大島《おおしま》（理森《ただもり》）副長官ならいるという返事だった。テレビで見ていたらなんだ、官房長官が記者会見するところを、大島副長官がやって、しどろもどろだったじゃないですか。まったく、話にならない。内閣のキーパーソンであるはずの官房長官がこの時期にいないというのは、どういうことですか。日本人がイラクで人質になっている時期に休暇を取るなんて、いったい何を考えているんですか！　危機管理は、歴代内閣の最重要課題ですよ。どの内閣もこれを大切にしてきたし、腐心してきた。〝外交の海部〟なんて言われて浮かれてもらっては困ります。総理、あなたの目はどこを見ているんですか！」

海部は黙ったまま、グウの音も出ない。

確かに、官邸の対応は酷すぎた。すでに決死の人質移送作戦が、八月二十一日からはじまっていた。それなのに官房長官の坂本三十次は、軽井沢に出かけていたのだ。バグダッドに邦人全員が移った二十四日、あわてて軽井沢から戻って来て、宣房長官談話を発表したという有り様であった。

会談には、途中から、その坂本も同席した。海部は、じっと押し黙っている。

小沢は、真正面から切っ先を突きつけた。

「自衛隊の派遣については、中途半端なまやかし、ごまかしの手段をとるべきではない。それは、他の国どころか、結果的に日本国民をあざむくことになる。国益にもならない。日本の場合、緊急事態に対処する法体系は、憲法以下一切ない。そのためには、まず憲法判断することが先決だ。それをまず、政府がきちんと出すべきでしょう。政府がどのような基本的スタンスを取るかを決めなければならない。そのうえで議論を尽くさなければ、すべては動かない」

小沢のいう基本的なスタンスとは、憲法を改正するという意味ではない。充分な憲法論議を尽くしたうえで、政府は憲法をどう解釈するかを国民の前に示すべきだ、ということである。

小沢はつづけた。

「それでも、憲法上許されない内容が出てきたら、そこでまた考えればいいじゃないですか。貢献策については、どういうことになっているんですか」

海部が、ようやく口を開いた。

「貢献策は、湾岸危機で経済的に困窮しているトルコ、エジプト、ヨルダンなどに対して、経済的な緊急援助をおこなうことを考えている。多国籍軍が展開しているサウジアラビアに対しては、難民対策、医療、飲料水補給などの面で援助することにしたいと、今まとめているところだけど」

「しかし金だけ出しても、アメリカの納得は得られませんよ。国連至上主義でいくなら、現行法下でも自衛隊の派遣は可能ではないか。現行法の枠内であれば、防衛医官や丸腰の自衛隊の派遣もできるでしょう」

「そうは言っても……憲法を守るという線は崩せませんよ。野党が騒ぐし臨時国会も開けないかもしれないなあ……それにわたしは、平和主義者なんだ……」

海部は、奥歯にものが挟まったような言い方で、必死に抗弁した。無理もない。海部を首相に送り出した河本派は、旧三木派以来、自民党のなかでもっともハト派である。領袖の河本敏夫は、旧制姫路高校時代、反軍演説をして放校されているほどの人物である。当然、河本は、自衛隊の派遣については、反対の姿勢を貫いていた。

小沢は、決断を迫る勢いで言った。

「あなたは、内閣の命運を懸けてやるべきです。役所の言うことばかり聞かないで、まず政治的判断を示すべきです。あなたさえ決断すれば、党の方は全面的に内閣を支えていく」

海部は、奥歯を噛み締めたまま、何も答えようとはしなかった。その代わり、別のことを言った。

「難民救済のための財政援助については、財政担当の橋本大蔵大臣が、この三十日に訪欧するから、今週前半にも結論をまとめようと思っている。そういうことで、お願いしたい」

小沢は、ぶっきらぼうな返事をした。

「わかった……」

小沢は、中東紛争もさることながら、より先のことを考えていた。

国連の平和維持活動、いわゆるＰＫＯに、日本がいかに協力できるか、ということである。

ＰＫＯには、大きく分けて三つの活動がある。紛争地域で和平が成立したのち、その実行を確保するために紛争当事国軍の間に割って入り、実力で平和の維持をはかる「平和維持軍」。非武装で違反行為を見張り、違法行為があれば、ただちに国連へ報告する任務の「停戦監視団」。その後、民主的な選挙がおこなわれるように選挙の管理をおこなう「選挙監視団」である。このような国連のＰＫＯは、国連総会、安全保障理事会の決議などに基づき、過去十九回実施されていた。

このとき、世界の焦点となっていたのは、カンボジアの和平問題である。小沢は、アジアの平和維持に力を発揮できるのは、日本だと強く感じていた。

〈自衛隊をカンボジア和平へのＰＫＯで派遣することになれば、当然、憲法問題に引っかかる。自衛隊派遣に対する世論の動きも見なければいけない。もし自衛隊が駄目なら、どういう新組織をつくることが可能なのか〉

小沢は、その問題をリサーチする意味と、国民の自衛隊アレルギーを解消させるためにも、この時期に国民の前で憲法論を真正面から取り上げようと考え、海部に発破をかけたのである。

じつは、小沢は、防衛庁の内局が難色を示したのにもかかわらず、それまでにも何度となく陸海空の制服組と会合の場を設けていた。小沢にとって、それはごく自然なことであった。

が、小沢はなぜ内局が、政治家と制服組を会わせるのを渋るのか、まったく理解できなかった。

〈シビリアン・コントロールとは、軍人に対して、文民が最高の指揮権を有しているという原則のことである。つまり、軍事は政治の決定に従うというものだ。内局の意思に従うのが、シビリアン・コントロールではない。内局は、その意味を取り違えているのではないか。武装した集団を無菌培養にしてはいけない。もっと世間を知るためには、政治の場にも、国会の答弁にも参加させる。どんどん政治家とも会わせる。そういう形にしないと、彼らにとっても、国民のためにもならない。これをいうと、小沢は制服組が好きだから、などと言われる。が、わたしは、そんな個人的な理由で言っているのではない。制服組も国民の一人じゃないか。一般のサラリーマンや医者、教師らとちがいはない。みんなそれぞれの役割を分担しているだけだ。なぜ、制服組だけを特別扱いするのか。それが、すでに過去の過ちなんだ。制服組は、職業軍人としての立場で、言いたいことを言わせればいい〉

十月十二日、第百十九回臨時国会が招集された。いわゆる「平和協力法国会」である。この日、「国連平和協力法案」の原案全文が明らかになった。

原案は、付則で、自衛隊の部隊または隊員が、平和協力隊の業務に参加できるよう、自衛隊法の一部改正をおこなうことが明記された。また、平和協力隊の活動範囲も、多国籍軍への協力を可能とする条文も盛りこまれた。

だが、国会は、当初から荒れに荒れた。政府自民党と外務省の足並みもそろわず、国連軍と多国籍軍との関係性および自衛隊派遣と憲法解釈をめぐって、初日からちぐはぐな政府答弁を繰り返すといった失態を演じてしまったのである。

小沢は、外務省に対して、はがゆい思いをしていた。

〈外務省は、口では国連中心主義といいながら、いざとなったら、おたおたした態度しかとれない。これは、いったいどういうことなんだ〉

十一月に入ると法案の成立は難しい状況に追いこまれ、十一月五日には事実上、廃案が確定した。

小沢は、できれば社会党とも妥協点を見出したかった。が、社会党がどうしても反対するなら、自公民路線でいくしかない、と割り切っていたのである。これもまた、新秩序づくりへ向けての、したたかな一手であった。

小沢は日ごろから、野党にも聞こえるように強調していた。

「これからの政治は、与野党が外交、防衛など、国の根幹に関わる問題で共通の認識を持たなければならない」

つまり、自衛隊について違憲の立場を取る社会党とは与《くみ》し得ないということである。社会党の成熟を待っていても、遅々として進まない。ならば、公明、民社と組んで先に行くぞ、ということである。そうなれば社会党も焦って、少しは展開を早めるようになるかもしれない。

しかし、小沢は決して社会党を見捨てたというわけではない。小選挙区制導入によって、政界を米国のような二大政党制に持っていき、いつでも政権交代が可能なほど両者が成熟している段階にまで持っていきたいと考えていた。社会党を、いまは切り捨てながらも、別の部分では、社会党の旧態依然たる体質からの脱皮を心待ちにしていたのである。

社会党を除いた自公民の幹事長・書記長会談がはじまったのは、十一月八日夜十一時であった。

市川雄一《いちかわゆういち》が、覚書のメモを小沢に示した。

「これが、公民両党の考え方です」

民社党の米沢隆《よねざわたかし》が、胸を張った。

「責任政党として、国連平和協力のため、与野党協議のうえ、政府に新たな努力をしてもらいたいと思います。常設の組織をつくり、訓練や教育を堂々とやっていきたい」

小沢がいった。

「ただ、与党としては『早急に成案を得るように努力する』という項目を入れてほしい」

市川と米沢は同意した。

「いまから、党内で総務会の手続きをするのに、一時間か一時間半かかる。しばらく待ってもらえますか」

「結構です」

自民党総務会で了承を得て、小沢が記者会見を開いたのは、真夜中の午前二時を過ぎていた。

小沢は、その席で、自公民三党の合意覚書を読み上げた。

土壇場での修正案の作成は、国連平和協力（ＰＫＯ）特別委員会委員長の加藤紘一には、意外なことであった。なぜなら修正案は、評議会の委員が出てきても、一、二カ月の経緯を経て結論づけられるものだと思い込んでいた。が、小沢は、それを短時間でまとめ上げてしまったのである。

加藤は唸った。

〈なかなか、やるな……〉

小沢は、国連平和維持軍の活動は、すべて平和目的に含まれる、と考えていた。従って新組織の「平和維持軍」への参加も可能と考えた。合意覚書には、「自衛隊とは別個の組織」とあるが、自衛隊抜きとは詰めていない。

小沢は、側近に向かってうそぶいた。

「まったく、シナリオどおりにいったよ。五十分ほど、時間の遅れはあったがね」

国際平和への貢献策は、憲法問題が大きく絡んでくるため、とても自民党単独で採決はできない。たとえ、衆議院は単独でとおしたにせよ、与野党が逆転している参議院では通過しない。

ところが、小沢が実現した自公民路線のシナリオならば、衆議院ではもちろん、与野党逆転の参議院でも、三党の賛成で、新法案をとおすことができるのだ。小沢は、窮地を見事に脱しきり、この方式によって、さらに力を高らかに誇示することに成功した。

のちに、国連平和維持活動（ＰＫＯ）協力法案は、この自公民三党の協力のもと、平成四年六月十五日に成立することになる。

## 覚悟の幹事長辞任

平成三年一月十七日、多国籍軍がイラクを攻撃し、ついに湾岸戦争が勃発した。国会は、九十億ドルの追加支援策をめぐって右往左往しはじめた。

小沢は、社会、共産両党の猛反対を押しきり、自公民体制で国際公約の実現に取り組んだ。結局は、公明民社両党の賛成を得て、三月六日、九十億ドル支援の補正予算を成立させた。

が、その過程で思わぬ展開が訪れた。小沢は、この年四月におこなわれる東京都知事選で、現職の鈴木《すずき》俊一《しゅんいち》に代わって、公明党の推す元ＮＨＫ特別主幹の磯村尚徳《いそむらひさのり》を擁立した。

自民党東京都連は、この〝鈴木降ろし〟に対して、「小沢の独断専行だ」と激しい小沢攻撃を展開しはじめたのである。

じつは、小沢は、前年十二月に東京都連会長の粕谷茂《かすやしげる》から密かに相談を受けていた。粕谷は小沢に対して、「鈴木では、都知事選は闘えない」と訴えた。折しも、建設中の豪華な新都庁舎が社会問題化し、さらに臨海副都心開発をめぐる疑惑が取り沙汰されていた。

さらに、鈴木は八十歳と高齢であった。都連と党本部がおこなった極秘の世論調査でも、鈴木支持率が激減していた。なにより、都政与党の公明党が、いち早く鈴木の四選に難色を示していたのである。

小沢は、自民党本部の幹事長室で鈴木と会談の場を持った。鈴木は、その席で「自公民の推薦が得られなければ降りる」と明言した。

ただ、小沢には「党本部が都道府県連の方針に関与すべきではない」という信念があり、積極的に介入する気持ちは毛頭なかった。

ところが、公明党が正式に鈴木不支持を決めた翌日、「鈴木では闘えない」と言っていた自民党・民社党の都議団が、そろって鈴木擁立を決定してしまった。しかも、その日会談に応じた鈴木までもが、「公明党の支持がなくても立候補する」と出馬を表明したのである。

小沢は、不快感をあらわにした。

〈鈴木さんは、三党の推薦がなければ降りると言ったのではないのか。これでは、筋が通っていない〉

小沢は、原理原則論者である。前言をひるがえした鈴木に対して、支持できないことを伝えた。代わって、公明党の推す磯村を擁立した。

このことが、世論には「年寄りいじめ」として映り、マスコミの「小沢批判」に火をつけてしまった。

折しも湾岸戦争が勃発し、その国際貢献策をめぐって、国会では自公民体制が確立されつつあった。そのことと、都知事選が微妙にリンクしていったのである。

都知事選は、異例の展開となった。

なんと自民、民社両党が党本部と東京都連とに真っ二つに割れてしまったのである。「中央対地方」の図式がくっきりと浮かびあがる、ドロドロとした闘いとなってしまった。

「親子ほど歳のちがう鈴木を引きずりおろす小沢の傲慢な態度」

マスコミは、こぞって小沢を非難した。党内からも公然と、「独裁者」「悪の権化」といった言葉を投げかけられた。が、小沢は、悠然と構えていた。反論一つしない。

〈おれは、いま都知事選だけに関わっているんじゃない。日本が国際社会から取り残されるかどうか、天下国家の議論をしているんだ……〉

都知事選も中盤にさしかかったある日、党副幹事長で、小沢側近の中西啓介《なかにしけいすけ》は、小沢に声をかけられた。

「啓ちゃん、おれも選挙資金を募るため企業をまわるよ」

「でも、幹事長、三百社近くの企業数ですよ。一人で全部まわられるんですか」

小沢は、平然として言った。

「一社五分あれば、十分だよ」

中西は自分の耳を疑った。

〈五分じゃ、お茶を飲んで終わりではないか〉

小沢は、初対面の人間に対して、「今日は、いい天気ですね」などとへつらうようなことはしない。用件だけ伝えれば、それでいいという考え方なのである。

のちに竹下派が分裂し、金丸信の寵愛を一身に受けた小沢の独断専行ぶりが非難の的《まと》となった。が、小沢は毎日のように、パレロワイヤル永田町にある金丸の個人事務所にご機嫌うかがいに行っていたわけではない。小渕（恵三）派の中村喜四郎《なかむらきしろう》、村岡兼造、野中広務《のなかひろむ》といったいわゆる麻雀グループの一員でもなかった。

小沢が金丸のもとを訪れるのは、用件のあるときだけである。しかも、用件を伝えれば、長居は無用とばかり、ただちに事務所をあとにするのであった。

また、都知事選のさなか、渡辺派事務総長の山口敏夫が顔を覗かせた。

山口は、小沢が幹事長になってからというもの、一日に一回は、必ず幹事長室に顔を出した。小沢は、山口の来訪を嫌がっているふうではない。むしろ、楽しんでいる様子であった。

山口は、小沢に軽い口調で言った。

「都知事選は、磯村の負けでしょう。そうなれば、剛腕だ、独裁だと、その責任論をめぐって、党内もごちゃごちゃしてきますよ」

小沢は、うんざりするような仕草《しぐさ》を見せた。

山口は、ふいに神妙な顔つきで言った。

「小沢さん自身、わかってるかどうか知らないが、あなたの欠点は情に流されてしまうところだ。若いころから、グラッとくるところがあったからね。いま、あなたは絶対に情に流されまいと構えている。冷静に公平に判断しようとしているから、世間からは冷たい人間だと映るんだ。もう少し、ちゃらんぽらんでいいんじゃない。自然体でいいと思うよ。多少は情に流されてもいいし、流されたふりをしてもいいんだ」

小沢は、無言で煙草を手に取ると、ライターで火をつけた。煙草を深く吸いこむと、フゥーと煙を吐き出した。山口は、つづけて言った。

「情に流されるということは、非情の世界で生きる政治家には不利だ。小沢さんが、幹事長として権力闘争のど真ん中にいること自体、向いていないのかもしれない。だから、その欠点をみずから抹殺していこうとするから、人から怖いと言われるんだ。まあ、それを否定しなければ、幹事長として自分の責任を果たせないんだから、かわいそうだけどね」

山口は、そう言葉を残すと幹事長室をあとにした。小沢は、山口の後ろ姿を目で見送りながら思った。

〈珍念《ちんねん》（山口のニックネーム）さんの言う通り、おれは黙っていると情に流されてしまう。だから、これまで自己抑制をし、人事にしても政策にしても、絶対、情をかけてはいけないと繰り返し念じてきた。それが人様から、冷静、あるいは冷血と見られるのであろう〉


統一地方選挙の投票日を翌日にひかえた平成三年四月六日夜、竹下派経世会事務総長の奥田敬和は、会長の金丸信に呼ばれた。

奥田は、何事か、と思いながら、ただちに港区元麻布にある金丸邸に車を走らせた。

ソファーに座ると、金丸は、こう言った。

「いやな、一郎が、幹事長を辞めるんだ。そうなれば、ムラ（派閥）に戻ってくる。どうすれば、いいんだ」

奥田は、あまりに唐突なことで、面喰らってしまった。

「小沢が辞める？　確かに都知事選は、九分九厘、磯村の惨敗でしょう。でも、明日の投票が終わらなければ、本当に負けたかどうかわからないじゃないですか。結果が出ていないのに、もう辞める相談ですか」

金丸は、張った小鼻から、フゥーと息を吐いた。

「さっき一郎が来てな、すぐにでも幹事長を辞めると言っとる。自分で言ったことなんだから、しようがねえじゃないか」

奥田は、とっさに小沢のことを思い浮かべた。

〈あいつは、「剛腕」だの「強引」だのと言われ、一見、豪胆のように見られるが、じつは慎重で繊細な一面を持っている。これも、あいつなりに考え抜いたうえでの判断なんだろう〉

かつて、奥田が当選一、二回生であったころ、派閥の領袖・田中角栄から、こんなことを聞かされた。

「奥田、よく聞け。岩手県は、原敬《はらたかし》をはじめ、斎藤実《さいとうまこと》、米内光政《よないみつまさ》と三人も総理大臣を生んだ。なかでも、平民宰相と言われた原は、石橋を木で叩いて渡るような慎重さを持ち、熟慮に熟慮を重ねて行動をする人だった。いま、わが派にも岩手県生まれの議員がいる。一郎だ。一郎も、いまに偉くなるぞ。あいつは、原よりも慎重だ。石橋を錫杖《しやくじょう》で叩いて渡るようなヤツだからな」

錫杖とは、僧や修験者が持って歩く頭部に鉄の小さな輪のついている杖のことである。

奥田は、小沢と同じく、昭和四十四年初当選組である。奥田は、二十年以上にわたって、小沢と同じ釜の飯を食ってきた。それゆえ、田中の語った意味がなおのこと理解できた。

奥田は、金丸に言った。

「なにしろ、小沢は幹事長経験者ですからね、無役というわけにはいかんでしょう。事務総長はわたしだし、並び大名の副会長というわけにもいかない。それなら、会長代行というのは、どうですか。派の規約にも、代行は置けることになっていますから」

会長代行イコール派閥の後継者であった。このとき、誰の目にも、金丸が派閥の後継者に小沢を考えているいることが明らかであった。奥田も、経世会の跡取りは小沢だと考えていた。それゆえ、あえて進言したのである。奥田は、金丸の表情をうかがった。

金丸は、まったく考えるそぶりも見せず、いとも簡単にいってのけた。

「そうか、会長代行か。それでやってくれ」

奥田は、拍子抜けしてしまった。

〈金丸のオヤジは、会長代行という意味が、本当にわかっているのだろうか〉

平成三年四月八日、東京都知事選の開票がおこなわれた。大方の予想通り前職の鈴木俊一が、自民、民社両党本部、公明党が推した元NHK特別主幹の磯村尚徳に八十五万票あまりの差をつけ、悠々と当選を果たした。

午前十一時過ぎ、幹事長の小沢は、国会議事堂内で開かれた党四役会議にのぞんだ。小沢は、その席で都知事選の責任を取り、幹事長を辞任することを伝えた。

小沢は、四役会議を終え、その足で首相官邸に向かうとき、一瞬、感慨にふけった。幹事長に就任以来、すでに一年七カ月がたとうとしていた。

〈おれは、自民党結党以来初めて遭遇した参議院の過半数割れという状況のなかで、やるだけのことをやったつもりだ。幹事長として最大の任務である総選挙で勝った。湾岸戦争では、九十億ドルの多国籍軍支援を実現し、世界から仲間外れになることを避けた。このまま幹事長をつづければ、都知事選での責任論が巻き起こるだろう。そんなくだらない連中を相手にしても仕方がない。ここで辞めれば、丸くおさまる。おれは大仕事をしたんだ。思い残すことはない〉

この日午後、竹下派事務所では、常任幹事会が開かれた。会長の金丸信が、居並ぶ議員を前に言った。

「小沢一郎君を会長代行にするというので、どうだろうか」

まわりから、声が上がった。

「異議なし！」

小沢とライバル関係にある橋本龍太郎は、大蔵大臣である。小沢の後継幹事長には、小渕恵三が就任することも決まっていた。彼らは竹下側近といわれ、金丸側近の小沢とは、どちらかというと距離がある。そのふたりが、それぞれ党内、閣内の要職にある。当然、閥務《ばつむ》をすることはできない。それゆえ、派内から何の不満の声も上がらなかったのである。

こうして、小沢は竹下派の会長代行に就任し、派内のナンバー2となった。党内最大派閥「経世会」をバックにした小沢の行動、言動は、常に党内外の注目を集めることになった。このとき、派内はおろか党内の誰もが、のちに竹下派が分裂することになろうとは、夢にも思ってはいない。

## 小沢一郎、自民離党――非自民連立政権の真相

まさに、永田町バトルロワイヤルの極致といえる「経世会」竹下派分裂後、小沢一郎は自民党を離党し、平成五年六月二十三日に新党を結成する方針を決めた。

二十三日、新生党代表幹事となった小沢は、千代田区紀尾井町一丁目にある新生党本部の会議室で、公認候補者との面談をおこなっていた。なにしろ、全国各地から数百通にものぼる公認申請書が送られてきている。小沢は、その書類すべてに目をとおし、新生党の候補者としてふさわしいかどうかを判断した。さらに、これはと思う候補者を事務所に呼び、一人ひとり自分の目で確かめていった。

小沢は、かつて自民党の総務局長、幹事長といった要職を歴任し、選挙を勝利に導いた実績がある。それゆえ、永田町では、田中角栄、竹下登元首相に次ぐ「選挙のプロ」と称されていた。小沢自身も、並々ならぬ自信を持っていた。だが、今回の選挙戦は、従来のものとはまったく様相が異なっている。解散から公示日までわずか二週間しかない。しかも、与党・自民党を離党したなかでの新党結成である。準備期間が、ほとんどないままの船出となった。

〈時間さえあれば、百二十九選挙区全部に候補者を立て、百人を超える新生党議員を誕生させる自信はある。国民はみな、日本の政治はこのままでいいのか、という気持ちを抱いている。だからこそ、新党は票が取れる。今回の選挙戦は、鳥羽伏見の戦いとおなじだ。三千の薩長軍が、一万五千の幕府軍を破ったのは、鉄砲の威力じゃない。兵器だけを見れば幕府軍の方がはるかに優れている。それでも幕府軍は敗れた。時の流れなんだ……〉

新生党の表の顔として、党首の羽田孜が、なんと新生党立候補者六十九人中五十三人もの応援に駆けつけた。

いっぽう小沢は、裏で選挙の指揮を執った。全国の状況を聞き、「何やってるんだ！　そんなことでは、駄目だぞ」と発破をかけた。四日間ほど、愛知、京都、北海道へ飛び、企業まわりもし、票を固めた。

七月十八日の夜、総選挙の開票がおこなわれた。

新生党本部のある千代田区紀尾井町の戸田紀尾井町ビル二階に「当確」の報が初めて入ったのは、七月十八日午後六時五十七分であった。会場には、奥田敬和、小沢辰男、永野茂門《ながのしげと》、愛野興一郎《あいのこういちろう》らが座り、その背後には「新生党」というブルーの文字が踊っている。

その下に六十九人の新生党候補者の名前がずらりと書き並べられていた。

八時二十分、小沢一郎が会場に入ってきた。さすがにあたりを圧する威圧感がある。真ん中の席に座る。

新生党は、五十五人を当選させた。

小沢はいつもの険しい表情が嘘のように、微笑を浮かべている。

部屋の片隅に置かれていたダルマが、中央に引き出された。向かって左に羽田が、右に小沢が立った。右の後ろに前経済企画庁長官の船田元《ふなだはじめ》、左後ろに佐藤守良が立った。

羽田が、片方だけ空白になっているダルマに、太い筆で目を描きはじめた。だが、なかなかうまく描けない。羽田は、まわりのみんなに言った。

「変な目になっちゃったなあ」

小沢は、それを眺めながら思った。

〈六十台は、取りたかった。が、欲を言えばきりがない。羽田からみれば、上々なんだろうな……〉

が、小沢に、浮かれている暇はなかった。非自民勢力で、政権を獲得しなければならない。小沢は確信していた。

〈必ず、おれたちで政権は取れる。自民党の獲得議席は二百二十三で、仮に共産党の十五を入れたって、過半数の二百五十五に達しはしない〉

総選挙の結果は、自民党二百二十三、社会党七十、新生党五十五、公明党五十一、日本新党三十五、共産党十五、民社党十五、小沢たちと同時に自民党を飛び出した新党さきがけ十三、社民連四、無所属三十であった。

これまで野党第一党として君臨してきた社会党は、歴史的な敗北を喫してしまった。なんと改選前の百三十四議席から、一気に六十四議席を失い、わずか七十議席を獲得するに止まったのである。

小沢は、日本新党、新党さきがけが、自民党と組むことなどあり得ない、と初めから思っていた。もちろん、自分たちの担いだ羽田を非自民勢力の首相にするのが、一番いい、と考えていた。が、かといって、羽田にこだわるつもりはなかった。

〈おれたちは、自分たちが政権につきたいために、今回のような動きをしてきたわけではない。自民党の半世紀にわたる保守党支配を終焉させる、ということが目的なんだ〉

そのためには、今回は、羽田党首が首相にならなくてもいい。自分たちは、いま、言われなき中傷とはいえ、マスコミの攻撃の中心に晒されている。そこで強引に動くと、やはり政権ほしさゆえの行動だった、とまた書き立てられる。羽田党首も、今回は自分はやる気はない、と何度も発言していた。

小沢の知恵袋である平野貞夫《ひらのさだお》によると、このとき新生党の小沢代表幹事の頭のなかには羽田首班はなかったという。なぜなら、自民党を分裂させた直後だからだ。社会党の山花貞夫《やまはなさだお》委員長も、総選挙で社会党を大敗させた責任問題がある。候補者にはなり得ない。公明党の石田幸四郎《いしだこうしろう》委員長というわけにもいかない。

そうなると、日本新党代表の細川護熙か、新党さきがけ代表の武村正義《たけむらまさよし》だ。

小沢は、いち早く細川に会い、細川を首班にすべく、口説きはじめた。

いっぽう、平野は、総選挙翌日の七月十九日夕方、政治評論家の内田健三《うちだけんぞう》に呼ばれ、ホテル・ニューオータニに出向いた。部屋には、国会図書館政治議会課長の成田憲彦《なりたのりひこ》もいた。内田は、細川のブレーン、成田は、武村の相談相手であった。

内田は、平野に訊いてきた。

「本当に、非自民政権をつくる気か？」

平野は、きっぱりと答えた。

「つくります。いま、その工作を必死でやっています」

話題は、非自民政権での首班は誰がなるべきか、に移った。

平野は、小沢が細川を口説いていることを知りながら、あえて口にした。

「こういうときは、おさまりのいい理屈がいる。年の順でいいんじゃないか」

年の順なら、新党さきがけの武村、新生党の羽田、日本新党の細川である。自民党との連立を画策していた新党さきがけを引き込むために、武村をその気にさせようと考えたのだ。

二人は、妙に納得した。

「うん、それなら話も落ち着くかもしれんな」

内田は言った。

「平野君、あと十分したら、ここを出てくれないか」

「なぜです?」

「もうすぐ、ここに武村が来ることになっているんだ」

まさに、ベストタイミングであった。

平野が帰った後、武村がやって来た。

平野が思うに、内田はおそらく武村にこうささやいたのではないか。

「平野が、首班は年の順だと言っていたよ」

平野と小沢は、一心同体だ。平野の考えは、小沢の意向でもある、と武村は受け止めたのではないか。

武村は、「自民党との連立なら自分が総理になれる可能性はゼロに等しいが、非自民政権なら、ひょっとすれば総理になれる」と考えたにちがいない。武村の心は、揺れたのであろう。自民党との折衝にブレーキをかけ、五十五年体制の終焉を意味する非自民連立政権へとハンドルを切りはじめた。

七月二十二日、新生党代表幹事の小沢一郎と日本新党代表の細川護熙との極秘会談がおこなわれた。

小沢は、その席で、細川に要請した。

「あなたが総理になってくれ」

その口説きは、一時間半にもわたった。

会談後、細川は、新党さきがけ代表の武村正義に打ち明けた。

「大変なことになった。小沢さんから、総理になるよう説得された」

武村は、あわてて制した。

「細川さん、それはまずい。あなたとの約束がちがうことになってしまう。手を組んではいけない」

「もちろん、お断りしましたよ」

それと相前後して、小沢は、武村にも会い、誘い水をかけた。

「担ぐのは、あなたでもいいんですよ」

武村との会談を終え、新生党本部に引き揚げてきた小沢は、平野に声をかけた。

「驚いたよ」

「何が、ですか」

「武村が、総理になりたいらしいんだ」

平野は、心のなかでにんまりした。政治評論家の内田健三とのやりとりは、小沢には伝えなかった。

「政治家なら、誰だって総理になりたいんですよ。チャンスがあったのに断ったのは、あなたくらいじゃないですか」

小沢は、またその話か、というような顔をし、それ以上、会話は進まなかった。

その話を伝え聞いた新党さきがけの鳩山由紀夫らは、細川に訴えた。

「細川さん、騙されてはいけません。衆議院の経験のないあなたが総理になったら、二重権力構造で操られるだけです。いつの日か、必ず総理にしてみせます。だから、あと何年か、待ったほうがいい。時が来るまで、待とうではないですか」

新政権は、まちがいなく政治改革政権となる。しかし、細川の著書に目をとおしてみても「選挙制度は小選挙区比例代表並立制がいい」などということは、まったく触れていない。細川がやりたいのは、あくまでも行政改革である。政治改革には、それほど興味がないようであった。

七月二十四日、二度目の細川—小沢会談がおこなわれた。このときは、細川の気持ちは、大きくぐらつきはじめていた。

いっぽう武村サイドは、二十二日の小沢・細川会談の直後、古巣の自民党三塚派にただちに連絡を入れている。そこで、次のようなやりとりがおこなわれていた。

武村は、三塚派幹部に不安を漏らした。

「細川さんの様子が、どうもおかしい。どうやら、小沢さんの説得を受け入れたようなんです。もう、どうにもならなくなるかもしれません」

「なんとか細川さんを、説得してほしい」

「やってみます」

翌二十五日、気がかりでならない三塚派幹部は、武村に電話をかけた。

「細川さんの気持ちに、変化はありましたか」

武村は、気落ちした声で答えた。

「いま、わたしは蟻地獄に入っています。あなた方も辛いだろうけど、わたしもまったく辛い……」

## 〝あんたは小沢のお陰で存在しているようなもんだ〟

十二月中旬、予算を越年編成するか、年内編成するかをめぐって、小沢と武村が対立した。小沢は、ついに官邸に乗り込み、細川首相に迫った。

「武村を切れ！」

小沢は、のちに日本新党の議員たちと次々に懇談していったとき、そのときの憤りについて次のように打ち明けている。

「わたしが武村官房長官を疑問に思ったのは、平成五年の十二月十五日のことです。この日は臨時国会の会期末を迎えるにあたって、自民党側から、小幅延長、継続審議という案が出されました。自民党は、政治改革法案を成立させたくないあまり、一カ月前から、『年内に法案が成立しなくても総理の責任は問わない』と言ってきた。つまり、法案を潰す目的がそこにはあった。それにまず同調したのが、社会党です。土井議長も、それでいいと納得されたようです。しかし、もっとも問題なのは、このときの武村さんの対応です。武村さんは、驚くべきことに自民党側に了解のサインを送っていたのです。わたしはそれを知り、きわめて危険だと思いました。小幅延長の継続審議では、絶対に政治改革法案は成立しません」

小沢は、語気を強めた。

「自民党が総理の責任は問わないといっても、その場限りのものです。一回頓挫した総理には、求心力もなくなり、予算を編成する力も薄れます。結局、最終的には総理の責任が問われることになる。もし、そこで総選挙をおこなうものなら、連立与党は負け、再び自民党が政権を取り返すことになるでしょう。もし、武村さんがそれを知っていて、なおかつ自民党案に乗ったとしたら、それは違反になりませんか」

小沢は、みなを見まわし、そうでしょうと言わんばかりの表情をするや、つづけた。

「ですから、わたしは、細川総理に『大幅延長をしてでも法案をとおす、という不退転の決意でやらなければなりませんよ』と申し上げた。結果的には、その判断が正しかったと思っています」

そもそも、小沢と武村との確執は、細川政権が誕生した時点から、すでに存在していた。小沢の持論は、二大政党制の実現であった。それには、自民党を分裂させて政界を再編させる必要があると考えている。いっぽうの武村は、穏健な多党制を主張し、常に自民党の改革派と協力しながら政界再編を進めることを念頭に置いていた。

武村は、コメ市場開放問題の際にも、政府の方針を認めながらも、「わたし個人としては、開放に賛成できません」と述べ波紋を呼んだ。この発言には、野党自民党の議員も首をかしげた。

「総理の女房役である官房長官が、あんな発言をしてもいいのか」

武村が政界の師と崇める後藤田正晴前副総理も、何度か武村に注意を促してきた。

後藤田自身、中曽根内閣時代に官房長官を務めている。その情報分析力、判断力、決断力の的確さには、誰しもが舌を巻いたほどのカミソリ官房長官であった。

後藤田は、武村を諭すように言った。

「官房長官は、総理の女房役といってもだ、総理執務室のなかでは、どんどん総理に意見を言ってもいい。総理の考えがまちがっているな、と思えば注意をするのも当然のことじゃ。しかし、一歩外に出たら、総理と一体でなければならない。総理を批判するようなことがあっては、よろしくない」

武村は、〝ムーミンパパ〟の愛称よろしく、ニコニコとしながら答えた。

「ええ、それはもう、よくわかっております」

だが、武村のこのような応対の仕方が曲者《くせもの》であった。

小沢対武村の対立は、結局、小沢の主張どおりに事は進んだ。が、小沢の怒りはおさまらなかった。

〈このままでは、禍根を残すだけだ〉

そう判断した武村は、誤解を解くために小沢との会談を試みた。

しかし、武村がいくら連絡を取ろうとしても、小沢は、まったく電話口に出ようとしない。当時の小沢は、たとえ細川や副総理兼外務大臣で新生党党首の羽田孜が説得しても、拒否するかのような強硬な姿勢であった。ほとほと困り果てた武村は、新生党代表幹事代行の渡部恒三のもとに相談にやってきた。誤解を解くために小沢本人と会いたい、という。

渡部は、小沢に注意のできる数少ない議員の一人である。二人は、ともに昭和四十四年初当選組である。田中政権、竹下政権を誕生させるため、全力を尽くしてきた仲間であった。しかも、誕生日が同じ五月二十四日で、毎年、合同で誕生パーティーを開催する仲でもあった。

渡部は、武村のことを戦国時代の梟雄《きょうゆう》として名高い斎藤道三《さいとうどうざん》のような男だ、と思っていた。道三は、一介の油売り商人から身を起こした。仕える主人を次々と変えながら、そのときそのとき見事に立ち回り、ついには美濃国をおさめるにいたった。武村も、その道三に似た一面がある。

武村は、かつて政界の首領であった金丸信が北朝鮮問題に取り組んだ際、その事務局長となり、北朝鮮訪問に同行した。また、竹下登元首相が提唱した環境問題では、竹下に取り入り、環境部会長に就任した。

そうかと思えば、新党さきがけを結党し、細川と手を組んだことで官房長官の座を射止めた。

渡部は、武村と個人的に親しいわけではない。しかし、なかなかおもしろい男だと評価していた部分もあり、相談に乗ってやることにした。

渡部は、さっそく小沢のもとに電話を入れた。受話器の向こうから、小沢の不機嫌そうな声が響いた。

渡部は、小沢を諭すように言った。

「いい加減に、武村を目の敵《かたき》にするのはやめたらどうだ。今度、武村があんたの家を訪ねたいと言っている。そのときは失礼にならないように、きちんと応対しろよ」

小沢は、いささかぶっきらぼうに答えた。

「ええ、ナベさん、わかりました」

渡部は、胸を撫《な》で下ろした。

〈小沢は、嘘を言わない男だ。会うと言ったんだから、会ってくれるだろう。まあ、この際だから、武村にも釘を刺しておかないといけないな……〉

渡部は、ときおり耳にする官房長官とは思えぬ発言が気になっていた。

早速、武村と会う機会を設けた。

「小沢は、あんたと会うといっている。これを機会に二人でよく話し合ってきてほしい」

武村は、穏やかな表情で答えた。

「ええ、わかりました」

渡部は、ふいに真剣な表情で言った。

「それはそうとな、きみもよくやってくれていると思うが、考え方が間違っているところもあるぞ」

武村は、一瞬、身構えるようなそぶりを見せた。

渡部は言った。

「自民党が三十八年もの長期に渡って政権を保ちつづけることができたのは、どうしてか。それは、役割分担というものがあったからだろう。それは生活の知恵なんだ。本来、官房長官は憎まれ役に徹しないといけないんだ。たとえば、国会議員なら誰だってコメの自由化なんていう国民から嫌われることはしたくない。こういうとき、自民党はどうしてきたか。党は自由化に反対するが、政府が無理やり押し切ったという形を取ってきたんだ。この役割分担が、政権を三十八年間つづけることができた大きな理由だ。だから、政府は悪者にならないといけないんだ」

武村は、感心するような口ぶりで答えた。

「いやあ、おっしゃるとおりです」

渡部は、さらにつづけた。

「これは、何も政府に限ったことじゃない。党内においても、幹事長をはじめとする党執行部は、場合によっては憎まれ役を引き受けないといけない。米価を決めるときだって、幹部は立場上、『引き上げるわけにはいかない』と発言するだろう。それに対して、当選一、二回生で、まだ地盤の固まっていない若手議員たちが、『米価を十パーセント上げないと脱党するぞ』と息巻いて、有権者にアピールしてきた。そうやって支持者を増やしてきたんだ。ところが、この細川内閣はどうだろうか。自民党政権時代の一年生議員が言うような国民の人気取りの発言を、よりによって官房長官が一番先に言ってしまう。そうすると、連立与党側の出番はおろか代表者会議のメンバーの立場だってなくなってしまうだろう」

渡部は、タバコに火をつけた。煙をぷかりとふかしながら、なおもつづけた。

「それにな、あんたの言動を聞いていると、あるときは官房長官であり、あるときは幹事長であり、あるときは政調会長になってしまうところがある。そうでなくとも難しい連立政権なのに、これから一致協力して和を保っていかないと、すぐに崩壊してしまうよ。やはり、あんたが官房長官である限り、官房長官としての仕事を心得て、その則《のり》を越えないでくれ。官房長官に徹してくれ。あんたは、幹事長でも政調会長でもないいんだから」

武村は、白髪混じりの頭を二、三度掻いた。

「あんたはいま、小沢と張り合うことで、世間から実力政治家のように思われている。あんた自身も、自民党におだてられて、その気になっているようだが、よく考えたほうがいいぞ。自民党は、小沢のことが憎いからこそ、あんたをおだてているんだ。言わば、あんたは小沢のお陰で存在しているようなもんだろう。もし、小沢がいなくなってみろ。自民党から、鼻も引っかけられなくなるぞ。なぜなら自民党にとって小沢の次に許せないのは、間違いなくあんたなんだ。当選三回で大臣となる。それも、総理の女房役の官房長官にまでなってしまった。かつての自民党政権では、あり得ないことだ。今日、あんたが存在しているのは、小沢のお陰と考えないといけない。そうでなければ、あんたは政務次官になれるかどうかといった程度の政治家なんだからな」

普通の人間なら、これだけの注意を受ければ嫌な顔の一つも見せるところであろう。しかも、武村は小なりとはいえ、新党さきがけの党首である。

〈少し、言い過ぎてしまったかな……〉

渡部は、武村の顔をのぞきこんだ。ところが、武村はまるで意に介さずといった穏やかな表情で答えた。

「いや、まったく渡部さんのおっしゃるとおりです。ほんまに、よう教えてくれましたな」

渡部は、そのあっけらかんとした物の言い方に拍子抜けしてしまった。

〈武村は、なかなか大した男だ。大物といえば、大物なんだろう。小沢一郎や市川雄一は、いかめしい顔つきをしているから、どこか国民から警戒されるようなところがある。だが、ムーミンパパの愛称で呼ばれる武村の顔は、なんとも憎めない顔つきをしている。武村には、仮に共産党の革命が起こったとしても、しれっとして大臣の椅子に座れるだけのしたたかさがあるのに、それをまったく感じさせない……〉

その後、武村を小沢に会わせる仲介をとった渡部の耳に「武村が元旦に世田谷区深沢《ふかさわ》の小沢邸を訪ねた」という報告が入った。渡部は、これで細川連立政権もうまくいくだろう、とひとまず安堵した。

## 官房長官を追う総理――国民福祉税撤回の夜

細川首相は、臨時国会が閉幕した平成六年一月二十九日夕刻、官邸で記者会見を開いた。その際、最大の焦点である消費税率の引き上げについて、「いまは念頭にない」と明言していた。

つまり、景気対策の柱となる大幅所得減税の財源として消費税率の引き上げを考えてないことを明らかにしたのである。

しかも、翌三十日には、細川首相の女房役である武村官房長官も、高松《たかまつ》市内のホテルでおこなわれた新党さきがけ香川県支部の披露パーティー前の記者会見で「何らかの国債によって賄う道を取らざるを得ない」と述べている。減税と消費税率の引き上げによる増税は切り離し、短期償還の赤字国債発行を財源とした減税を先行実施する考えを強調したばかりであった。

この武村発言をきっかけに、減税と財源の切り離し処理ムードが広まっていた。今国会では、消費税率の引き上げはおこなわない、と誰しもが信じていた。

だが、このことを快く思っていない人物がいた。誰あろう、一括処理を主張してきた小沢一郎である。じつは、小沢は、武村発言の翌三十一日夜、大蔵省（現・財務省）の斎藤次郎《さいとうじろう》事務次官と密かに接触していた。その直後から、大蔵省が激しい巻き返し作戦を展開しはじめた。小沢とのあいだで何らかの決定があったことは疑う余地もない。しかも、一時は切り離し論に傾いた公明、民社両党も、小沢に同調する姿勢を見せた。

そこで、この日の代表者会議で、突然、消費税率の引き上げが提案されたのである。

午後十一時、社会党の村山富市《むらやまとみいち》委員長が憤然と官邸に乗り込んだ。首相執務室で、細川首相と直談判をはじめた。そこに突然、小沢とこのとき親しく「一・一ライン」と言われていた公明党書記長の市川雄一が入ってきた。連立与党代表者会議を開くためである。

村山は、白く太い眉毛を吊り上げ、不快感を露にした。

「あんたら、なんで入ってくるんじゃ！」

だが、市川も負けていない。

「我々は、これから与党間で話し合おうとしているんだ！　一党だけ、しかも連立与党代表者会議のメンバーでないあなたが総理と話すのは、ルール違反じゃないのか！」

社会党は、連立与党代表者会議のメンバーに久保亘《くぼわたる》書記長を送り込んでいる。道理といえば、道理であった。小沢も、市川に同調するように、うなずいた。

村山は、ムッとした表情で席を立った。同席していた武村官房長官が、村山の肩を叩きながら、官房長官室に連れていった。

そのとき、アッと驚くことが起こった。なんと細川が、武村らの後を追うように、つかつかと官房長官室に入っていくではないか。総理自らが官房長官室に出向くことなど、異例中の異例であった。記者らはあっけにとられたまま、細川の後を追った。

細川は、小沢と市川を執務室に残したまま約十分間、村山の説得にかかった。が、村山は硬い表情を崩さない。説得は、不調に終わった。

二月二日水曜日から二月三日木曜日へと日付が変わった深夜零時四十五分、細川首相が、官邸で記者会見を開いた。いつもなら必ず同席するはずの武村官房長官の姿は、そこにはなかった。

のちにわかったことだが、細川は、武村にこの会見で自らに代わってしゃべるように頼んだが、断られている。おまけに、武村は、この会見の内容が気に入らず、会見の同席すら拒んだ。というのも、武村が細川自身の口から「国民福祉税」の創設を伝えられたのは、会見がおこなわれるわずか二十分前のことである。武村は、まったく無視された恰好であった。これでは、おもしろかろうはずがない。

代わって羽田外務大臣が、急遽、同席した。それに税制問題であるから当然、藤井裕久《ふじいひろひさ》大蔵大臣が同席した。

細川は、一言一言を確かめるように言葉を発した。

「今年一月から、総額六兆円の減税を先行実施します。また、平成九年四月に消費税を廃止し、それに代わる一般財源として、仮称ですが国民福祉税を創設。その税率は、七パーセントとします」

二月三日午前十一時五分、武村官房長官が定例会見を開いた。撫然とした面持ちで、今回の国民福祉税の強引な手法に疑問を投げかけた。

「振り返ると、すべてが正しかったとは言えない。わたし自身は、大変異例だと思っている」

さらに、首相批判まで口にした。

「『過ちを改むるにしくはなし』という言葉がある」

そこには、国民福祉税導入方針に直接参加できなかったいらだちと、小沢に対する不満の表情がありありとうかがえた。

武村をこの年の元旦に小沢に会わせるよう仲介をとった新生党代表幹事代行の渡部恒三は、またもや頭を抱え込むことになった。武村が、国民福祉税の創設をめぐって、今度は細川を非難する問題発言をしてしまったのである。

首相の女房役が首相を非難するなど、本来ならその場で辞表を出すべき行為であった。武村と小沢の対立は、武村が元旦に小沢邸を訪ねたことで、どうにか緩和の方向に向かいつつあった。しかし、今度は、武村と細川の対立が明確になってしまったのである。

〈武村は、官房長官の身でありながら、小沢や市川と対立し、ときには代表幹事の仕事をぶんどってしまった。それで小沢がヘソを曲げてしまった。しかし、今度は総理大臣の仕事にまで手を突っ込んできた。困った奴だな……〉

渡部は、たとえどんなに小沢の評判が悪くとも、小沢と行動をともにしている以上は、小沢を庇ってやらないといけないという意識が常にあった。

しかし、武村には、そういった仲間を庇う意識が希薄に思われてならなかった。細川連立政権は言わば細川—武村の友情関係で出発した。それなら、細川を最後まで庇うのが武村の役目ではないか。

渡部は、武村のしたたかさに舌を巻いた。

〈自分が利用できるものは、すべて利用する。利用できなくなったものはサヨナラだ。これが、新人類と言われる新しいタイプの改革派なんだろう。そういう意味じゃ、おれは守旧派だ〉

平成六年二月八日午前十時三十分、連立与党代表者会議が開かれた。日米首脳会談の期日まで、残りわずか二日しかない。結局、社会党の強い抵抗で国民福祉税は撤回されることになった。

## 細川政権崩壊の影

小沢一郎は、政治改革法案が参議院本会議で否決されたとき、かくたる方針を掲げて邁進しようとする細川首相の態度を評価していた。小沢は、細川連立政権を本気で支えつづけていこうとしていた。

だが、小沢のブレーンの参議院議員・平野貞夫には、一抹の不安もあった。国民福祉税構想をとおして、くっきりと印象づけることになった細川首相と武村官房長官との確執である。

〈マスコミは、〝小沢対武村の対決〟としきりに煽っている。しかし、本質はそうではない。むしろ、いまこじれているのは、細川総理と武村官房長官との関係じゃないか……〉

平成六年二月十一日、細川首相は、日米首脳会談のためワシントンを訪れた。その際、記者の一人から政治改革法案成立後の総選挙の戦い方について訊かれた。細川は、慎重な口ぶりで答えた。

「やはり連立与党がまとまらないと、選挙は戦えないでしょう」

つまり、連立与党の統一を念頭に置いての発言であった。このことは、細川が武村の主張する「穏健な多党制」から、小沢の主張する「二大政党制」に傾斜したものと受け止められた。

もっとも、小沢は政党がいくつあってもよいが、総選挙となれば連合体として一つにまとまらないと勝てない、との考えであった。

だが、武村官房長官は、細川首相が訪米中の二月十三日の日曜日にテレビ朝日の番組に出演し、細川の路線をやんわりと否定した。

「いきなりシンプルな二大政党に分けていくのは、容易ではないでしょう」

また、武村は、内閣改造に反対した。

が、小沢は「総理が改造するといっているのに官房長官が潰そうというのは、どういうことだ」と怒りだし、与党代表者会議の出席を放棄した。

細川首相は、平野に泣きついてきた。

「なんとか、してください」

そこで、平野は知恵を絞った。

「それでは、武村さんだけでも替えて、後任には、石原信雄《いしはらのぶお》官房副長官を抜擢したらどうですか。石原さんは、自治省（現・総務省）時代、武村さんの先輩だし、これまで苦労してきたのだから、武村さんも納得するでしょう」

石原は、中曽根内閣以来、内閣官房の事務方を取り仕切ってきた。しかも、経済改革は規則緩和が主体なので、各省庁を抑えるのにも適任だ。なによりも、武村が先輩の石原の花道になることに反対はしないだろうという読みもあった。細川首相は、了承した。

そのうえで、平野は、この構想を小沢に伝えた。小沢も、納得した。

「それでも、いい」

与党代表者会議は、再開された。が、社会党委員長の村山富市、民社党委員長の大内啓伍《おおうちけいご》、そして武村がそろって内閣改造に反対し、細川首相は内閣改造を断念せざるを得なかった。

平野は、愕然とした。

〈総理の人事権を、与党の代表者の多数決で変更するとは何事か〉

平野によると、のちにわかるのだが、このとき、すでに自民党と社会党左派、新党さきがけのあいだで細川政権潰しの話がまとまっていたという。

連立政権誕生直後から、新生党と新党さきがけは主導権をめぐって火花を散らしている。

細川首相は、その対立を見て新党さきがけとの合流が連立政権の微妙なバランスを崩しかねないと判断し、合併に慎重な態度を見せるようになったのである。さらに、その間、細川の気持ちにひとつの変化が表れはじめた。日本新党を結成した当時は、相容《あいい》れることがない関係に思われていた小沢のことを、ひどく信頼するようになったのである。

「小沢さんは、信頼できる人ですね。言わないと約束したことは、絶対に言わない。ですから、あの方と話した内容は、どこにも漏れません。それに、やるとおっしゃったことは、必ずやってくれます。あれほど信頼できる人は、なかなかいないんじゃないですか」

本来なら細川首相自身が非難を浴びなければいけないことでも、小沢が悪者となって一手にひっかぶってくれる。しかも、小沢は、一切弁解しない。細川にしてみれば、そんな小沢を頼もしく思えるのも当然であった。

三月七日夜から、ホテル・オークラ六階にある中華料理店「桃花林《とうかりん》」ではじまった小沢との懇親会は、その後、五回に渡っておこなわれた。

日本新党の長浜博行《ながはまひろゆき》は、そのうち何度か窓口役として顔を出した。

あるとき、話題が武村官房長官になった。議員の一人が、興味津々といった表情で小沢に訊いた。

「小沢先生は、武村官房長官のことを、どのように思われているのですか」

マスコミが報じるところ、国民福祉税構想、内閣改造問題以来、小沢と武村の関係は、相当ギクシャクしているようであった。長浜自身、小沢が武村をどのように思っているのか興味を抱いていた。注意深く耳をそばだてた。

小沢は、手にした紹興酒用のグラスをテーブルの上に置くと、無表情なままで答えた。

「武村官房長官について、わたしがどうのこうのと言われているようですが、わたしは武村さんを嫌うとか、避けるとかいった意識は、まったくありません。だって、わたしが自治大臣のときに、武村さんは当選されてきた方ですからね」

自民党政権時代、大臣適齢期は、当選五、六回生と言われていた。それだけ当選を重ねていかないと、簡単に大臣にはなれなかった。小沢が自治大臣として初入閣したのも、六回生のときである。つまり、自分と武村ではあまりにランクがちがい過ぎる。比べるほうがおかしい、というようなニュアンスであった。

小沢はつづけた。

「わたしが、一番問題にしたいのは、総理の女房役である官房長官が、総理の発言に対してたびたび諫言《かんげん》されることです。なぜ、そのようなことをおっしゃるのか。閣内不一致という、自民党が連立与党を倒すための恰好の餌食《えじき》を、わざわざ与えているようなものです。そのようなことを、官房長官が絶対に言ってはなりません」

言葉は丁寧だが、人を威圧するような野太い声で、さらにつづけた。

「わたしは、閣内に入っていません。ですから、党の代表幹事の立場でものが言えます。もし武村さんが党の代表として発言をしたいのであれば、わたしと同じ立場になっていただかないといけない。代表者会議の場で意見を言い合うのは、まったく問題はありませんし、内閣不一致も生まれない。わたしは、それを言いたいんです」

小沢はさらにつづけた。

「もちろん、そうかといって新党さきがけを排除するつもりはありません。むしろ、三新党がいっしょになって、新党をつくるくらいのほうがいいと考えています。そうすれば、既存の政党だって気づくでしょう。あの社会党だって、わかると思います。いや、すでに気がついているのかもしれません。それなら、勇気をもって行動ができるはずです。その意味でも大切なポイントは三新党であり、なかでも重要なのは、日本新党のみなさんです。わかる人には、わかると思いますが……」

つまり、小沢は、早急に連立与党が大統一会派なり、「新・新党」をつくらなければ、翌年に迫った統一地方選、あるいは参院選を戦えないと主張していたのである。そのためには、まず三新党がいっしょになる。そのうえで、社会、公明、民社といっしょになるべきだ、と考えていたのであった。

国民福祉税構想では、細川、小沢に対して、武村ははっきりと反対の態度をとった。

それ以降は、細川は、完全に軸足を小沢に移していった。官房副長官として官邸に詰めていた鳩山由紀夫も、なんとなくそれは感じていた。

が、細川は、首相執務室に鳩山を呼び、細川流の比喩で説明した。

「川が流れていると思ってください。ヘドロは、自民党です。それを流して、綺麗な川にすることが重要です。田中秀征《たなかしゅうせい》（首相特別補佐）さんは、ヘドロを流すのにも綺麗な水でなければいけないとおっしゃる。しかし、わたしは、必ずしもそうであるとは思いません。小沢という泥水で流しても、いいではないですか。とにかく、どのような方法でもヘドロを流す。そうすれば、昔の綺麗な川に蘇えりますよ」

細川首相が佐川急便から一億円を借り入れていたことが発覚するや、自民党は細川を追及し、国会は紛糾した。

なお、鳩山は、のちに民主党代表となって、小沢率いる自由党と手を組もうとしたとき、この言葉をあらためて噛み締めることになる。

なにしろ、平野貞夫の見るところ、本来、細川首相を守る立場にいた与党社会党の山口鶴男《やまぐちつるお》衆議院予算委員長までもが自民党の野中広務と組み、政権潰しを画策していたのだ。

国民の生活を左右する予算が成立しなければ、どうにもならない。嫌気がさした細川首相は、四月八日、ついに辞意を表明した。

小沢は、振り返って悔やむ。

〈細川政権がもう一年つづいていれば、自民党は、いわゆる馬糞の川流れで、完全に潰れていたはずである〉

## 沖縄・駐留米軍用地特措法合意への七転八倒

平成八年一月十一日、村山富市首相の辞任に伴い、橋本龍太郎は第八十二代内閣総理大臣に指名され、自社さ連立による第一次橋本内閣が発足した。幹事長には、加藤紘一が就任した。

加藤紘一は、昭和十四年六月十七日、衆議院議員や山形県の鶴岡《つるおか》市長を務める加藤精三《かとうせいぞう》の五男として生まれる。

中学時代に父・精三の衆議院議員当選とともに東京に移り住み、麹町中学校、日比谷高等学校を卒業し、東京大学法学部卒業後、外務省に入省する。

その後、昭和四十七年に父親の地盤をつぎ衆議院議員に初当選し、宏池会に所属。大平正芳内閣で官房副長官を務めるなど、早くから宏池会の「プリンス」として期待されていた。初入閣は、昭和五十九年の第二次中曽根内閣の防衛庁長官であった。

平成三年には、竹下派支配打破のために世代交代を訴え、山崎拓、小泉純一郎とともに「ＹＫＫ」を結成して注目を浴びる。平成三年には宮澤内閣の官房長官を務めた。

平成九年三月初旬、最大の焦点であった特措法改正問題の対応について、政府と自民党執行部の会合が開かれた。

政府側からは、梶山静六官房長官、与謝野馨《よさのかおる》官房副長官、古川貞二郎《ふるかわていじろう》官房副長官、党側からは、山崎拓政調会長、村岡兼造国対委員長、上杉光弘《うえすぎみつひろ》参議院国対委員長、平沼赳夫《ひらぬまたけお》議院運営委員長、下稲葉耕吉《しもいなばこうきち》参議院議院運営委員長らが顔をそろえた。

三月五日、予算案が衆議院を通過した。国会の焦点は、沖縄の米軍用地強制使用をめぐる駐留軍用地特別措置法（特措法）の改正問題に移った。

特措法は、まさに日米安保条約の基礎である。基地提供の義務を履行できるかどうか。

亀井静香《かめいしずか》本人も小沢一郎も認めないが、じつは、三月中旬、亀井は、小沢と会談したと言われている。

そこで、自民党と新進党の中堅が、かつてない安全保障、危機管理の問題について勉強会「日本の危機と安全保障を考える会」をはじめることにした。

亀井は、この勉強会ができたとき、確信を持った。

〈今回の特措法の問題は、うまくいった〉

亀井は、勉強会の発足する前日の三月二十六日、これまで自社さ派として行動をともにしてきた野中広務幹事長代理にだけは報告しておいた。

野中は、亀井に釘を刺した。

「利用されんようにせいよ」

ただし、亀井は、加藤幹事長には断らなかった。

〈加藤幹事長に言ったら、「それは止めておいてくれ」というに決まっている。そんなことを加藤幹事長に報告して了承を求めようとすることが、アホなんだ。もし、止めとけ、と言われても、おれが、ハイそうですかということを聞くわけない。亀裂ができるだけだ。もし執行部が、衆議院だけじゃなく、参議院もうまく多数派工作がいっているというなら、冗談じゃない。もしそうなら、（小沢一郎が率いる）新進党から、ボコボコッと十人でも二十人でも引き抜いてみせろ。小沢さんが政局にして、いざ政権が倒れかねないとなると、それまで口では賛成すると言っていても、新進党を割って出る者はいなくなる。そんなこともしないで御託を並べても、駄目だ〉

自社さ派の加藤幹事長は、亀井の変化を知ると、社民党の伊藤茂《いとうしげる》幹事長に、あわてて電話を入れている。

「亀井が、寝返った！」

加藤は、沈んだ口調で言った。

「あなたにとってもショックだろうけど、わたしにとってもショックだ……」

しかし、加藤ら自社さ派は、なお自分たちが主導権を握って事を運ぼうと必死であったのだ。

与謝野は、新進党の小沢一郎党首の特措法に関する過去の発言を調べた。小沢は、三月三十日の日曜日、フジテレビの番組「報道２００１」に出演していた。そのビデオを入手し、小沢の発言を抜き出した。さらに、特措法に関するこれまでの橋本首相の記者会見での発言、国会での答弁も調べた。与謝野は、ペーパーにまとめた両者の発言を突き合わせた。驚いたことに、まったく同じ内容であった。

与謝野は、唸った。

〈同じ内容ならば、相当、中身の濃い話ができるじゃないか〉

与謝野は、ペーパーを持ち、勇んで首相執務室に駆け込んだ。

橋本首相にペーパーを見せ、ブリーフし、最後に言った。

「これなら、うまくいきます」

橋本首相は、笑顔になり、大きくうなずいた。

四月二日午後八時半、首相官邸で「一・龍会談」がおこなわれた。二人は、笑顔で握手すると、それからは報道陣をシャットアウトし、サシの話し合いに入った。外は雨が降りはじめた。

そのころ、官邸裏手にあるキャピトル東急ホテルでは、自民党の加藤幹事長、社民党の伊藤幹事長、さきがけの園田幹事長と、自民党の山崎拓政調会長、社民党の及川一夫《おいかわかずお》政審会長、さきがけの水野誠一《みずのせいいち》政調会長が六者協議をおこなっていた。

橋本首相は、会談中、加藤に電話で言った。

「小沢さんが、こんな申し出をしてきた。どう思う」

その合意内容には、小沢党首の主張が織り込まれ、今後も新進党と協議をつづけるという。

それでは、なおここにきてつながりを保っていこうと社民党と交渉会合を持っているのに、社民党との関係が崩れてしまう、と感じた加藤幹事長は、強く制した。

「合意は、拒否してください。決裂は、やむを得ません」

橋本首相は、声を荒らげた。

「そんなふうに党首会談を終わらせるわけには、いかないだろう」

激しいやりとりがあったのであろう。橋本首相は、顔を強張らせ、眉をひそめながら席に戻った。

「紙に書くのは、明日まで待ってくれ」

与謝野は、ピンときた。

〈加藤さんに、止められたな。しかし、悪意があるわけじゃない。この現場にいないから雰囲気がわからないんだ〉

すでに、会談がはじまって三時間あまりが経過した。みな、いささか疲れている様子であった。橋本は、小沢に言った。

「イッちゃん、ビールでも飲まないか。ぼくは、ウイスキーのお湯割りにしよう」

橋本首相は、秘書官に命じた。

「酒を持ってきてくれ」

三人は、談笑しながら、酒を酌み交わした。

翌日の午後四時から、自民党本部で緊急役員会が開かれた。官邸側の与謝野は、オブザーバーとして出席を求められた。

参議院自民党の村上正邦《むらかみまさくに》幹事長が、加藤幹事長に要望した。

「どうも、社民党の様子がおかしい。参議院での審議は、党首会談にかかっている。党首会談を、ぜひ成功させてほしい」

加藤幹事長は、小さくうなずいた。

「わかりました。特措法をとおすためには、党首会談が必要です」

そして、胸ポケットから一枚のペーパーを手に取り出した。

「これから、合意するための文書を読み上げます」

出席者は、注意深く耳をそばだてた。加藤は、文書を読み上げはじめた。なんと、その合意文書は、早朝、与謝野が自宅で書き、村岡国対委員長に手渡したものであった。与謝野は、目を丸くした。

〈今朝、村岡さんに渡したものが、山崎さんに渡り、そして、加藤さんの手に落ちたのだろう。不思議なもんだ。詠み人知らずの文書が、党の考えになっている。まあ、いい。黙っていよう〉

加藤は、読み終えるや、強い口調で言った。

「合意文書は、これしかない！」

役員会の了承を得た加藤は、与謝野にペーパーを手渡した。

「これで、やってください」

与謝野が自分で書いた文書である。もとより、反対する理由は、どこにもない。

執行部は、民主、太陽両党との党首会談を新進党より前に設定し、保保派が際立つのを避ける策に出た。

さらに、合意内容が小沢の狙う「抜本的見直し」につながらないものとするよう主張した。

お目付け役として、二回目の一・龍会談に加藤幹事長が同席することも求めた。

さて、党本部を後にした与謝野は、ただちに新進党の平野貞夫に電話を入れた。

「いま、役員会が終わりました。これから会いましょう」

与謝野は、雨のなか、車を議員会館に走らせた。

第一議員会館の二四三号室の自室に入ると、ほどなくして平野がやってきた。

与謝野は、ペーパーを平野に差し出した。

「役員会で了承された内容は、これです」

二人は、そのペーパーをたたき台にして合意文書の作成にかかった。

当初、新進党が用意したのは、「次期国会に立法措置をする」というものであった。

が、与謝野は言った。

「きつい」

そこで、平野は、「次期国会」を「早急に」と替えた。

が、与謝野は、それも呑めないと言った。

平野は、出かける前に小沢に言われていた。

「こちらの主張にこだわりすぎれば、全体が壊れることがある。実を取って柔軟にやれ」

最終的には、「誠意をもって」という言葉に落ち着いた。

平野は思った。

〈法律を一気につくるところまで進めば百点満点だが、簡単にはいかない。八十点というところじゃないか。地方分権推進委員会でも、同じような内容の答申が出てくるし、そういう流れになってくる。ここで文章にこだわる必要はない〉

与謝野は、秘書官に命じ、その場で清書させた。

平野は言った。

「電話を貸してください」

「どうぞ、どうぞ」

平野は、与謝野の事務所の電話で、小沢党首と打ち合わせをはじめた。与謝野は、腕時計に目を落とした。時計の針は、五時半をまわっていた。各党との党首会談は六時からはじまる。

〈もう、時間がない〉

与謝野は、秘書に声をかけた。

「至急、官邸に戻らなければならない。平野さんに、事情を説明しておいてくれ」

与謝野は、平野を自室に残したまま、首相官邸に車を走らせた。

官邸二階にある官房長官室に飛び込むと、梶山官房長官にペーパーを手渡した。

「これで、どうですか」

梶山は、さっとペーパーに目をとおし、ぶっきらぼうに答えた。

「おまえが、やれ。おまえが、総理に話をしろ」

「はい」

与謝野が首相執務室に入ると、そこには加藤幹事長の姿があった。

与謝野は、橋本首相と加藤幹事長にペーパーを手渡した。

「これで、いかがでしょうか」

橋本首相は、ペーパーに目をとおすと、「ウン」とうなずいた。

「これなら、いい」

加藤幹事長も、うなずいた。

橋本首相は、民主党の鳩山由紀夫、菅直人《かんなおと》両代表、太陽党の羽田孜党首との会談を終え、午後七時十四分から、いよいよ新進党の小沢党首との会談にのぞんだ。

加藤幹事長が同席し、与謝野も顔を出した。

橋本首相が、ワープロで打ち直した合意文書を小沢に見せた。

「これで、どうですか」

小沢は、あっさりと答えた。

「これは、もう平野君と打ち合わせしてますから」

加藤が、合意文書について説明した。

「一項目目は、役員会で了承されました。二項目目と三項目目は、わたしの責任で了承しました」

党首会談は、わずか三十秒で終わった。

執務室は、なごやかな雰囲気となった。小沢と加藤は、昔話に花を咲かせた。

「おたがいに、ずいぶん長くなりましたね」

「そういえば、いっしょに議運の理事をやったことがありますね」

会談はわずか十五分で終了した。

亀井は、その後、夜の会合で加藤幹事長といっしょになった。その席で、「亀井さんがああいうことをやったが、加藤幹事長は、どういう気持ちなんですか」との質問が出た。加藤は、皮肉を込めて言った。

「お陰で非常に楽になりました。どの政党との関係もね。亀井さんのお陰です……」

亀井は、その発言を聞きながら表情一つ変えず思っていた。

〈リップサービスかどうかわからんけど、おれは本心だと思う。加藤さんは、今回はおれの動きで助かったんじゃないの。立ち往生していたら、一蓮托生だった。その面では、特措法もとおるし、今度は民主党

もすり寄ってくるし、太陽党もすり寄ってくるし、新進党とも協議できるし……〉

## もう、消えるよ――参議院選惨敗、退陣へ

参院選の投・開票日の平成十年七月十二日午前十時十六分、橋本首相は、開票日を迎えた心境について首相公邸前で記者団に質問された。

「長かった参院選の戦いも終わり、いよいよ開票日を迎えたが、総理のいまの心境をうかがいたい」

橋本首相は答えた。

「やれるだけのことはやったと思うし、いい結果になることを、本当に願っている」

午前十時二十四分、紀尾井町のホテル・ニューオータニ内の理容室で散髪した。

昼、宮澤派五回生で加藤紘一幹事長側近の川崎《かわさき》二郎《じろう》は会館に向かっていた。

選挙数日前、地元三重県にいた川崎は、加藤幹事長から呼び出しを受けていたのである。

「みんなと話をしたいから、投票日だけど上京してくれないか」

選挙中盤から、橋本首相の恒久減税をめぐる発言が二転三転し、自民党に逆風が吹きはじめていた。が、自民党関係者は、それでも六十議席は取れるのではないか、と予測していた。川崎も、六十前後は確保できると確信していた。

しかし、加藤は、すでに自民党の敗北を予感していたのだ。大敗すれば、橋本首相の責任論が浮上する。その前に宮澤派の主要メンバーと打ち合せをしておきたいというのが加藤の考えであった。

川崎を乗せた車が、TBS会館に到着した。川崎は、TBS会館の地下にある料理屋「ざくろ」に入っ

た。川崎は、加藤が招集した宮澤派の主要メンバーと話し合った。

「出口調査によると、投票率は、五十パーセント台後半になるようだ。そうなると、自民党にとって厳しい結果となるだろう」

「仮に議席が五十台だったら橋本総理の責任論になる。その場合、総理に責任を負わせてはいけない。幹事長である加藤さんが責任を取って引くべきだ。それこそ、武士としてのたしなみじゃないか」

加藤は、大きくうなずいた。

午後四時十五分、村岡兼造官房長官、額賀《ぬかが》福志郎《ふくしろう》官房副長官、小渕派の西田《にしだ》司《つかさ》事務総長が世田谷区代沢の竹下登元首相の私邸を訪問した。

手元には、政府関係機関や一部報道機関の「出口調査結果」があった。自民党が勝敗ラインの六十一議席に、遠くおよばないことがはっきりしつつあった。

自民党執行部は、十二日夜から党本部に集合し、開票速報を見守る予定だった。が、予想以上に自民党に厳しい状況が伝えられると、地元にいた森喜朗《もりよしろう》総務会長、山崎政調会長、野中幹事長代理も、午後には続々と上京。都内のホテルに陣取った加藤幹事長と、個別に協議を重ねた。

加藤幹事長らは、この場で、いずれも自民党の改選議席確保は困難とする各社の分析を前に、「首相退陣は避けられない」との覚悟をした。

午後八時四十五分、自民党本部で加藤幹事長が記者団に重い口調で語った。

「厳しい。前に五十台半ばもあるかもしれないと我々が言ったとき、ブラフだと思ったでしょうが……」

午後八時五十分、自民党の野中広務幹事長代理は、ＮＨＫの報道番組で語った。

「橋本首相が改革に取り組んだが、国民に十分理解していただけなかった。衆議院で過半数を持っているので、国民は参議院でのバランスを考えたのではないか。悲愴な気持ちになった」

午後九時十五分過ぎ、加藤幹事長は、党本部四階の会見場に姿を見せた。

加藤幹事長が当選確実の第一陣として八つのピンクのバラを掲示板につけても、まばらな拍手があるだけだった。

午後九時二十五分、村岡官房長官と額賀官房副長官が橋本首相と協議するため、首相公邸に入った。

午後九時四十五分、自由党の野田毅《のだたけし》幹事長が橋本首相の進退について、退陣は当然、との見通しを示した。

「正常な感覚であれば、当然出る結論を頭に置きながら、考えておられるのではないか」

午後九時四十八分、自民党の加藤幹事長がＮＨＫの番組で語った。

「全般的に改革途中のひずみがあるなかで、各候補に大変きつい選挙をさせた。しかし、与党は、こういうときに逃げないで改革しないといけない立場だ。執行部は、最低ラインを六十一議席と決めたし、それに対しては、十分対応を考えていきたい」

橋本首相は、午後十時半前に首相公邸から党本部入りした。

午後十時半過ぎ、橋本首相は党本部の総裁室で加藤幹事長と二人だけで会談し、十三日に役員会招集を要請した。開票の進む午後十一時十五分、自民党総裁室で、橋本首相、村岡官房長官、加藤幹事長ら政府・自民党首脳が協議した。

自民党は、結局、選挙区三十、比例区十四の四十四議席と惨敗した。

深夜午前零時七分、記者会見を開いた加藤幹事長は、東京での改選議席ゼロの見通しについて問われ、落胆した。

「ショックです。東京で一議席も取れないことなど、いままであったかな……」

ひときわ険しい表情で言った。

午前一時、橋本首相が自民党本部を引き揚げ、公邸に帰る際、幹事長室の職員に向かってぽつりと語った。

「お疲れ。もう消えろと言われたから、消えるよ……」

## 小渕総理倒れる――陰の総理・野中広務

平成十年十一月十九日、小渕恵三首相と自由党の小沢一郎党首が歴史的な会談をおこない、自自連立に合意した。

さらに、平成十一年十月には公明党も加わり、自自公連立政権が発足した。

平成十二年三月四日、小渕恵三首相と自由党の小沢一郎党首の会談が密かにおこなわれた。小沢は、この会談で小渕首相に迫った。

「これ以上、連立を継続するのは困難だ。連立を継続するなら、安全保障や有事法制の問題を今国会中に片づけてほしい」

小沢は、小渕首相とはいろいろなかたちで何回も話し合いを持っていた。「約束は守ってほしい」と訴えつづけた。が、最終的には駄目なことは、その時点においてはわかっていた。

四月一日午後六時、小渕首相、自由党の小沢党首、公明党の神崎武法《かんざきたけのり》代表の与党三党首による会談が首相官邸でおこなわれた。青木幹雄《あおきみきお》官房長官も同席した。

午後七時五十分、小渕首相は、報道各社のインタビューで自由党との連立解消を正式表明した。

「三党首は、今後の政権運営について意見交換したが、基本的な考え方で意見が一致できず、三党間の信頼関係の維持が困難なことを確認した。従って、わたしと神崎代表は、自民、公明、改革クラブで引き続き連立を維持することで一致した」

自由党の政権離脱が、事実上決まった瞬間であった。平成十一年一月にスタートした自自連立は一年三カ月で幕を閉じた。自自公連立政権はわずか半年で組み替えとなった。

小渕首相は、公明党に、自由党の野田毅《のだたけし》らが結成する新党を加えた新たな三党連立を構築する方針でいた。

小渕首相は、平成十二年四月二日午前零時半ごろ、首相公邸で体調の不調を訴えた。深夜一時過ぎ、秘書のライトバンで千鶴子夫人につきそわれ、順天堂大学付属病院に向かった。臨床診察で脳梗塞《のうこうそく》の疑いがあることが千鶴子夫人に伝えられた。緊急入院となった。

二日午後二時ごろ、順天堂大学付属病院のＭＲＩ（磁気共鳴断層撮影）で、小渕首相は、脳梗塞と診断された。

午後七時過ぎ、青木幹雄官房長官は小渕首相の病室を訪ねた。

小渕首相は言った。

「よろしく頼む」

青木は、こう理解した。

〈小渕首相から、そのような意向を受けたということは、万が一のときは、官房長官に判断を任せるということだ〉

面会を終えた青木は、主治医から話を聞いた。

主治医は言った。

「非常に厳しい状態です。政治的に、すぐに復活できるような状態ではありません」

青木は判断した。

〈記者会見で緊急入院したことを明らかにしよう〉

ただし、病名は、検査ではっきりするまで控えることにした。

午後十一時半、青木官房長官は、記者会見で発表した。

「小渕首相は、本日午前一時ごろ、過労のため順天堂大学付属病院に入院した。現在、検査中であり、その結果については判明し次第、発表させていただく」

青木官房長官は、小渕恵三総理が緊急入院したことについての記者会見を終えると、森喜朗幹事長らの待つ千代田区紀尾井町の赤坂プリンスホテルの部屋に戻ってきた。この席で、まず青木が首相臨時代理に決まった。

つづいて、後継首相を誰にするか、が話し合われた。北海道の有珠山《うすざん》噴火の対策もある。一刻の空白も許されない。可能な限り、早く決めなくてはならなかった。

重苦しい沈黙を破ったのは、村上正邦《むらかみまさくに》であった。

「森（喜朗）さんで、いいんじゃないか」

村上は、森とはさほど近い関係にはない。

野中広務も、村上と同じ思いだった。

〈森さんは、あの苦しいなかで船出した小渕政権を、幹事長として懸命に支えてこられた。この緊急事態において、小渕内閣を継承し、発展させていくには適任だ。そのうえ、我が党のそれぞれのグループを含めて、もっとも理解を得られる〉

野中のそのような考えが、期せずして一致した。

その場から、小渕首相と総裁選で争った加藤派会長の加藤紘一、山崎派会長の山崎拓に電話を入れた。

「挙党態勢をつくるためにも、森さんで……」

加藤も、山崎も、異は唱えず、了解した。

四月三日午後五時、青木官房長官は、記者会見で表明した。

「午後七時に臨時閣議を開いて、内閣総辞職をする決定をしました」

午後七時過ぎ、小渕内閣は総辞職した。

四月五日、自民党は、森喜朗を新総裁に選出。公明党と自由党から分かれた保守党とともに森を首班に指名し、自公保三党による森連立政権が発足することになった。

参議院本会議終了後の午後一時五十八分、青木は再び総裁室を訪ねた、野中幹事長代理、古賀誠国対委員長、鈴木宗男《すずきむねお》総務局長らの姿があった。

野中は、森総裁に幹事長になるよう要請された。

が、野中は断った。

しかし、小渕派の綿貫民輔会長や村岡兼造会長代理からも説得された。

「あんたがやるより、しょうがない」

野中は、固辞した。

「とても、そんなところには向いてないですよ。キャリアもなければ、識見もない。とにかく、おれは代理業が一番向いている。それは、ちょっと無理だ。歳も歳だし……」

が、なお説得された。

「この際、しょうがないじゃないか」

結局、野中は、引き受けることになった。

森首相は、重ねて要請してきた。

「青木さん、官房長官を引き受けてくださいよ」

青木は、固辞した。

「いや、駄目だよ。あんたのグループから出すべきだ」

同席した議員から、言われた。

「青木さん、あなたが受けなければ、すべて壊れるよ。また何日か、延び延びになるよ」

幹事長に内定した野中が、言った。

「あんたがやらんのなら、おれも幹事長をやらない」

野中にそこまで言われたら、引き受けざるを得ない。青木は、肚をくくった。

〈緊急避難的だが、この際、新しい官房長官が円満に決まるまでは仕方がない。全体が混乱しないためにも、引き受けよう〉

青木は、官房長官として森を支えることになった。

野中は、竹下登元首相にも、電話で励まされた。

「それは、運命だよ。運命だと思って頑張れ」

野中は思った。

〈野球にたとえるなら、ノーアウト満塁という、引くに引けない状態でマウンドに立たされた。識見もなければ経験もないのに、恐ろしいポストに就いた。わたしが、こんな重要なポストに就いて本当にいいのか。この国のためになるのか。いつまで続くか、どんな恥をかくかわからないが、責任を取ることだけは忘れないようにしよう〉

旧制中学卒の一地方の町会議員からのし上がり、革新府政の京都・蜷川虎三《にながわとらぞう》知事に野党議員として対峙しつづけ、二十八年におよぶ革新府政から保守知事を誕生させ、五十七歳で国政進出し短期間に「陰の総理」とまで呼ばれるまでに、政界の出世双六を上り詰めた野中広務のような、酸いも甘いも知り尽くした老獪《ろうかい》な政治家は希有である。

野中は言う。

「わけのわからんうちに、だんだんそうなった。自分は、まっしぐらに進んできたつもりだが、いたずらにキングメーカーのように言われたり、陰の総理のように言われたりしている。虚像がつくられることを悲しく思うこともある。しかし、とにかく与えられた仕事は、忠実に遂行していこうという気持ちは変わっていない」

野中広務は、大正十四年十月二十日、京都府園部《そのべ》町（現・南丹《なんたん》市）に生まれた。昭和四十二年に京都府議会議員に当選し、先に触れたように蜷川革新府政と激しく対峙する。昭和五十三年には、林田悠紀夫《はやしだゆきお》保守府政を実現させ、副知事に就任する。

昭和五十八年の衆院補選に当選し、国政進出。当選後は、田中派に所属し、竹下登を担ぎ創政会の旗揚げにも参加する。平成六年には、村山富市内閣で自治大臣、国家公安委員長に就任し、初入閣を果たす。平成七年一月十七日発生した阪神淡路大震災の防災を指揮、また、同年にオウム真理教事件が起きると同教団に破壊活動防止法の適用を強く主張した。

橋本内閣では、加藤紘一幹事長のもと、幹事長代理に就任し、党務に尽力する。平成十年七月に発足した小渕恵三内閣では、官房長官に就任した。

四月五日夕方、激しい雨のなか、森政権が発足した。小渕政権の閣僚をそのまま引き継いだ、いわゆる「居抜き政権」であった。

## 神の国発言――支持率急落

小渕前首相が、平成十二年五月十四日午前四時七分、死去した。

小渕の内閣・自民党合同葬が、六月八日午後二時から、東京の日本武道館でおこなわれることに決まった。合同葬は、政府・与党にとっては、小渕前首相への「同情」を呼び起こすうえでまたとないイベントになる。「弔い選挙」へと突き進むことになった。

五月十五日午後七時から、土砂降りの雨のなかで、小渕前首相の通夜が港区南青山の青山葬儀場で営まれた。政財界など各界から約三千五百人が参列した。

弔問を終えた森首相は、ホテル・ニューオータニで開かれた神道政治連盟国会議員懇談会結成三十周年記念祝賀会に出席した。神道政治連盟国会議員懇談会の会長は、小渕派の綿貫民輔である。

主催者が、森首相に頼んだ。

「次の方が来るまで、ちょっと総理、話をしてください」

そこで、もともとサービス精神の強い森は、話しはじめた。

「『神様を大事にしよう』というもっとも大事なことをどうも世のなか忘れているんじゃないか、ということから、神道政治連盟、そして国会議員懇談会を設立した。最近、村上(正邦参議院)幹事長をはじめとする方々の努力で、『昭和の日』を制定した。今上天皇ご在位十年のお祝いをしたり、先帝陛下(在位)六十年だとか、政府側がおよび腰になるようなことをしっかり前面に出して、日本の国が、まさに天皇を中心とする神の国であるぞということを、国民のみなさんにしっかりと承知していただくというその思いで我々が活動をして三十年になる」

青木幹雄官房長官は、小渕前首相の通夜の青山葬儀場で、報告を受けた。

「森首相のあいさつが、問題発言としてマスコミに取り上げられるようです」

青木は、その場から森に連絡をとった。

「詳しい内容は把握していないが、問題発言があったとすれば、今日中に、すぐに処理しなければいけませんよ」

森は答えた。

「番記者に、何も聞かれなかったので、言えなかった」

翌十六日朝、青木は、新聞に目をとおした。どの新聞も、森首相の神の国発言を大きく取り上げている。

青木は、深刻に受け止めた。

〈これは、大変だな。すぐに処理しなければいけない〉

政治家は、パーティーに出席する機会が多い。そのパーティーの趣旨に沿ったあいさつをし、ときにはリップサービスもする。政治家なら、誰でもすることだ。だが、森は現職の首相である。発言の重みがちがう。誤解を与えたなら、すぐに説明が必要だ。

青木は、ただちに森と会い、進言した。

「この問題の処理は、すぐした方がいい」

森はうなずいた。

「そうだ、そうだ。処理しないといかん」

しかし、森首相は、記者団に対して、発言の撤回には応じない考えを示した。

「天皇中心とは、日本の悠久の歴史と伝統文化という意味で申し上げており、戦後の主権在民と何ら矛盾しない。すべてをきちっと聞いていただければ、わかるはずだ」

いっぽう、民主党など野党四党は、国対委員長会談を開き、森首相の憲法観や国家観を徹底追及し、共闘して退陣を求める方針を決めた。

公明党の冬柴鉄三《ふゆしばてつぞう》幹事長は、いわゆる「神の国」発言を新聞記者から訊ねられたときに答えた。

「全文のなかの、どんな文脈にその言葉があるか見てからでないと論評できません。しかし、あなた方がカギカッコつきで書いたのだから、そういう言葉があったのは事実でしょう。それに対して、どう理解していいか、困惑をおぼえる」

冬柴は、青木官房長官には電話を入れ、釘を刺した。

「総理として発言される場合には、今後は、切り取られて使われるような言葉を使うことは慎んでほしい」

青木は、森首相にただちに連絡を入れた。森は、赤坂プリンスホテル内のバー「トップ・オブ・アカサカ」で、地元・石川県の後援会長らと会食していた。

青木は訴えた。

「公明党も心配している。今日のうちにやっておかなければならんよ」

森首相は、マスコミや野党には強気だったが、連立のパートナーである公明党の反発には、態度を変えた。午後十一時過ぎ、記者団に釈明した。

「一連のことで、公明党をはじめ心配されているので、誤解を与えたならば本意ではない、宗教団体にそういうふうに思われるのは。真意はそういうことではないが、お詫びを申し上げる。明日、官房長官が言われると思う」

五月十七日、森首相は、参議院本会議で正式に釈明した。

「天皇が神であるとの趣旨で発言したわけではない。憲法に定める主権在民、信教の自由を尊重・順守するのは当然だ」

が、発言は撤回しなかった。

この「神の国発言」以降、森内閣の支持率は、次第に低下していった。

青木は、のちに振り返る。

〈参議院本会議という正式な場で「撤回しない」といった以上、もはや取り消すことはできない。結果論だが、あの発言はすぐに取り消しをすればよかった。わたし自身も、すぐに発言内容を取り寄せ、こうしなさい、ああしなさいとアドバイスしておけば、これほど大きな問題にはならなかっただろう〉

森内閣の支持率の急落に危機感を強めた中川秀直《なかがわひでなお》幹事長代理は、この日、総選挙での責任ラインを低く設定した。

「自民党が与党で二百十五議席程度は取らなければ、与党で責任を果たしたとは言えない」

野中幹事長は、「二百二十九議席」を自らの責任ラインと設定した。

野中が総選挙の勝敗ラインを二百二十九議席にしたのには意味がある。前回平成八年十月の総選挙では、加藤紘一幹事長体制のもとで二百三十九議席を得た。が、今回、衆議院の比例定数が二十議席減った。十議席ほどは、比較第一党である自民党が被ればいい。それゆえ、二百三十九マイナス十で二百二十九議席に設定したのである。

野中は思った。

〈これ以上、上にいうのも、下にいうのも加藤さんに対して失礼だ。加藤さんは、なにやら幹事長が勝敗ラインを早々と二百二十九と過半数以下に明確にしたことを批判しているようだが、わたしは、加藤さんに最大の敬意を表しているつもりだ。達成されなければ責任を取る〉

野中は、きっぱりと言い切った。

「もし、この議席を下回れば幹事長を、きっぱりと辞める」

## これは、罠だ

平成十二年六月二日、森首相は衆議院を解散した。六月十三日公示・二十五日投票の総選挙に突入した。

野中広務幹事長は、自公保三党の選挙協力を最優先することを基本に総選挙を戦いたいと考えていた。

野中は、民主党が政権を取るようなことは絶対にあり得ないと思っていた。が、共産党が政権入りにずいぶんと色気を示していた。国民は、よもや民共連立政権など選択しないと思うが、自分たちも、そのことをわかりやすく国民に訴えていかなければならないと考えていた。

民主党が政権を取るために共産党と組むという可能性は否定できなかった。現に平成十年七月の首班指名選挙では、共産党は、民主党代表の菅直人の名前を書いている。

前年の臨時国会も、民主党に欠席戦術を要請され、同調した。共産党は、たとえ法案に賛成であろうが、反対であろうが、委員会や本会議に出席し、自分たちの態度を鮮明にすることが伝統だった。が、その伝統を捨ててまで民主党に協力した。民主党は、総選挙前なので「共産党とは組まない」と否定していたが、喰らいついた共産党は離れないだろう、と野中は読んでいた。野中は京都府議会議員時代、蜷川革新府政と激しく対立し、共産党の戦略を熟知していたのである。

投・開票日五日前の六月二十日、新聞各紙が選挙中盤の情勢調査の結果をいっせいに報じた。総じて「自民党は、安定多数をうかがう勢い」というものであった。

野中幹事長は、この新聞記事に目をとおした瞬間、悪夢がよみがえった。

〈これは、罠だ〉

二年前の平成十年七月の参院選でも、新聞各紙は投・開票前に「自民党有利」という調査結果を報じた。が、その影響で候補者や後援会がつい油断したのか、有権者が野党とのバランスを取ろうと判断したのか、結果は四十四議席と惨敗した。それと同様のことが、また繰り返されようとしているのだ。

野中は、緊張感を持たせようと、この日の遊説で訴えた。

「これは、罠だ。油断せずに頑張ってほしい」

ところが、そんな野中の心配をよそに、この日、森首相が新潟市内の講演で有権者の投票態度について波紋を呼ぶ発言をしてしまった。

「まだ決めていない人が、四十パーセントくらいある。そのまま関心がないといって寝てしまってくれれば、それでいいんですけれども、そうはいかない」

この発言は、またしてもマスコミに叩かれるところとなり、国民の反発を買った。

野中は、さすがにがっくりときた。

〈悲しい発言だ。これが悪い結果に結びつかなければいいが……〉

## 万死に値する

平成十二年六月二十五日、総選挙の投・開票がおこなわれた。

この夜、野中幹事長は、自民党本部で開票結果を見守っていた。与党三党の合計議席数は、絶対安定過半数を確保できそうな情勢であった。

自民党の議席数も、野中自らが勝敗の責任ラインと言明した二百二十九議席を上回りそうであった。

野中はふと思った。

〈不謹慎かもしれないが、二百二十七議席くらいで止まったらいいのにな。そうすれば、わたしは責任をとって幹事長を辞められる〉

野中は、平成六年六月の自治大臣兼国家公安委員長就任以来、走りつづけてきた。身心ともに疲れ果てていた。仮に二百二十九議席を下回ったときは、本気で辞めるつもりであった。

その覚悟がなければ、自ら首を絞めるような責任ラインなど設定しない。

自民党は、野中幹事長の責任ラインの二百二十九議席よりわずか四議席は超えることができたものの、三十八議席減の二百三十三となってしまった。公明党がテコ入れしながらも、都市部では、与謝野馨元通産相、松永光《まつながひかる》元蔵相、深谷隆司通産相、小杉隆《こすぎたかし》元文相、越智通雄《おちみちお》前金融再生委員長、粕谷茂元北海道・沖縄開発庁長官、島村宜伸《しまむらよしのぶ》元農水相ら大物がバタバタと落選する。

公明党は、十一議席減の三十一議席。平沢勝栄《ひらさわかつえい》の選挙区のライバルであった山口那津男《やまぐちなつお》も落選した。

保守党も、十一議席減の七議席。

与党全体で六十五議席減の計二百七十一議席を獲得し、青木官房長官の掲げていた絶対安定多数二百六十九議席を、辛うじて二議席超えることはできた。

いっぽう、民主党は、三十二議席増の百二十七議席を獲得した。

野中は、テレビ局各社のインタビューで感想を聞かれ、つい目を潤ませながら答えた。

「万死に値する……」

これまでいくたびか、連立与党で選挙協力がおこなわれた。が、その多くは候補者調整であった。しかし、今回の総選挙は自公保政権の信任を問う、なおかつ三党共同の政策を示して戦う、初めてのケースであった。自公保三党は、絶対安定過半数を得ることができた。が、ルビコン川を渡り、自民党と連立し、総選挙でもっとも組織力を発揮してくれた公明党に大きな痛手を与えてしまったのである。

さらに、自由党連立離脱の際、新党を立ち上げて協力してくれた保守党にも、大きな傷痕が残った。

野中は、心の底から思った。

〈公明、保守両党の受けた傷は、我々自民党よりも大きかった。大変申し訳ないことをした……〉

その思いが、「万死に値する」という言葉となって表れたのである。

自民党の一部の議員は、公明党に対して批判めいた言葉を口にしている。が、今回当選した候補も、結果として落選の憂き目にあった候補も、前回の得票数よりも一万五千票から二万票ほど増えているはずだ。それは、公明党および、支持母体の創価学会の支持があったからである。みなあまり外に向かって言いたくないかもしれないが、現実に票は出ている。仮に彼らの支持がなければ、自民党は惨敗していたところだ。

## 「加藤の乱」の烽火——加藤紘一vs野中幹事長

平成十二年九月三日のテレビ朝日の「サンデープロジェクト」で、司会者の田原総一朗《たはらそういちろう》が、野中広務幹事長に訊いた。

「いま新聞を見てますと、毎日のように加藤紘一さんの名前が挙がっています。ポスト森だとか。野中さんとしてみれば、来年の参議院選挙は森さんで行くわけですか」

「そのとおりです」

「当然ですね。ということは、来年の参議院選挙、森さんで行くためには、当然、野中さんは幹事長でいらっしゃる」

「それは、わかりません」

「選挙するのは、野中さん中心なんですから」

「いや、それはわかりません。十一月か十二月には、新しい省庁の発足にともなう（内閣）改造もあるわけですから、そういうときには党役員も変わるわけですから。一つの潮時だということになろうと思います」

「森さんからお願いしますと言ったら、断りはしない」

「わたしはずいぶん、自治大臣以来、一度も休息なしに走りつづけてきていますから。ちょっとした休息はいただきたいと思っています」

「ただ、きっと森さんがオーケーしない」

「そうですかね。年寄りだから、いたわってくれますよ（笑）」

「どうしてもと言われたら、受けられますか」

「それは、そのときになってみないとわかりません」

「ところで、ポスト森ということで、加藤さんの名前が出ているのですが、公明党の神崎さんが、最有力は加藤だとおっしゃいました。どうですか」

「うーん、他の党の方が発言されたのを、とやかく言いたくありませんが、尋ねられれば、我が党の党内人事にそんなに評論家的には言ってほしくないなと。それから、我々の連立というのは、信義を守って、おたがいが裏切らないように、評論家にならないようにやらなくてはできません。おたがいに党内的には厳しいものを抱えながらも、それぞれの党の存立を思い、信義を守っていかなければならないのですから、そこのところを大切にしていきたいと思っています」

「加藤さんと野中さんの関係について、憶測が飛びかっています。そのことは、お聞きしませんが、加藤さんがポスト森で総理になるとすれば、どこをどう直すべきですか」

「わたしは、最近、候補者を加藤グループで公募するとかね、ああいうのは、三回も幹事長をした人がやることではないと思いますよ。党でやるべきことで。あの人の周辺には若い人がおるから、若い人の気持ちを大切にして、やろうとしたことだと思いますが。決してわたしは、あの人が自民党の総裁になるためによくないことだと思っています」

「他には」

「やっぱり評論家にならないようにしてほしいと。この二年間というのは、最初に永田《ながた》（良雄《よしお》）という参議院の国対委員長が、あの参議院逆転で亡くなり、額賀防衛庁長官が問責決議で途中で辞めた。そして、小渕恵三という内閣総理大臣の命が失われて、ようやくここまで金融も少し安定し、経済も少し、これから努力すれば上向くかなというところまで来た。だが、まだまだです。そういうときに、ややこの二年間の苦労とか、外におった人が、あまり評論家的に言われるというのは悲しいことだと思います」

「野中さん中心に、ものすごく苦労してきたと」

「そう思っていますよ」

「それをまるで評論家、党外の人みたいなことを言うのはよくない」

「と思いますよ。あそこからも、入閣したり、党役員に入って、ともに苦労してきた人がたくさんおるし。特に、一番大変な国会対策をしてきた古賀誠国対委員長などがおられるんですからね。こういう人の苦労を、苦労として評価しながら、じっと温かく見守っていく。それが次につながることだし。それをやったときに、おなじような目にあっていく。この二年間は、日本丸が沈没するかどうかという大切なときだったと思う。そのことをよく評価して、わたしは協力してほしいと」

「そこを加藤さんが反省してやったら、野中さん、加藤さんでいいですか」

「それはいいですよ」

「いけますかね」

「えっ？」

「首相としていけますかね」

「やれますよ。政調会長もやり、閣僚もやり、幹事長を三期にわたって……」

「加藤さん聞いていて、よろこびますよ。野中さん、認めてくれたと」

「いやいや、そうじゃないです。わたしは、あの人がブレないように……」

「ブレ過ぎるよね」

「やってほしいと思っています」

「サンデープロジェクト」で、野中幹事長が内閣改造の際に、幹事長を辞任すると発言するや、亀井静香政調会長は、ただちに野中幹事長に電話を入れた。

「何を弱気なことを言っているんですか。十二月まで、まだ三カ月もある。いま言う必要はないじゃないですか」

野中は答えた。

「おれは、疲れている。いつまでやるのかと質問されたから、素直に言っただけだ。それは、前から言っているじゃないか。いま辞めるといっているわけじゃないんだから」

野中は、バランス感覚が優れている。常に国益も考えている。さらに、派閥の平成研（旧経世会）の利益も考えている。

亀井は、冗談めかして言った。

「野中さん、あんたは国士と派閥の利益代表人のシマウマだ」

国対委員長の古賀も、野中幹事長には、なんとしても頑張ってもらわないといけないと思っていた。そのためには周囲の者が現実を見据えて協力していかないといけない。

古賀は、この大変な政局のときに、野中幹事長以外に幹事長の務まる人は誰もいないと思っていた。野中幹事長が辞任すれば、森政権に大打撃を与える。

大正生まれ野中には、清濁併せのむ老練な政局観と情報戦に卓越した凄まじい闘争心があった。

「政界の狙撃手」と言われた野中は、スタンスが明確で、まったくブレがなかった。

野中の辞任発言に、村上正邦参院議員会長も、慰留につとめた。

「来年は、参院選があるのだから、『辞める、辞める』と言わないでくれ」

九月三日の夜、公明党の神崎代表も、都内の料理屋に野中を招いた。辞意発言を聞いて、急遽セットしたのである。次の首相は、非主流派の加藤が一番手と発言し、「KKライン」復活か、と騒がれているときだけに、神崎は敏感な反応を見せた。

神崎は、野中を慰留した。

「小渕さんとあなたで連立を組んだのに、あなたまでいなくなったら、どうなるんですか」

党内では、野中の辞任発言に対し、さまざまな声が出た。

「来年の参議院選は、苦戦必至だ。また敗れれば、政治生命に黄信号が灯る。早めに幹事長を引いた方が、得策と考えている」

「郵政族のドンとして、年末の内閣改造で、初代の総務大臣を狙っている」

が、もし野中幹事長が辞めると、平成研とすれば、官房長官も、幹事長も失いかねない。

青木幹雄は、周辺にこう語っていた。

「やりたい時に就いて、辞めたい時に辞められれば幸せだが、そうはいかんわな……」

亀井静香が、「国士と派閥人間のシマウマ」と評した野中が、派閥の意向を無視することはできまい。

九月十日のテレビ朝日の「サンデープロジェクト」で、司会の田原総一朗が加藤紘一に対し、九月五日の夜、ニューヨークでおこなわれた「国連ミレニアムサミット」に森首相が出席した際、記者団を前にして発言した言葉を引用して訊いた。

「森さんは言ってます。『加藤さんのまわりには、昔の政権抗争みたいなことに興味のある方々がいる』

と。川崎二郎、金子一義《かねこかずよし》、落ちたけど白川勝彦《しらかわかつひこ》、ああいう連中だと思うけど、あるんですか」

「権力者、総理になりますと、常にいろいろ言われるわけです。総理になられたら、いろんなこと言われても、それに超然として政治をやっていただきたいと思います。どの時代だって、誰だって、ポスト田中角栄は誰だとか、ポスト大平は誰だとか、言われるわけです。そんなこと構わずに、党の総裁ですから、我々ちゃんとしっかり守って仕事してるわけですし。党の運営に参加してるわけですから。堂々と、おやりになったらいい。その際に、もっと自分の言葉でいろんなこと話しませんと、神の国発言で、あつものに懲《こ》りてなますを吹くみたいなところ、ちょっと森さんあるんだけど、もっと自分の発想でグングン意見をいった方がいいと思います。構造改革という先送りじゃない経済政策を。じつは自民党がかなり危ないところにきている」

「加藤さんは、来年の参院選は森さんでいいと思ってるんですか」

「党で選んだ総裁ですから、任期のあいだはちゃんと支持するのは、党員のごく当たり前の務めです。それで参院選勝ってもらいたいと思うけど、やはりそのときには、自民党の危機というもの、いま国が何をやらんといかんか、しっかり自分の言葉でお話しになって、そこわかってますよ、と言ってほしいと思いますね」

いっぽう田原は、加藤紘一に野中との関係について尋ねた。

「野中さんは、加藤さんを評論家っぽいって言ってますね」

「わたしは野中幹事長って人はなかなかおもしろい人で、心の中にどっか若いころの柔らかなところを残してる人なんですよ。最近関係が悪いとか、よく新聞に書かれてますが、彼がやっている過去二年間のいろんな連立のあり方とか、ぼくはステップ・バイ・ステップ、一歩一歩の方がいいよ、自由党と選挙協力したら大変だよと、言ってたんですが。その結果、自由党離れていきましたね、小沢さん。もう一つ、党内の運営は、もうちょっと、のびのびと国会議員に話させたほうがいい」

「どういうこと？」

「野中幹事長の前では中堅、若手が、話をできないんじゃないかという感じで、みんな黙っちゃってるところあるんです。わたしが幹事長、野中氏が幹事長代理のときに、我々二人は、自民党の総務会に二時間、三時間、ずっと座ってたわけです。そのときに、一生懸命ワンワンおっしゃったのが、梶山（静六）さんであり、一番声が大きかったのが、亀井（静香）さんであり、河野洋平さんなんですね。わたしは、そのときに、一つの政党でこんだけ意見がある、特に財政政策、経済政策について言ってたわけだけど、それはいいことじゃないか、活力だと思ってたんですが、わたしはそういった、自由な雰囲気をもう一回のびのびと自民党のなかにつくった方がいいと思います」

「野中さんを評価するのは、あの人は非常に危機感を持ってます。そういうのでは、加藤さんと合うと思うんだけど」

「世論に敏感な人ですからね」

「どこがうまくいかなかったんですか？」

「過去二年の話や、いろいろな連立や党内運営の話だと思います」

「政策がちがったわけですね」

「そこのところを、わたしは、あまりブレないで言ってるつもりです」

「ブレてるつもりはないと」

「わたしは、連立っていうのは、必要最小限にした方がいいとか、総選挙から総選挙までのあいだの方がいいですよ、というようなことをずっと言い続けてきた」

「どっちかというと、加藤さんがブレてるんじゃなくて、自民党の方がブレてるんだと」

「わたしはそう思ってますが」

加藤派の加藤紘一会長は、なぜ野中幹事長を避けるのか。

加藤派で、野中幹事長と信頼関係の深い古賀誠国対委員長は思った。

〈加藤さんとすれば、自分で思うような政治をやりたい。物事を決めるとき、あまり恩義を受けると自分の考えている政治にならないと思っているのかもしれない。それに、平成研の体質が自分とは合わないのだろう〉

しかし、政権を狙う者が、そのようなことではいけない、と古賀は憂慮した。

古賀は、加藤に進言していた。

「天下を取るよりも、取ったあと政権を安定させるほうがもっと努力がいりますよ。言い方を換えれば、天下を取ったら大変な権限を持てるということです。そのときに、自分の思うような政治がやれないなんてことはないはずです。百パーセントできるのか、八十パーセントでいくのか、七十パーセントでいくのか、それはあなたの力量次第です。綺麗事ばっかり言って、あっちにブレたり、こっちにブレたりしないでください」

## いま会ったら政局になる

平成十二年十月三十日の夕方、自民党国対委員長の古賀誠は、自身の属する加藤派（宏池会）の加藤紘一会長と会った。

加藤は、二十六日に衆議院本会議で成立した参議院比例区に非拘束名簿式を導入する改正公職選挙法について触れた。

「非拘束名簿式は、わたしが主張し、その流れができたと自負している。一つの節目が終わり、よかった。苦労された青木（幹雄参議院自民党幹事長）さん、村上（正邦参議院自民党会長）さんに、感謝でもするような機会があればいいいな」

つまり、会食でもしたいという意味だ。その夜、橋本派の実力者で参議院のドン、青木幹雄との極秘会談が決まっていたのかどうかは、古賀にはわからない。

のちに問題となる加藤・青木会談は、加藤が持ちかけたものだ。三十日夜、東京・中央区銀座七丁目の料亭「松山」で、会食しながら約二時間にわたり二人だけでおこなわれた。

青木は、竹下登元首相の秘書から政界に出馬した。用意周到さも、竹下流だ。極秘会談は、いつも必ず二人だけでおこなう。もし、その会談があとで外部に漏れても、青木は「知らない」としらばっくれる。そうすれば、会談相手も、その会談を認めるわけにはいかない。

加藤は、この会談で、「このまま来年夏の参議院選挙を迎えれば、国民がかわいそうだ」と水を向け、森喜朗首相の無能さをあげつらい、自らの政権獲得意欲を剝き出しにした。

が、青木は、「森首相を結束して支えなければならないのは変わらない」と強調した。

加藤は、これまで首相になっても橋本派に操られていては、と橋本派と距離を置いていたのに、青木に頭を下げて言った。

「加藤政権になれば、幹事長は、青木さんでも野中（広務）さんでも、村岡（兼造）さんでも、野呂田《のろた》（芳《ほう》成《せい》）さんでもいい」

青木は、注文をつけるように言った。

「いつまでも評論家でいたら駄目だわな。森政権に入って汗をかき、泥をかぶるようでなきゃ。もっと大人になんなくちゃいかんわな」

加藤側近で宏池会の次代のエースと言われた谷垣禎一《たにがきさだかず》は、その会談後、加藤から打ち明けられた。

「青木さんと会ったよ。わりあい、いい会合だった」

「そうですか」

「会談の中身については、おたがいに話さないことになっているからね。ただ、いまの体制で来年七月の参議院選を戦えるのかどうかという認識においては、ちょっと温度差があったかな」

加藤は、ひどく上機嫌であった。

谷垣は察した。

〈仮に森首相が退陣した場合は、橋本派は加藤でいいという理解を得られたのだろう〉

ただし、谷垣は、橋本派でも、野中幹事長ではなく、あえて青木と会談したことが気になった。同じ派の実力者である野中と青木の関係は、なかなかデリケートである。青木は、一時期、加藤にひどく批判的であった。青木は、参議院自民党に影響力を持っている。参議院の協力を得るためにも、青木との関係を修復することが大事だ、という考えなのかもしれない。

いっぽう、野中との関係はどうなっているのか。加藤と野中は、自社さ政権時代、加藤幹事長、野中幹事長代理のコンビを組んでいた。野中は、加藤のことを「魂の触れあう仲」とまで言っていた。「いずれ加藤政権を」とまで口にしていた。が、加藤が小渕と総裁選を戦うと言い始めたとき、野中は止めた。しかし加藤は野中の制止を振り切り、出馬した。それ以降、二人の関係は複雑となり、冷えていると見られていた。

加藤と野中が連携するためのキーパーソンは、古賀だ。野中は、古賀のことを「おれが包み隠さずすべて打ち明けることのできる三人のうちの一人」とまでいい、信頼しきっていた。古賀は、「本籍：加藤派、現住所：野中派」とまで言われていた。谷垣には、加藤と古賀の関係がどうなっているのかも、いま一つわからなかった。

加藤は、谷垣に言っていた。

「古賀君とは、頻繁に連絡を取り合っている。よく話もしているよ」

その口ぶりから、節目、節目に古賀と話し合い、パイプが途切れているわけではないという印象を受けていた。

三十一日夕、加藤は、加藤派若手議員のパーティーで、やや興奮ぎみに自身の立場を語った。

「日本の政治に最後の責任を負わなきゃならない五人くらいのなかの一人に、いまいる。評論家的なことばかり言っていてすむタイミングは、もう過ぎてしまったような気がする」

このパーティーに出席した谷垣は、加藤の発言について思った。

〈えらく力が入ってきたな。十月二十七日には、中川秀直官房長官が辞任し、森内閣の支持率も十パーセント台に落ち込み、危険水域に入ってきた。野球にたとえれば、ブルペンで肩慣らしも終わり、いつでも登板できる準備が整ったというアピールだろう〉

十一月一日の新聞各紙朝刊に、青木、加藤会談があったという記事が出た。騒ぎになった。

青木は、一日午後、記者団に対し強調した。

「おたがいに事務所をかまえているビルでばったり会い立ち話しただけ。政局とは、一切関係ないですよ」

しかし、「政局は話していない」という青木の説明を額面どおりに受け止める向きは少なかった。

古賀は、その日、加藤に呼ばれた。

「すぐ会いたい」

古賀は、加藤に会うや進言した。

「たとえ青木さんとの会談があっても、それを表に出したのでは、野中幹事長もあんまりいい気はしないのではないですか」

野中にすれば、かつてあれほど信頼し合っていた自分でなく、なぜわざわざ青木と接触するのか、という不快な思いにとらわれるではないか、と古賀は思っていた。

青木は、あくまでそういった会談はないと否定している。仮に青木・加藤会談があったとして、加藤サイドが意識的に表に漏らしたとすれば、「橋本派は、自分についた」「橋本派は自分に乗る」という流れをつくろうとしたのではないか、と古賀は思っている。

加藤は、自分の側が漏らしたことを否定した。

「いや、あれは、向こうから出たんだ」

「そうでしょうか。青木さんは、いまだに加藤会長とは『会談などしていない』とおっしゃっていますよ。青木さんは、加藤さんや野中幹事長を慮っておっしゃっているんだから、いいほうに取りましょうよ」

古賀は、改まって訊いた。

「ところで、実際、どのような話だったんですか」

「いろいろ話したが、『ＹＫＫは、解消したほうがいい』『橋本派の窓口は、野中さんだ。野中さんときちんと話すことが大事だ』ということだった」

加藤は、野中との関係の深い古賀に言った。

「野中さんと、会えるようにできないかな」

「わたしの方から頼んでみますけども」

古賀は、ただちに野中幹事長に加藤の頼みを伝えた。

野中幹事長は、雨の降る窓の外に目をやり、険しい表情になった。

「会うのはいいが、しかし、いま会ったら政局になる」

「そうですね。いまお会いになれば、政局になるでしょうね。いずれにしても、口添えしておいてくれ、ということですから、よくお考えいただけますか。加藤さんが、『電話をする』と言っているので、ちょっと話をしてみていただけませんか」

おそらく、加藤は、青木に会い、さらに野中幹事長と会談を持つことにより、橋本派をあげて加藤を応援する、という流れをつくろうとしたのではないか。古賀は、そう読んだ。それまで距離を置いていた橋本派に、加藤が急接近した戦略について思った。

〈菅（直人民主党幹事長）さんと手を組めば、内閣不信任決議案可決という第一ラウンドは、勝つことができる。しかし、第二ラウンドの首班指名選挙では、倒閣まではついて来る若手から「民主党と手を組むという筋書きまで用意して、我々を騙したのか」という非難の声が上がり、負けるかもしれない。だから、まず、橋本派との連携を選択した。橋本派から幹事長を出してもいい、とまで口にした。それで駄目なら、次の賭けとして、民主党と手を組むという手順を踏んだのだろう〉

加藤が青木との会談後、とたんに自信を深めはじめたのは、青木の言葉を取り違えたのではないか、と河野グループ事務総長の麻生太郎《あそうたろう》は思った。橋本派の議員は、派閥の前身である田中派以来、独特の言い回しを使う。

田中角栄元首相は、常に言っていた。

「××君、しっかりやりたまえ。うまくいったら応援するよ」

田中の薫陶を受けた梶山静六も、そのような言い回しをしていた。

そう言われた者は、てっきり応援してくれるのだなと思い込む。が、実際はそうではない。

役人が口にする「前向きに検討させていただきます」という言葉とおなじだ。「うまくいったら」というのは、「うまくいかなかったら、応援しない」と遠回しに言っているのだ。

青木は、加藤にこう言ったのではないかと麻生は推察する。

「しっかりやりたまえ。だけど、きみの窓口は、ぼくじゃなくて野中さんだよ」

加藤は、野中も、それまでの態度を変え、自分を応援してくれると勝手に思い込み、舞い上ってしまったのではないか。

公明党代表の神崎武法は、加藤・青木会談について別の見方をしていた。

〈加藤さんは、森政権の支持率が低下するなか、来年七月に迫った参院選に危機感を持っている。与党三党で過半数を割ったら大変なことになる。そうならないよう、党内改革を目指して動き出したということだ。青木さんと会談したのは、橋本派に仁義を切るためだろう〉

神崎は、加藤と親しく付き合ってきた。携帯電話をかけあえる仲でもあった。加藤は、自ら事を起こすときは事前に仁義を切るという生真面目なところがあった。平成十一年九月、「公明党とは、閣外協力が望ましい」と自自公体制を批判し、自民党総裁選に出馬したときも、事前に神崎のもとに連絡があった。

ただし、神崎には気になる点もあった。加藤が仁義を切る相手が、野中幹事長ではなかったことである。野中は、加藤をいつも気にかけていた。いずれ宰相にしたい、と考えていた。が、加藤と野中は、自自公連立政権以降、路線問題をめぐって対立がつづいていた。

神崎は思った。

〈加藤さんと野中さんの関係は、まだ十分に修復していないようだ〉

## 森さんの手で、内閣改造はやらせない!

平成十二年十一月九日、加藤側近の谷垣禎一は、加藤に声をかけられた。

うよ」

「今晩、山里会という政治評論家との会食がある。十二月は、かなりの覚悟をもって臨むということを言うよ」

「山里会」は、読売新聞社の渡邉恒雄《わたなべつねお》社長、政治評論家の三宅久之《みやけひさゆき》、元田中角栄秘書官で政治評論家の早坂茂三、それに、政治評論家で森内閣の内閣参与となっていた中村慶一郎《なかむらけいいちろう》、元時事通信社編集委員兼解説委員の政治評論家・屋山太郎《ややまたろう》が毎月一回ゲストを呼んで会食する会だ。ホテル・オークラ本館五階にある日本料理屋「山里」にちなんで、そう呼んでいる。

「山里会」のメンバーは、普段からどちらかというと、加藤に批判的な人が多かった。

谷垣は思った。

〈かなり、気負っているな。オフレコだといっても、すぐに漏れてしまうだろう。これは相当な党内政局モードになっていくな〉

会は、午後六時半からはじまった。八時ちょっと過ぎに、古賀は、メンバーの面々に申し出た。

「それでは、事前にお断りしていたように中座します。ちょっと大事な会合があって、すみません」

そのとき、加藤は、一瞬怪訝《けげん》な表情を見せた。古賀には、気のせいかもしれないが、「なんで帰るんだ。もう少しいてくれ」と言っているようであった。

古賀が退席したあと、加藤の「宣戦布告」ととられる発言が飛び出す。古賀は、のちに思う。

〈本当は、わたしがいる席で言いたかったのではないか〉

もし古賀が同席しているときの発言なら、古賀も同調したと演出できる。

もちろん、古賀がそのまま居つづければ、「会長、冗談はやめましょうや」と笑い話にして止めただろう。

その席には、内閣参与の中村もいる。すぐに官邸に伝わり、政局になるのはわかりきっている。日本のメディア幹部の錚々《そうそう》たるメンバーがいるなかでの発言だ。伝わらないわけがない。加藤本人も、そのつもりだったのだろう、と古賀はのちに思った。

加藤は、年末の人事について話がおよぶと、酔いの勢いも手伝って高ぶった口調で言い切った。

「森さんの手で、内閣改造はやらせない！」

一瞬、座は凍りついたという。

加藤は、つづけた。

「来年七月の参院選は、森さんでは戦えない。森さんの手でやれば、惨敗だろう」

ついには、踏み込んだ発言をした。

「野党の不信任案に対する態度は、まだ決まっていない」

「テレビで、野党の不信任案には同調しないと言ったじゃないか。嘘をついたのか」

そう突っ込まれ、答えた。

「三百万人の視聴者の前で、手の内を明かすわけにはいかないですからね」

加藤は、彼らの前で、携帯電話まで取り出した。

「菅さんとは、五秒で話ができる仲だ。いつでも組める」

この会のあと、渡邉社長は、出席者に言った。

「あのグズの加藤が、こんなにものをはっきりと言ったことがあるか」

古賀は、あとで加藤の踏み込んだ発言を聞き、そこが本当に解せなかった。

〈なぜ、そこまでいう必要があったのか。何のメリットがあったのか。菅さんと組み、内閣不信任決議案で森政権を倒し、加藤さんを首班とする指名選挙を……というシナリオがあったとしても、なにも、あの時点でいう必要はなかった〉

野党が内閣不信任決議案を提出するまで、十日間も時間がある。その間、執行部はいろいろな手を打つことができる。本気で戦いを挑むなら、内閣不信任決議案を提出する直前に動いたほうが効果がある。なぜあのタイミングでいう必要があったのか、古賀には、いまでもわからない。

九日夜、自民党の亀井静香政調会長のもとに、「山里会」に出席していた政治評論家から、ただちに電話がかかってきた。

「先ほど加藤（紘一）さんと会食したんですが、加藤さんは『森さんの手による内閣改造はない』とか、内閣不信任決議案については、『いろいろな選択肢がある』と言っていましたよ」

亀井は、酒の席での戯れ言と思い、それほど深刻には受け止めなかった。

〈そんなこと、考えられん〉

昨夜の「山里会」での加藤の発言について出席した評論家から電話で知らされていた小泉純一郎は、加藤に電話を入れて確認した。

「本気か」

「そうだ。（不信任案が出された場合は）欠席する」

十日の午後一時から、衆議院本会議がおこなわれた。

小泉は、座順が右隣にあたる加藤に、改めて真意をただした。

加藤は言った。

「国民の七十五パーセントが支持していない首相を支持できない。あなたも経験あるだろう。福田・大平時代に（首班指名をめぐって対立し、福田派などが）不信任案に同調したのを」

## 激震！　加藤の乱

平成十二年十一月十日午後一時十五分、亀井静香は、小泉純一郎に呼び止められた。

「亀ちゃん、ちょっと、ちょっと。話があるんだ」

「なんだ、いったい」

「さっき加藤さんに確認したら、内閣不信任決議案に本気で賛成するつもりでいる」

亀井は、仰天した。

「えーッ！　昨日、政治評論家との席で何か言うたらしいけど、本気なのか」

「本気だ」

「それは、エライことだ」

一種のクーデターである。

亀井の血が、騒いだ。

〈この動きは、潰さないといかん〉

亀井は、血相を変えて本会議場を走り回った。その亀井の姿を見て、加藤側近の谷垣禎一は察した。

〈亀井さんは、おそらく昨晩の会談の状況をキャッチしたにちがいない〉

小泉は、野中にも会い、加藤の決意を伝えた。

小泉は、本会議終了後、つぶやいた。

「キナ臭くなってきた。かなりキナ臭くなってきた」

すぐさま周囲に伝わり、永田町に「すわッ、クーデター」と激震が走った。

いっぽう野中幹事長は、古賀に「加藤派が内閣不信任決議案に賛成しないように、ちゃんとやってくれよ」とは一言もいわなかった。ましてや、「ああせい、こうせい」という指示もない。その辺りは、やはり大幹事長だなあ、と古賀は改めて唸った。

野中には、「古賀が党の考えとちがう方向にいかざるを得ないときには、きちんと自分に話をしてくれるはずだ」という古賀への強い信頼があったのであろう。

古賀は、あくまで国対委員長という立場にある。補正予算だけは絶対にとおさねばならないという気持ちがあった。もっとも心配したのは、内閣不信任決議案は予算を通す前に出るのか、後に出るのかということだ。予算を潰すようなことは、職責として許されない。

保守本流の宏池会が野党の提出する内閣不信任決議案に賛成し、しかも共産党とまで組むことが許されるのかという思いもあった。先輩たちが築き上げた宏池会の伝統を守らなければならない。宏池会の大平正芳、宮澤喜一両元会長は、首相のとき、内閣不信任決議案が可決するという悲哀を味わわされた。が、やられてはいても、自らやるべきではない。野党の内閣不信任決議案に乗るというのは、筋がとおらない。

それほどバタバタしなくても派内はまとまると思っていた。

最高司令官は、野中幹事長である。野中は、やむなく過去に幹事長代理として仕えた加藤紘一元幹事長の乱鎮圧に出た。野中は加藤側近の古賀誠をことのほか可愛がっていた。古賀がいるからこそ、野中と加藤の関係が成立している、とさえ亀井静香は見ていた。古賀は、幹事長の右腕である国対委員長である。立場上、野中のもとで副司令官にならざるを得ない。鎮圧する側の古賀が、加藤に取り込まれるわけがない。その瞬間、この勝負は終わったも同然であった、と亀井は思った。

加藤の参謀は、さきがけから復党した園田博之《そのたひろゆき》だと麻生太郎は睨んでいた。園田は、そこそこの知恵者だ。が、仮に麻生が加藤の参謀であれば、どんなことがあろうとも古賀誠だけは手離さない。古賀がいるのといないのでは、大きくちがう。絵の描き方も変わる。

野中幹事長はこの数日、周辺に漏らしていた。

「何にも打ち合せしていないのに、今回は小泉と考える内容がいっしょなんだ」

森首相が続投に弱気とも取れる発言をしたり、主流派内からも総裁選前倒し論が浮上するなど、不穏な空気が流れた際、野中、小泉二人は「たとえ森本人が嫌だといっても、絶対に（首相を）辞めさせない」との強い姿勢で足並みをそろえた。

総裁派閥の会長でありながら、森内閣の基本方針とは隔たりのある財政構造改革路線の主張を曲げない小泉は、野中と政局の節目、節目で激しく対立し、「たがいに接点はまったくない」状態だった。

ところが、小泉は十一月十七日午前、国会内の自民党幹事長室で、野中に「よろしくご協力お願いします」と頭を下げた。小泉によると、「初めてじゃないか」という固い握手までしてみせた。

ただ、二人の協調関係は「不信任案の採決まではないか」と見る向きも多かった。小泉が「不信任案の否決は森首相信任を意味するもので、今後も続投だ」と語っているのに対し、橋本派内では「採決後も森続投でいけるかどうかわからない」との空気が強かったためである。両者の突然の協調は、〝同床異夢〟であるとも言えた。

## 野中広務幹事長、「加藤の乱」鎮圧

平成十二年十一月十九日、加藤紘一は、テレビの報道番組に立てつづけに出演した。その発言から、気持ちの揺れが見て取れた。

フジテレビの「報道2001」では、「わたしは、次の総理になるつもりはない」と発言。

午前十時、橋本派の藤井孝男《ふじいたかお》は、テレビ朝日の「サンデープロジェクト」にチャンネルを合わせた。

北海道から中継でテレビ出演した野中広務幹事長は、加藤に言っていた。

「あなたが尊敬し、お世話になった宮澤喜一蔵相が自ら補正予算を出し、いよいよ審議が大詰めになっている段階で、その人に泥を被せるようなことをしてもいいのか。こんなときに政治空白をつくってもいいのか」

司会の田原総一朗に訊かれ、野中は、九月に予定されている総裁選を前倒し実施することもあり得るとの考えを示した。

スタジオ出演していた加藤の表情が、一瞬変わった。加藤は言った。

「森さんが、ある種の退陣の意思表示をすることが前提なら、不信任案に同調することはない」

藤井は、驚いた。

〈これは、党分裂を回避する一つのきっかけとなる可能性がある〉

藤井はただちに、加藤側近の谷垣禎一の携帯電話に連絡を入れた。

「サンデープロジェクトを、ご覧になりましたか」

「いや、途中で電話がかかってきたので、あまり話が聞けなかったよ」

藤井は、野中と加藤のやりとりを説明したあと、言った。

「野中幹事長が言わんとしたことは、『総裁選の前倒しなどの相談には乗るが、まず野党の出す内閣不信任決議案を否決することが大前提だ』ということです。この二つは、別の次元の話です。切り離して考えなければならない。加藤さんは、まず『内閣不信任決議案が出たら反対だ』ということを言わないと駄目ですよ」

「それなら、森首相の退陣を確約してください。確約がなければ駄目です」

「そんなことを言っては駄目です。まず、否決が先ですよ。それがないと、次のステップにいけません。これは、取引ではない。取引をする筋合いのものではない」

「しかし、我々は、どんどん追い詰められている」

「追い詰められているといったって、そもそもこれは、あなた方が仕掛けた話じゃないですか。追い詰めるとか、追い詰められるとか、そういう問題ではない。とにかく野党の出す内閣不信任決議案に賛成するなんてことは、絶対に駄目です」

藤井は、必死であった。橋本派の票読みでは、かなり厳しい状況にあった。このままいけば、勝っても、負けても、数票差というきわどい情勢である。

仮に可決すれば、森首相の選択肢は二つしかない。解散か、総辞職である。解散を選べば、総選挙となる。が、このような状況で政治空白をつくるわけにはいかない。

加藤は、しばしば野党との連携をほのめかしている。やたらと民主党の菅直人幹事長を褒《ほ》めちぎったり、五秒で携帯電話が通じる仲だと親密さをアピールしたり、自由党の小沢一郎党首と会ってみたり……。

藤井らからみれば、加藤の動きは完全にクーデターである。内閣不信任決議案を機に離党し、野党と協力して加藤政権をつくる気でいると考えても不思議ではない。

ところが、加藤は、「離党するつもりはない」と繰り返していた。これは、自己矛盾である。大義名分が、ますますない。右足を野党に突っ込み、内閣不信任決議案に賛成すると言いながら、左足を自民党に置き、離党しないという。このような馬鹿な話はないではないか。

午前十一時過ぎ、選挙区の行事に出席していた山崎派幹部の甘利明《あまりあきら》のもとに、橋本派の中堅幹部から電話がかかってきた。

「甘利さん、サンデープロジェクトを見た？」

「いや、見てないよ。NHKテレビの日曜討論は見たけども……。加藤さんと野中幹事長が出演したんでしょう」

「うん。田原さんが両者の仲介役を買って出てくれて、歩み寄りの芽が出てきたんだよ。自民党が割れたら大変だから、その芽を大事にして、潰さないようにしてよ」

「そうなの。両者が歩み寄って話し合うのなら、それは、それでいいんじゃないの」

電話を終えた甘利は、すぐさま山崎会長に連絡を入れた。

「橋本派の中堅幹部から、『サンプロで収拾策が芽生えてきた。これを大事にしてくれ』という電話がきたんですが、先生は観てましたか?」

「うん、観てたよ。野中さんは、今日中に加藤さんと会うと言っていたなあ。それはそれで、うまい知恵が出るんだったら、いいんじゃないかね」

この番組以降、主流派は相当な巻き返しをおこなった。同時に、宏池会の議員も「これでまとまってくれたらいいな」と緊張感が緩んでしまった。

加藤派幹部の谷垣禎一は思った。

〈この時点で話し合い路線が出たということは、まとまらない公算が大だな〉

内閣不信任決議案の採決は、翌二十日の夜になるだろう。それまでに、まだ一日半もある。自民党的な考えでいけば、採決前のぎりぎりの段階で双方のメンツを潰さぬよう「話し合い路線」になるならいい。が、この段階で出るのは少し早すぎる。

谷垣は思った。

〈もう一度、気持ちを引き締めなければいけない。ここで緩んだら、落としどころに落とせなくなる〉

「サンデープロジェクト」を観ていた亀井静香は、あわてて北海道にいる野中に連絡を入れた。

「これは、誤解されるよ。森退陣と引き換えに矛先をおさめるみたいな話に聞こえてしまうよ。それとも、そういうことなのかね。おれは、森退陣は認めないぞ」

野中は、すぐさま否定した。

「いや、ちがう。そんな真意ではない」

「それなら、記者会見しろよ。番記者を連れていってんだろう。そうじゃない、とはっきりと訂正したほうがいい」

「わかった」

「ところで、何時に帰京するの」

「これから飛行機で帰京する。三時には、羽田空港に到着するだろう」

「それじゃ、羽田で待っている」

亀井は、十九日午後三時過ぎ、羽田空港のVIPルームで野中とサシで話し合った。

前日、加藤と山崎に離党勧告を郵送している。今日中には、手元に届くであろう。五時に役員会を開き、明日の午前中までに離党しない場合は、除名処分にする方針を決めることを確認した。

野中は、羽田空港で記者団に真意を説明した。

「加藤氏が賛成か反対かをまずはっきりさせない限り、(前倒しは)駄目だ」

亀井が会長代理を務める江藤・亀井派も、派をあげて多数派工作を展開していた。十九日の票読みでは、反対二百三十七票で否決されることが確実となった。

河野グループの麻生太郎の分析では、加藤が内閣不信任決議案に賛成することを決めた場合、加藤派で行動をともにする議員は、川崎二郎、園田博之ら十人前後、山崎派は、最高で十二人という読みとなった。また、欠席となれば、加藤派二十一人、山崎派十七人という数字を弾き出した。その場合の採決は、反対が二百三十九票で否決されるという計算となった。

加藤は、「サンデープロジェクト」での野中とのやりとりについて、ただちにホームページに書いた。

『本日（十一月十九日）、午前中のテレビ出演における私の発言の趣旨が皆さんに誤解されているようで、私自身焦っております。本日、午後七時からのテレビ朝日系列のザ・スクープで私の真意をきちんと説明いたしますので、是非ご覧下さい』

加藤は、十八日、十九日の土日の二日間、派閥の議員をそれぞれ地元に帰した。自ら目の届かない、チェックの利かない状況をつくってしまった。主流派に、わざわざ切り崩しの時間を与えるようなものだ。

民主党の熊谷弘《くまがいひろし》幹事長代理は、そのことを耳にし、舌打ちした。

〈加藤さんは、戦い方を知らない。ずいぶんと幼稚なことをするもんだな〉

熊谷ら羽田・小沢グループが経世会分裂に端を発し、自民党を離党したとき、その数日前からグループの議員をホテルに缶詰めにした。ホテルから、一歩も外に出さなかった。「百万人の敵といえども、我いかん」と高揚し、結束するからである。

山崎拓は、さすがにそのことに気づいたようで、あわてて指令を出した。

「日曜中に、戻ってこい」

それが功を奏し、世間では、山崎派十九人のうち山崎に賛同するのは十人ほどだと見られていたが、なんと十七人もが行動をともにすることになる。

山崎派に対し、加藤派は一枚岩ではなかった。小里貞利総務会長は、加藤と行動をともにするだろうが、宮澤蔵相、堀内光雄《ほりうちみつお》、池田行彦《いけだゆきひこ》、丹羽雄哉《にわゆうや》らは、今回の加藤の行動に批判的だ。

ここでキーになるのは、派内に影響力のある古賀の動きであると民主党の菅直人幹事長は思っていた。古賀は、国対委員長という立場にあり、反乱鎮圧軍の最高司令官である野中幹事長に近い。一般的に見れば、加藤と行動をともにすることはないだろう。が、古賀は、浪花節的なところがある。ギリギリのところで、これまで親分と慕ってきた加藤を支持することも十分考えられる。加藤自身も、そのことを期待していたようであった。

しかし、菅のその淡い期待はもろくも崩れ去った。この夜、古賀が中心となり、加藤の行動に批判的な加藤派の議員を港区白金台《しろがねだい》の都ホテルに結集させたのである。

宏池会各期ごとの代表、たとえば、五回生の二田孝治《ふただこうじ》、持永和見《もちながかずみ》、四回生の鈴木俊一、村田吉隆《むらたよしたか》ら十四人が集まった。

宮澤蔵相があいさつした。

「我々保守本流のグループとしては、共産党を含めた内閣不信任決議案に賛成するようなことは、あってはならない」

宮澤蔵相から直接考えを聞いた若手議員たちは、翌日、態度を決めかねている同期生たちに声をかけていく。

「宮澤蔵相を中心とした駆け込み寺もある」

十九日午後に上京した公明党の神崎代表は、夜八時から野中幹事長と密かに都内のホテルで会談した。

野中の分析でも、この時点までに入った情報からいっても、主流派が「最低でも四票差で勝てる」というもので、内閣不信任決議案は否決されることが確実であった。

神崎は、やんわりと言った。

「長い目で見れば、自民党にとっては加藤さんみたいな人がいた方がいいと思いますよ」

野中は、しんみりした口調で答えた。

「まあ、でも、ここまでくれば、徹底的にやるしかないな」

神崎は、その口ぶりから判断した。

〈もはや、和解の余地はない。採決前の決着は難しい。野中さんは、突入するしかないと肚をくったようだ〉

ただし、野中は含みのある言いまわしを使った。

「加藤さんには、離党勧告を出した。賛成したものは、除名するよ」

神崎は思った。

〈除名されるよりも、自ら名誉ある離党をしたほうが、将来の展望が開けるということだろう。それに、賛成したものは除名するということは、欠席の場合は不問に付すということだ〉

神崎には、野中は、口には出さないものの、加藤のことを心配している様子に見えた。

加藤が政権を取るには、古賀誠国対委員長を仲介役にして野中と握手し、最大派閥の橋本派の支援を受けるのが近道だ。が、橋本派にはコントロールされるのが嫌なのか、加藤は、その道を選ぼうとはしなかった。

神崎は、同情するように言った。

「ほんとうに親の心、子知らず、ですなあ」

野中は、小さくうなずいた。

会談後、神崎は、加藤に電話を入れ、忠告した。

「このまま突っ込めば、主流派が勝つと思いますよ。話し合い決着は、なかなか難しいですよ」

加藤は、すぐさま否定した。

「いや、それはちがう。我々は、百パーセント勝ちます。執行部の方は、あとで後悔しますよ」

ただし、さすがに情勢が変わりつつあることを認識しているのであろう。前日の電話の自信満々な口ぶりとは明らかにちがっていた。

東京・瀬田の私邸で「サンデープロジェクト」を観ていた森首相も、主流派内に「森降ろし」の動きが強まることを心配した。

十九日夜、公邸で森首相と会った自民党森派の小泉会長は「総裁選前倒し」論を言下に否定し、「絶対に妥協しては駄目だ」と激励した。小泉は、その後、記者団に語った。

「明日の衆議院本会議は、やってみないとわからない。（票読みは）不確定要素が残っている」

野中幹事長は、二十日に全国の自民党県連幹事長を招集した。翌二十一日に公認候補を発表するという策に出た。加藤、山崎に同調した者は、公認しない、と揺さぶりをかけたのである。

いよいよ、決戦の日を迎えた。

十一月二十日、加藤紘一の住んでいる東京・南青山のマンション前には、冷たい雨が降るなか、午前六時ごろから報道陣が集まりはじめた。午前九時には、五十人を超えるまでにふくらんだ。

午前十時二十五分、マンションの扉が開いた。加藤は、秘書といっしょに姿を現した。

報道陣に取り囲まれても表情を変えず、「戦いの前だというのに何か心静かです」と一言。

見通しについて聞かれると、「激しい鍔迫り合いをしていますが、自信があります」と話し、これまで通り「百パーセント勝ちます」と大きくうなずいた。

加藤派の石原伸晃《いしはらのぶてる》、塩崎恭久《しおざきやすひさ》、そして無派閥の平沢勝栄も、そのつもりであった。

午後三時、山崎派の自見《じみ》庄三郎《しょうざぶろう》、甘利明は、加藤派の代表と選対事務所にしているホテルで最後の票読みをおこなった。このとき、すでに21世紀クラブは切り崩されていた。メンバー七人のうち一名が脱落。可決するものの、その差はわずかに一票であった。

甘利は、唇を噛み締めた。

〈ほんとうに一票かな。これは、ちょっとやばいぞ。一票差なんて、あっというまに引っ繰り返されてしまう〉

午後三時半、野中幹事長と加藤派の小里貞利総務会長が党本部で会談した。

野中との会談を終えた小里は、加藤、山崎と会談。

そして、再び野中と会談する、というかたちで断続的に会談がつづいた。

午後五時二十二分、国会内で野中幹事長と、胸ポケットに総務会長の辞表をしのばせた小里貞利総務会長とのこの日三回目の会談が再開された。

小里は、野中に頼んだ。

「両派の全員を欠席させるが、加藤と山崎だけは出席させてやってくれ」

加藤と山崎の除名処分書をたずさえて会談にのぞんでいる野中は、突っぱねた。

「ここで譲ったら、加藤を英雄にしてしまう。それは、できませんな」

「行かせてやってくれ」

野中は、京都弁で険しい口調で言い放った。

「そないにいうのでしたら、交渉はもうやめたる。好きにしたらよろしい」

午後五時四十六分、小里が野中との会談を終え、記者団に語った。

「本会議決戦を避けなければならない。しぶとく接点を見つけたい」

午後五時五十分、野中幹事長が国会内で記者会見した。

「時間は、刻々と迫っている。小里さんが党として一致して否決できるよう努力しているので待っていきたい。終始、傷口を小さく、心は広くと考えてやってきた」

午後八時八分、国会内で野中幹事長、小里総務会長の会談が再開された。

小里は、野中との最後の会談で伝えた。

「賛成する人はいない」

小里が、ホテル・オークラに構えた加藤陣営の本部に帰ってきた。

川崎は、声をかけた。

「森の首は、取れたんですか」

「いや、何も約束ない」

「それでいいんですか」

「もう、仕方がない」

午後九時、内閣不信任決議案を採決する衆議院本会議が開会した。

午後十時二十分、思わぬハプニングが起こった。保守党の松浪健四郎《まつなみけんしろう》が、反対討論のさなか、野党からの野次に怒り、演壇から水をかけたのである。

野党が抗議し、議場が騒然とするなか、審議が中断した。

午後十時五十五分、綿貫民輔衆議院議長が休憩を宣言した。

午後十一時五分、衆議院本会議が再開したが、議場は騒然としたままであった。綿貫議長は、延会を宣言した。

深夜午前二時四十分、本会議が再開した。議長不信任決議案を採決したのち、内閣不信任決議案の採決がおこなわれた。午前三時四十分過ぎ、内閣不信任決議案は否決された。

# 第四章

# 小泉政局の幕開け
## ——党内力学の地殻変動

## 「あなたが幹事長だからな」

「自民党をぶっ壊す」と絶叫し自民党総裁選に勝利した小泉純一郎は、五年半におよぶ長期政権を築いた。聖域なき小泉改革はあらゆる意味で、自民党に地殻変動をもたらしたと言えよう。

小泉純一郎政権が発足した平成十三年春以降、自民党幹事長として支えたのが山崎拓であった。

平成十三年四月十一日、自民党の両院議員総会が開かれた。執行部は、都道府県連の持ち票を従来の一票から三票に拡大し、立候補に必要な国会議員の推薦人を三十人から二十人に減らすことなどを提案した。

小泉は山崎、加藤両派とYKK戦線を組む。決選投票になれば、情勢はなお混迷する。小泉が第一回投票で一位か、僅差の二位になれば、反橋本感情が強い無派閥や若手の議員の行動次第で展開は読めなくなる。

小泉は、四月十一日、党本部での出馬表明の記者会見で、「（最大派閥の）橋本派の方を向いて政治をしないのか」との質問に対し、強調した。

「自民党は国民の方を向いて政治をするべきだ。『派閥あって党なし』という印象を払拭しないといけない」

四月十三日金曜日、小泉の街頭演説が、有楽町マリオン前でおこなわれた。西に向かうキャラバン隊の出発地点であった。

前座を務めた森派幹部の町村信孝《まちむらのぶたか》は、あまりの聴衆の多さにびっくりした。

その数、なんと三千人であった。

街頭演説が終わったあと、町村は小泉に声をかけた。

「これ、凄いですね」

小泉も、驚いていた。

「今日は、人が多かったねえ」

だが、この小泉旋風とも言うべき社会現象は、ほんの序章に過ぎなかった。

小泉は、四月十四日の午後四時半から、ＪＲ渋谷駅の忠犬ハチ公前で街頭演説をおこなった。

この日は、ＹＫＫの加藤紘一、山崎拓も、応援に駆けつけた。

山崎は、ＹＫＫの結束をアピールした。

「わたしと加藤氏と小泉氏は、兄弟のような信頼関係を持っている。(年齢では)わたしが長男、加藤氏が次男、小泉氏が三男だが、愚兄賢弟という言葉どおり、賢弟の出番だ」

山崎が明かしたところによると、本選挙の投票に自民党本部に向かう際、小泉から電話が入った。

「無事当選したら、山崎拓さんに一番先に電話するよ」

山崎には、その意味がピンときたという。山崎は、約束どおり幹事長に就任した。

山崎派幹部の甘利明によると、じつは、小泉は、出馬を決めたとき、山崎に会い、すでに決めていた。

「おれは、やるぞ。協力をお願いする。総裁になったら、そのときは、拓さん、あなたが幹事長だからな」

小泉の意思は、そのときからまったく変わっていなかった。複数の候補から、山崎を選んだわけではなく、初めから山崎しか考えていなかったという。

森派幹部の町村信孝は思った。

〈亀井幹事長でも、よかった。小泉さんが思い切った改革をやると摩擦が起きる。亀井さんなら、そのパワーで摩擦を吹き飛ばすことができる。しかし、マスコミ的には通りづらいのは確かだ。闇取引だとか、政策的にまったく遠い距離の人を使うのはおかしいと批判されるのは目に見えている。それを避けたのかもしれない。それに、小泉さんのいう一新の定義は、すべての顔ぶれを変えるということだ。政調会長から幹事長の横滑りは、一新とは言わないだろう〉

森派の中堅議員は「重要法案で造反の恐れが出たとき、山崎さんが説得できるのか」と反論した。

前年の十一月に野党が提出した森内閣不信任決議案採決に、山崎、加藤が欠席したこと（加藤の乱）を念頭に置いた発言である。

山崎幹事長に対しては、江藤・亀井派も強い拒否反応を示した。江藤会長は、吐き捨てるように言った。

「あれ（山崎）は、（自公保）連立を批判してきた。それが幹事長で、党内融和が図れるのか」

が、小泉は押し切った。

小泉は山崎に言った。

「僕は、きみだけを頼りにしている」

山崎は、豊臣秀吉に対する黒田官兵衛のような心境になっていた。

四月二十四日午後一時、自民党両院議員総会で総裁選挙の投票が行われた。開票結果は、次のとおりであった。

小泉純一郎　二百九十八票（議員票百七十五票、県連票百二十三票）

橋本龍太郎　百五十五票（議員票百四十票、県連票十五票）
麻生太郎　三十一票（議員票三十一票、県連票零票）

文字どおり、小泉が圧勝した。小泉総裁はただちに党三役を指名し、山崎を幹事長に、政調会長に麻生太郎、総務会長に堀内光雄が就任した。

二日後におこなわれた組閣では、小泉の総裁選勝利に大きく貢献した田中眞紀子《たなかまきこ》が外務大臣に抜擢された。前夜、森喜朗から山崎に電話があり、警告を受けていた。

「田中眞紀子が『内閣官房長官にしろ』と小泉首相にねじ込んでいるので、阻止しろ。もっと軽いポストにしないと、すぐに内閣が潰れかねないぞ」

山崎が小泉に電話をすると、小泉が言った。

「官房長官にはしないが、外務大臣ぐらいにはしないと、おさまるまい」

山崎は言った。

「まあ、やむを得ないかなあ」

四月二十九日午後十一時、小泉首相から山崎に電話があり、こう言われたという。

「時々、官邸か公邸に訪ねて来てくれ。精神安定剤になってほしい」

山崎拓は、昭和十一年十二月十一日、当時満州国であった関東州大連市で生まれた。

第二次世界大戦の終戦後に帰国し、福岡県福岡市で育つ。早稲田大学商学部卒業。福岡県議会議員を一期務めたのち、衆議院議員に転身する。

中曽根内閣で官房副長官を務め、中曽根派のホープとして頭角を現す。宇野内閣で防衛庁長官、宮澤内閣で建設大臣を務め、党務では、国会対策委員長、政務調査会長を歴任した。

海部内閣時代には、経世会主導の政治に反発し、加藤紘一、小泉純一郎とＹＫＫを結成し、注目を集める。加藤の乱にも連座した。

小泉首相は、五月七日、衆参両院会議で、所信表明演説をおこなった。

「わたしは、『構造改革なくして日本の再生と発展はない』という信念の下で、経済、財政、行政、社会、政治の分野における構造改革を進めることにより、『新世紀維新』とも言うべき改革を断行したいと思います。痛みを恐れず、既得権益の壁にひるまず、過去の経験にとらわれず、『恐れず、ひるまず、とらわれず』の姿勢を貫き、二十一世紀にふさわしい経済・社会システムを確立していきたいと考えております」

小泉首相は、党三役に派閥からの離脱を促した。山崎も、それを受け入れ、山崎派事務所には、一切顔を出さなかった。所属議員が山崎に用があるときは、幹事長室に出向いていた。

小泉首相は、政策についても官邸主導で進めた。

小泉は、まず内閣府の政策立案機関であり、自ら議長を務める「経済財政諮問会議」などで骨太の方針を決め、党側に「こう決めた。あとは、よろしく」という新たな統治システムを構築した。

当然、官邸と党側の摩擦は、従来よりもはるかに大きい。その調整を図る執行部の労力は、大変なものであった。しかも、党三役の出身派閥は、山崎派、堀内派、河野グループと規模が小さい。党内の反発を抑えるのに一苦労であった。

甘利明は、さすがに文句の一つも言いたくなった。

〈支持率が高いからといっても、いろいろと大変だ。少しは、党側に相談してくれてもいいじゃないか〉

なお、小泉が、山崎を幹事長に据えた理由はどこにあったのか……。小泉と阿吽《あうん》の呼吸でできる人、小泉の心情を受け止めてくれる人、この人なら小泉が心を許せるという人ではないと、幹事長は務まらない。つまり、山崎拓以外に幹事長を務まる人はいなかったのである。

甘利は、小泉が加藤を幹事長に据えるとは最初から思っていなかった。YKKは、小泉と山崎、加藤と山崎のあいだには、通訳がいらない。二人だけで話ができる。ところが、不思議なことに加藤と小泉のあいだには山崎という媒介者が必要であった。

仮に加藤が総裁になっても、幹事長は山崎であったろう。加藤総裁―小泉幹事長というラインは、ありえない選択であった。

## 靖国公式参拝の舞台裏

平成十三年七月五日正午、ホテルの一室で、与党三党幹事長が陳健《ちんけん》中国大使と会談した。陳健大使は間もなく武大偉《ぶだいい》氏と交代するとのことで、帰国あいさつをかねて心配事の相談があるとのことだった。

「心配事」とは、小泉首相が自民党総裁選挙の際に討論会において「総理に就任したら、八月十五日の戦没者慰霊祭の日に、いかなる批判があろうとも靖国神社を必ず参拝する」と明言したことだった。

中国指導部はこの発言に注目しており、もし本当に行けば、日中関係に大きな波風が立つことになるだろう。昭和五十三年十月にA級戦犯が合祀《ごうし》されて以来、中国側は日本の首相の公式参拝はやめるべきだと要請してきた。中曽根・橋本両内閣のときも靖国参拝がおこなわれ、日中対立の中心的テーマになった経緯がある。

そこで陳健大使は、三党幹事長から「八月十五日は行かない方がいい」と小泉首相に進言して欲しいとのことであった。

八月三日夜七時から八時三十五分、山崎は首相公邸で小泉と密談した。

加藤紘一からの話として、小泉首相の靖国神社参拝問題で新任の武大偉中国大使と加藤が話し合った内容について報告した。それは次の四条件だった。

一．八月十五日を外すこと。
二．公式でなく私的参拝であること。
三．小泉談話を出すこと。（村山談話以下の内容では駄目）
四．中国に特使を派遣し、A級戦犯を参拝に行ったわけではなく、日中友好関係を損なうものではないことを明確にすること。

小泉首相は、山崎に言った。

「靖国参拝に関する自分の気持ちは変わらないが、それでいいかどうか福田康夫官房長官とよく話し合ってくれ」

四日午後二時三十分、加藤から山崎に電話があった。

北京郊外の北戴河にいる武大偉大使に小泉と山崎の会談の模様を報告したところ、中国政府側の反応はさまざまだが収拾可能だと思う、と答えた。

十日夜、小泉首相は、公邸に与党三党幹事長、福田官房長官を招いた。

小泉首相は終戦記念日の靖国参拝について依然として強いこだわりを示した。しかし一同、日中関係に重大な障害を招くとして慎重だった。

十一日夜、公邸で久しぶりにYKK会談がおこなわれた。

加藤は武大偉大使とのあいだで話し合われた四条件を是認する主張をした。

いっぽう、小泉は寡黙だったが、依然として総裁選時の自分の発言にこだわっているのがよくわかった。

山崎は、十二日朝、自民党本部で武大偉大使と会った。武大偉大使がやや命令口調で言った。

「八月十五日の参拝だけは、やめてほしい」

山崎は訊いた。

「〝前倒し〟なら、いいのか」

武大使は明かした。

「福田官房長官は、後倒し説だ」

山崎は、突っぱねた。

「それは無理だ。中国の圧力に屈した形になるから」

福田官房長官に確認の電話を入れた。

「中国側は八月十五日以降でなければ容認しない立場である。小泉談話を作成中だ」

どうも小泉・福田間の意思疎通が悪いように思え、事態が袋小路に入ったので、山崎は一計を案じた。

読売新聞の渡邉恒雄《わたなべつねお》主筆の力を借りることにしたのである。

その日の午後三時、山崎は、渡邉に電話をした。

「小泉首相の政治信念、日中関係を総合的に判断して、今回は八月十五日参拝を強行せず、前倒しで八月十三日に電撃的に参拝するのが上策であると考えますが、どうですか」

渡邉は即断した。

「それがいいでしょう」

山崎は頼んだ。

「その旨、小泉首相に電話してほしい。受け入れるなら主筆として、支持声明を読売新聞紙上に掲載すると言ってほしい」

これも快諾された。

午後四時になり、渡邉から山崎に報告の電話があった。

「たったいま、小泉首相に電話で申し入れた。『明日、靖国参拝を電撃的に決行すべきこと。八月十五日以降は中国の圧力に屈したことになるので駄目だ。明日決行なら、いまから編集局長と政治部長を呼んで、社説で支持声明を出すよう指示する』と伝えた」

渡邉は、さらに付け加えた。

「小泉首相は黙って聞いていたが、山崎幹事長と打ち合わせのうえだと言っておいたから、たぶん実行されるでしょう」

十三日午前八時三十分、福田官房長官より、小泉首相談話案の読み上げがあった。

山崎は、九時三十五分に小泉首相に電話を入れた。

小泉は言った。

「官房長官に、幹事長と腹合わせするように言ってある」

十二時三十分、小泉首相が靖国参拝を決行した。その際の記帳は、内閣総理大臣小泉純一郎だった。つまり、公式参拝がおこなわれた歴史的瞬間となる。

## 田中眞紀子外相更迭の現場

田中眞紀子外務大臣は、平成十四年一月二十八日の同委員会の答弁で、外務省の野上義二《のがみよしじ》事務次官が、アフガン復興会議へのNGO出席取り消しについて「鈴木宗男議員からの圧力があった」との報告があったと発言し、野上事務次官の参考人招致が実施された。ところが野上事務次官は、鈴木議員云々とは言ってないと証言したため、補正予算案の審議が紛糾した。

この事態打開のため小泉首相は、答弁に齟齬《そご》のあった田中眞紀子外相と野上事務次官を、この際一気に更迭《こうてつ》すると決意した。

一月二十八日夕刻、山崎は、小泉首相から官邸に呼ばれた。何事かと思って執務室に入ると、小泉首相、福田官房長官、首相秘書官数名とヒゲの野上事務次官がいた。

野上事務次官はすでに辞表を提出した様子だった。

山崎は、小泉首相から「側に座ってくれ」と言われて、小泉に一番近いソファーに座った。

小泉首相が、山崎に言った。

「田中眞紀子外相を辞めさせることにしたので、立ち会ってくれ」

山崎には、今更、否応もなかった。

すぐに田中外務大臣が入ってきた。

山崎の目の前のソファーの席に着いた。

田中外務大臣は、その場の異様な雰囲気と野上事務次官がいることに気づき、開口一番、吠えるように言った。

「野上事務次官を首にする話なら、小泉首相の力を借りる必要はありません。わたしの部下ですから、わたしの責任で始末します」

小泉首相は、困ったような顔をして言った。

「あなたの問題もありましてね……」

田中外務大臣は、ハッと気づき、切り返してきた。

「まさか、わたしを更迭すると言うんじゃないでしょうね」

小泉首相は、山崎に向かって、話を振った。

「山崎幹事長、そうなんだよなあ」

やむなく山崎も、発言した。

「そうです。総理はあなたを更迭する決断をされたようです」

すかさず福田康夫官房長官が横に座って、「辞任届」と題する紙と硯《すずり》と墨と毛筆を田中外務大臣の机の上に置いて署名を求めた。

田中外務大臣は、

「こんなものに署名できるか！　わたしは、辞めない」

と言って立ち上がり、首相執務室から出て行ってしまった。

後に残された山崎たちは茫然とした。

が、小泉首相がつぶやいた。

「これで、辞めさせたことになったのかなあ」

首相秘書官の一人が言った。

「別に本人の自署がなくても、総理の発言があればよいのです。総理は間違いなく更迭という言葉を使われました」

実際は山崎が言ったのだった。

それを聞いて小泉首相はやおら立ち上がり、部屋の隅にある大きな本棚に向かって辞書を取り出し、自分の座席まで持ってきた。そして〝更迭〟という言葉を引き、小声で言った。

「間違いない。〝辞めさせること〟と書いてある」

小泉首相は安堵したようであった。

山崎も念のため、自民党本部に帰り、辞書を引いた。

「更迭」＝高い地位や役職にある人を事情があって代えること、となっていた。

二月一日、後任の外務大臣に川口順子《かわぐちより こ》が就任し、補正予算は同日の参議院本会議で可決・成立した。

## えッ、安倍ちゃんですか⁉——小泉が安倍を重用した理由

安倍晋三は、小泉純一郎政権で、山崎拓の後任の自民党幹事長に大抜擢される。

平成十五年九月二十一日、日曜日、テレビ朝日の報道番組「サンデープロジェクト」の出演を終えた山崎拓幹事長は、まるで今後起こるであろうことを暗示するかのような豪雨のなかを午前十時五十七分に東五反田の首相仮公邸に入った。

小泉首相は、山崎に告げた。

「副総裁をお願いしたい」

山崎は、さすがに表情を強張らせ、受け入れた。

「虚心坦懐で、総裁の判断に任せます」

そのうえで、山崎は訊いた。

「後任の幹事長は？」

「安倍だ」

そう言って、小泉首相は、その場から森前首相に電話を入れた。

「安倍に断らせないよう、口説いてほしい」

森前首相は、安倍に電話を入れたあと、すぐに中川秀直の携帯電話に連絡を入れた。

森前首相は、中川に驚くべきことを口にした。

「さっき、純ちゃんから電話があった。幹事長は、安倍にするそうだ」

「えッ、安倍ちゃんですか⁉」

それからまもなく、小泉首相から安倍の携帯電話にかかってきた。

「幹事長になってもらいたい」

「わたしのような若輩者で、いいのでしょうか」

「だからこそ、できることもある。党にとっても、国にとっても、大変なときなので、ぜひ頑張ってほしい」

「お受けいたします」

安倍は、正直いって気が重かった。官房副長官に指名されたときは、心からうれしかった。が、幹事長に抜擢されても、手放しでよろこべなかった。むしろ醒めてさえいた。

〈これは、碌《ろく》なことにならないな〉

例えば、大臣であれば、なってしまえば役人たちが動いてくれる。しかし、幹事長は、党全体を動かさなければいけない。自民党は、政権与党であり、四百人近い国会議員を抱える大政党だ。それなりに国会議員にも認めさせないといけない。

しかも、永田町は、国会議員だけでなく、マスコミも含めて嫉妬の海だ。安倍は、当選わずか三回で、四十九歳と若い。大臣経験もない。マスコミは、安倍の実力や実績を冷静に分析するまでもなく、「指導力が問われる」「調整力が問われる」などと書き立てるだろう。だが、安倍は肚を決めた。

〈これも、天命だ〉

安倍晋三は、昭和二十九年九月二十一日、東京に生まれた。のちに外務大臣を務める安倍晋太郎の次男であった。父方の祖父の安倍寛《かん》は衆議院議員、母方の祖父の岸信介は元首相という政治家一家に生まれた。昭和五十二年に成蹊大学法学部政治学科を卒業。その後、南カリフォルニア大学に留学し、昭和五十四年に神戸製鋼所に入社した。

昭和五十七年、父の晋太郎の外務大臣就任とともに大臣秘書官となる。

平成五年には、亡くなった父の後継者として衆院選に出馬し、初当選を飾った。

平成十二年には第二次森喜朗内閣で内閣官房副長官に就任すると、つづく小泉内閣でも留任する。「安倍一強」の長期政権を築く現在の安倍の政治的立場は、小泉の重用に端を発するといっても過言ではない。

平成十五年九月、衆院選を前に、四十九歳の若さで自民党幹事長に起用された安倍幹事長の顔写真を「政党ポスター」に取り入れる自民党の立候補予定者が増えていく。各陣営とも「(安倍幹事長とは)旧来からのつながりがあるので」と説明するが、選挙にはイメージ戦略も重要なだけに、「安倍人気」を追い風としようという作戦のようであった。

平成十五年十月二十八日、総選挙が公示された。総選挙は、小泉政権の発足後初めてである。自民党を軸にした現在の与党三体制の継続を選ぶのか、旧自由党と合併した民主党を軸とした政権に新たに委ねるのかを有権者に問う選挙となった。各党がマニフェスト(政権公約)を競い合う初の選挙でもあり、年金改革のあり方や高速道路の建設問題、自衛隊派遣を含めたイラク支援策などが争点となった。

民主党の岡田克也《おかだかつや》幹事長は、期待を込めて思った。

〈政権交代を実現するために、なんとか二百議席を超えたい〉

小泉首相との二枚看板である安倍晋三幹事長の第一声は、大阪市北区であった。

「大都市・大阪で勝てなければ、新しい自民として脱皮もできない」

安倍は、こうつづけた。

「わたしも、四十九歳で国会議員十年で幹事長になった。就任最年少記録をつくってほしい」

隣で、三十三歳の新顔候補がのけぞった。

候補者からは、町村信孝総務局長に矢のような催促がくる。

「安倍幹事長は、隣の選挙区に来るのに、何でおれの選挙区を飛ばすんだ」

その要望を聞き入れれば、その隣、そのまた隣の選挙区をまわることになる。ついには、小泉首相も、安倍幹事長も、全国のすべての選挙区を練り歩くことになってしまう。

日程の都合上、どうしても組み込めないときは、町村は心を鬼にして断りの電話を入れた。

「本当に、申し訳ない」

町村は、受話器の向こうでずいぶん怒鳴られた。

「冗談じゃない！」

しかし、悪役を演じるのも、安倍幹事長を支える町村らの役目であった。

町村は、小泉首相と安倍幹事長のスケジュールを組む立場から見ても、こんなに過酷でいいのかというほど、過密な日程を組んでしまった。ヘリコプターで移動することは、さすがに一度や二度であったが、遊説スケジュールは、まさに分刻みでぎっしりと詰まっていた。小泉首相も、安倍幹事長も、早いときは朝四時起き、五時起きという日程で全国を飛びまわった。

当然、小泉首相には選挙期間中も公務が入っている。「××日の午前中は使えない」「××日は、一日中駄目だ」という日もある。それでも、最大限、公務を削ってもらった。

安倍幹事長の遊説日程を組んでいた町村総務局長は、安倍幹事長に助言した。

「幹事長、××選挙区の候補は、とても届きそうにないから飛ばしましょう」

とても当選の可能性の低い候補の応援にはなかなか行きづらいものだ。だが、安倍幹事長は、きっぱりと言い切った。

「いや、総務局長、この候補はぼくのことをものすごく信頼してくれている。無理をしてでもいいから、日程に入れてください」

## 郵政民営化反対候補を応援

平成十五年十一月四日、安倍幹事長が大接戦の荒井広幸《あらいひろゆき》の選挙応援のため福島県入りすることが決まった。この日程は、おそらく総選挙になるだろうということを見越し、三カ月前に決めていたものであった。安倍が九月の党人事で幹事長に就任し、安倍指名で、盟友の荒井は副幹事長になっていた。それゆえ急遽決めたというものではなかった。安倍は、苦戦の荒井を何とか助けたいと考えたのだ。

ところが、安倍の福島入りに町村信孝総務局長が待ったをかけた。

「総理を郵政で批判するようなところには、行くべきではない」

荒井は、小泉首相のもっとも力を入れている郵政三事業民営化反対の急先鋒であった。小泉首相は、テレビで、荒井が「まだ郵政の民営化は決まったわけではない」と発言したことに対して、いささかムキになって答えていた。

「荒井さんは、嘘つきですね。損をしますよ」

この「嘘つき」発言が、連日、テレビで報道され、話題になっていた。

荒井が反論して騒げば、マスコミは「内部分裂だ」「自民党のマニフェストはまやかしだ」と書き立てる。そうすれば、全国的に自民党の票は減ってしまう。

荒井は、無二の親友である安倍幹事長の立場を心配してもいた。

「安倍ちゃんに迷惑をかけるので、反論の記者会見も、何もやらないから」

しかし、安倍は揺るがなかった。荒井に電話をかけてきた。

「そんなことは、関係ないから。応援には必ず行くよ」

演説会場となった福島県須賀川《すかがわ》市の須賀川アリーナのキャパシティーは六千人から七千人である。草の根の力による「荒井軍団」といわれる荒井の後援会には団結力があり、常に満杯の状態になる。しかし、この日は立ち見を含めて八千人ほどが集まった。つまり、千人は安倍人気と言えるものであった。

二人は、事前に連絡を取り合っていた。安倍には、郵政民営化論には触れず、一般論を話してもらうことを頼んだ。幹事長までが郵政民営化論を話せば、荒井の立場がなくなってしまい、結果、自民党にマイナスになる恐れもあったからだ。

荒井は当時、自民党所属の衆議院議員であった。それ以上に荒井は、盟友の安倍を騒ぎに巻き込みたくなかった。

安倍は、八千人もの聴衆を前に語った。

「十年間、荒井さんとは付き合ってきて、一度も嘘をつかれたことはない。自民党は幅の広い政党だ。一つや二つ意見の異なるものはあっても、当然のことだ。荒井さんは、嘘をつく人間ではない！」

その模様を報じる全国放送のテレビを見ると、安倍幹事長は涙ぐんでさえいた。

荒井陣営は、安倍幹事長の擁護に人間としての温かさを感じ、恩を胸に刻んだ。

最終日の十一月八日、「小泉・安倍」の二枚看板はこの日、手分けして首都圏の二十一カ所を回った。政権を賭けた戦いの焦点は、最後は都市部の無党派層だという一心からである。

結局、安倍は、この総選挙で延べ百九十選挙区も遊説で回った。

投票日の十一月九日、荒井広幸は、安倍の携帯電話に連絡を入れ、東北地方の情勢を報告した。

「小泉人気はあるかもしれないけど、民主党も強いよ。民主党候補は、たとえ小選挙区で負けても、敗者復活があるから、そういう勢いがある」

一通り報告を終えると、安倍が、しきりに訊いてきた。

「それで、荒井ちゃんは、大丈夫なのか」

「首相の嘘つき発言が、ボディブローで効いてますよ」

荒井は、結局、落選の憂き目をみることになる。自民と民主、どちらにしようかと迷っている保守系票と無党派の票には、安倍幹事長の訴えも思いも届かなかった。

午後十一時半前、「与党三党での安定多数確保が確定的」との速報が流れた。自民党は、前回総選挙の二百三十三を上回る二百三十七議席を獲得した。が、目標、の単独過半数二百四十一議席には届かなかった。民主党は、目標の二百議席には届かなかったものの、百七十七議席は獲得した。与党三党としては、公明党が三十一議席から三十四議席に、保守新党が九議席から四議席に減らしたものの、合わせて三十八議席で全常任委員長を独占したうえで過半数を確保できる絶対安定多数の二百六十九議席を超え、二百七十五議席を獲得した。

安倍は、十日午前一時からの記者会見で、ようやくホッとした表情で語った。

「絶対安定多数が取れたということは、小泉内閣の信任を得ることができたということだ」

この夜のうちに自民党は、無所属で当選した宮崎二区の江藤拓《えとうたく》、宮崎三区の古川禎久《ふるかわよしひさ》の追加公認を決定。翌日には、小泉、山崎とYKKのメンバーの一人である加藤紘一元幹事長の復党も決定。保守新党の衆参七名も自民党に合流し、単独過半数の二百四十一議席を超える。

## 電撃再訪朝

平成十六年の三月の段階で、小泉首相は盟友の山崎拓前副総裁に、対北朝鮮外交について福田官房長官や田中均《たなかひとし》外務審議官らいわゆる対話派と安倍幹事長ら強硬派とのあいだで綱引きがあると認めたうえで、相談を持ちかけた。

「参院選までに、北朝鮮に残っている家族を帰したい」

三月中に事態を打開しないと、安倍幹事長らの進めている対北朝鮮圧力の第二弾である特定船舶入港禁止に関する特別措置法案の成立をめぐる声が強まる。帰国がいっそう困難になるとの判断があったのか。長期政権への関門になる参議院選前に成果を得たいという思惑もうかがえた。

山崎は、小泉首相の意を受けて、四月一、二日には拉致議連の事務局長・平沢勝栄といっしょに中国の大連市《だいれん》で、北朝鮮側の鄭泰和《チョンテファ》日朝交渉担当大使と接触した。山崎は、この会談で小泉首相の再訪朝・出迎え案を打診したと言われている。平沢の感触では、強硬だった北朝鮮の態度も「何とか拉致問題を解決したい」という変化が見られたという。米国も、同じ見方をしており、中国は「このタイミングを逃すな」と言っていた。

しかし、一部では「平沢は、北朝鮮のスパイだ」「取り込まれたのではないか」と批判する声もあった。平沢は、改めて拉致問題というのは難しいと痛感した。いろいろな意見があってもいいはずだが、別の意見を許さないような主張が一部にある。

だが、平沢は、政治家である以上、敵ができようが、何を言われようが、自分の信念で行動していくつもりでいる。膠着《こうちゃく》状態を二年も、三年も放っておくわけにはいかない。平沢は言う。

「批判するのは、誰でもできる。しかし、それなら、自分たちでもっと行動に移したらどうか。外務省は、何もやらず、ただ相手国がボールを投げてくるのを待っているだけ。こんなことは、馬鹿でもできる。何か動きがあり、確実に進展が見られるのであれば、安倍幹事長が政府のしかるべき立場に立って出てきたほうがいい。かつての金丸訪朝団のような馬鹿なことは、絶対にしない。そして、早く見通しをつける。そのときには、わたしがその地ならし役を買って出てもいい」

拉致被害者「家族会」の有本明弘《ありもとあきひろ》には、小泉首相は、五人の拉致被害者が帰国して以後、北朝鮮拉致問題をそのまま放っておいているとしか思えなかった。

有本は、妻の嘉代子《かよこ》とともに、平成十五年十二月七日、よみうりテレビの「たかじんのそこまで言って委員会」に出演した。

司会である歌手のやしきたかじんに、訊かれた。

「安倍さんに取材にいきますけど、何か伝えたいことありますか」

有本は言った。

「できたら、自民党のなかをまとめてもらいたい。そう伝えてほしい」

安倍は、どんなときにでも、拉致被害者の家族の立場に立ってくれていた。安倍は、おかしいことはおかしいと発言する。その情報が、有本ら拉致被害者の家族の耳にも入る。

それらの情報をもとに「家族会」が政府に迫っていくこともあった。

十年前に比べれば、北朝鮮による拉致問題は、安倍らの努力で経済制裁法案を成立させるまでに、国民の認識を得てきた。だが、この十数年、北朝鮮外交に関わった外交官を含め日本は、北朝鮮に騙されつづけてきたとしか思えないという。小泉首相、福田官房長官、外務省の田中均らでは信頼できない。有本夫妻が信頼しているのは、安倍晋三と、民主党（当時）の西村眞悟《にしむらしんご》だけであった。

有本夫妻にとって、自民党の平択勝栄も信頼する一人だった。ところが、平沢は、山崎拓とともに中国の大連市で、北朝鮮関係者と接触した。膠着状態にある北朝鮮による拉致問題の打開を図るためというが、この判断は、有本夫妻には理解できなかった。

〈なんで、山崎さんをあんなところまで連れていったのか〉

平沢は、これまで、悪いものは悪い、おかしいならおかしいと何でも遠慮なく発言していた。しかし、なぜか山崎拓のことは、まったく悪くいわない。山崎が派閥の領袖だからだろう、言いなりになってしまっている。おそらく北朝鮮は、日本のことを熟知していて、秘密会談を持ちかければ、誰かが引っかかってくると踏んでいたにちがいない。

平沢は、ものの見事に嵌《は》められたとしか、有本夫婦には思えなかった。

安倍は、一貫して強硬策でいくべきだとの立場を貫いている。有本夫妻は思う。

〈安倍晋三という政治家がいなければ、北朝鮮への動きも、ここまでになっていたかどうか疑わしい〉

西新潟港と北朝鮮を結ぶ貨客船「万景峰《マンギョンボン》」号の入港を拒否することをはじめ、経済制裁を加えるべきだと、有本夫妻は思っていた。徹底してやらずに、拉致した日本人、その家族を返せといっても通じない。

北朝鮮は、日本がアメリカと歩調を並べて迫ってくる図式を断ち切りたい。だから、現在確認されている帰国者の子供だけを返して拉致問題を打ち切りたいと思っている。帰国者の家族を返すことばかり頼むだけでは、子供たちをエサに北朝鮮のいいようにされてしまう。

日本は、北朝鮮の策略に乗ってはいけない。日本政府が、北朝鮮政府に要求しなければならないのは帰国者の子供の返還要求ではない。アメリカと共同歩調をとって、拉致被害者、死者、行方不明者を含めてすべての返還を求めていくべきなのである。

日本は、徹底した経済制裁を加えて、何でも、はいはいといっているだけの国ではないということを、北朝鮮に知らしめなければならない。しかも、核心部分をもっと絞り出さねばならない。「家族会」でそこまで徹底したことを求めているのは、有本夫妻だけである。

いっぽう、横田滋《よこたしげる》は、山崎、平沢の活動を評価した。山崎、平沢のラインを継続するのではなく、あとは、政府に引き継いだ。そのおかげで、平成十六年五月四日、五日にかけて、北朝鮮による日本人拉致問題をめぐる日朝協議が中国・北京でおこなわれた。

安倍幹事長は、帰国した平沢から連絡を受けた。平沢と親しい安倍も、この件については事後承諾で、まったく知らなかった。

安倍は思っている。

〈山崎前副総裁は、これまで拉致問題についてまったくタッチしてこなかった。それだけに、「家族会」も心配しているのだろう〉

安倍は、一日も早く拉致問題を解決するためには、みんなの総合力を生かしていくべきだと考えている。ただし、交渉窓口は、あくまでも外務省の藪中三十二《やぶなかみとじ》アジア大洋州局長（当時）だ。が、そこで煮詰まっているのであれば、政府以外の人間がその煮詰まりを取る仕事を手伝うということはあり得る。しかし、それは政府と緊密に連携を取りながら、おたがいの連携プレーのなかでやらなければいけない。

また、政府以外の人たちのほうが情報収集しやすいかもしれない。が、そのとき、日本側は、もっともハードルの高いことを主張すべきである。そこでハードルを下げてしまえば、それが相手国の既得権となってしまう。ハードルを下げることができるのは、実際の交渉者だけで一人に絞らないといけない。

安倍は、この時期に行く必要があったのか、と疑問すら覚えた。

〈北朝鮮側が山崎さんたちに接触してきたのは、わたしたちの進めている北朝鮮船舶の入港を制限できる「特定船舶入港禁止法案」の成立をなんとか阻止しようというロビー活動の一環ではないか。しかし、そんなこととは関係なく、淡々と議論し、今国会で成立させたい〉

ところが、小泉首相が平成十六年五月二十二日に、北朝鮮を電撃的に再訪問し、金正日《キムジョンイル》総書記と会談することに決まった。

が、この案は、被害者家族八人の帰国を最優先にするもので、「死亡・不明」とされた被害者十人の真相解明や、六カ国協議の対象になっている核開発の問題の解決に直結するものではない。

「家族会」の横田滋は、小泉首相の北朝鮮再訪問の噂が流れていたときから、はっきり言っていた。

「めぐみら生存が確認されていない十人について、北朝鮮がはっきりさせるまでは、小泉首相には再訪はしてほしくない」

しかし、再訪が決まった以上、強く望んでいた。

「金正日から解決の確約を取りつけてほしい」

安倍幹事長は、小泉訪朝が噂された段階では思っていた。

〈小泉首相の再度の訪朝は、最強のカードではあるが、本当にすべて解決できる目途がないと、なかなか決断できない。人質を取られたような状況のなかでいくのかどうかは、きわめて慎重に考える必要がある。総理自身が行くと、世界にオーソライズされることになる。すべてが解決するときでないと、行くべきではない〉

安倍は、残された八人は全員日本に返してもらい、死亡・行方不明とされた横田めぐみさんら拉致被害者十人の安否確認など、日朝間の懸案が大筋決着する見通しがなければ、首相訪朝は控えるべきだ、との考えを示した。が、小泉首相の再訪朝は決まった。安倍幹事長は、五月十四日の政府・与党連絡会議で、小泉首相に指摘した。

「十人の真相究明のため日朝で調査委員会をつくる形は、お茶を濁す結果になる」

安倍は、言い続けた。

「死亡・行方不明とされている人たちのことを決して見捨ててはいけない。そのためにも『特定船舶入港禁止法案』は成立させる。使うか使わないかは、政府が外交安全保障上の状況を判断して考えればいい」

当時も、北朝鮮がさまざまな動きを見せた意味は、この法案の成立を恐れていたからであろう。その意味では、安倍らの動きは、功を奏していると言えよう。

## 総理に手渡されたメモ

平成十六年四月八日午後六時四十一分、小泉首相は、千代田区紀尾井町《きおいちょう》にある赤坂プリンス内にある部屋で、毎日新聞で「近聞遠見」のコラムを連載していた岩見隆夫《いわみたかお》、読売新聞の橋本五郎《はしもとごろう》ら新聞数社の編集委員の四人との会食の席についた。安倍自民党幹事長も、同席していた。

小泉首相はまずビールに口をつけるや、上機嫌で語った。

「人の悪口は言わない。約束は守る。酒は控えめにする。これが最近のわたしの三原則なんです」

そのわずか四分後の午後六時四十五分、経済産業省から出向している首相秘書官の岡田秀一《おかだひでいち》が部屋に入ってきて、小泉首相にメモを手渡した。小泉首相は、そのメモをちらりと見た。しかし、あくまで大変なことが起こったと表情を変えることもなく、再び話の輪に戻った。

周りの新聞社幹部たちには、その時点でそのメモの内容を知らされなかったが、じつは、カタールの衛星テレビ「アルジャジーラ」から、「日本人三人が、拘束」との情報が外務省に入ったとの第一報だった。アルジャジーラと日本の外務省とのあいだにはパイプがあり、放送する前に、アルジャジーラから情報が入ってきたのである。

小泉首相は、話し続けた。その後、小泉首相には再びメモが手渡された。しかし、小泉首相は、岩見ら勘の鋭いジャーナリストにも気づかれることなく、ワインを飲みつづけ、ステーキを平らげた。

安倍幹事長の携帯電話は、しきりに鳴った。安倍幹事長は、そのたびに席を外した。

安倍は、午後八時二十分、小泉首相を促した。

「そろそろ……」

小泉は、ようやく切り上げた。

会食の出席者四人に、アルジャジーラからの第一報が知らされたのは、小泉首相が席を立った後のことだった。同席していた安倍幹事長からだった。さすがに新聞社のベテランたちに、このような重大事を隠したまま帰しては彼らの顔を潰すことになるとの配慮があったのか。

日本人三人が拉致されたとの情報が、官邸記者たちに入ったのは午後八時二十分過ぎだった。小泉首相と会食した新聞社の論説委員たちが得た情報が各マスコミにさざめくように流れたのである。

三人を誘拐した武装勢力は、日本政府に「自衛隊撤退」を要求していた。

安倍幹事長は、午後九時十九分、自民党本部に入った。午後九時二十五分、公明党の神崎武法代表と冬柴鐵三幹事長が自民党本部に到着。安倍幹事長ら自民党幹部と、四階の幹事長室の隣の総裁室で協議に入った。

公明党は、自衛隊のイラク派遣に慎重だっただけに「人命優先」「撤退も視野に」と言い出すのではないか、と覚悟していた自民党幹部もいた。が、安倍幹事長は、心配していなかった。

〈公明党は、すでにサマワに自衛隊を派遣するという大きな決断をしている。それは、大丈夫だろう〉

一時間の協議の末、公明党は、撤退拒否の政府方針を支持したのであった。が、安倍は、何が何でも自衛隊をイラクに派遣しつづけるべきだ、との考えではなかった。自衛隊は、イラク特措法に則ってイラクのサマワに派遣している。国際状況的には、決していいことではないが、法律の想定する範囲を超える状態になれば撤退しなければいけない。が、サマワは、当時、その範囲を超えてはいない、と判断していた。

## 安倍晋三の憲法観

自民党の安倍晋三幹事長は、公明党の冬柴鐵三幹事長と平成十六年四月二十九日から五月三日までの日程で米国ワシントンを訪問し、パウエル国務長官、ラムズフェルド国防長官、アーミテージ国務副長官、ライス大統領補佐官、パターソン国務次官代理、グリーン大統領補佐官、ケリー国務次官補ら米政府の主要メンバーと会談した。

この訪米は、米政府の主要メンバーが会談に応じるなど、ブッシュ政権の厚遇ぶりが目立った。じつは、安倍幹事長は、誰と会談できるかは、初めからわかっていた。が、米側から「前もってあまり言わないでくれ」と釘を刺されていたので口にしなかった。これだけのメンバーが会うということは、安倍幹事長への信頼の高さと見ていいだろう。テロ特措法でも、イラク特措法でも、当時、官房副長官であった安倍幹事長が果たした役割を、米政府はよく理解していたからだ。

これまでも、与党の幹事長はゴールデンウイーク期間に外遊してきた。むろん、単独で外遊する選択肢もないことはない。が、おたがいによく理解し合うためにも、冬柴幹事長といっしょに外遊するのは有益だと安倍幹事長は判断した。

公明党の冬柴幹事長は、野中広務、古賀誠、山崎拓とつづく近年の自民党幹事長と親しかった。が、それらの幹事長と比べ、安倍幹事長とはしっくりいっていないのでは、との説があった。

また、幹事長就任後、初の外遊に赴く安倍幹事長にとって、官房副長官時代や、それ以前から培ってきた独自の米国人脈を冬柴幹事長に披露し、紹介する場になればいいと思った。

安倍の訪米目的は、主に三点あった。イラク暫定政権からイラク人に権限を移譲するにあたり、日米の情勢の認識を一つにするため。北朝鮮問題を解決するためにはどういう課題を解決すれば、北朝鮮が国際社会に入って来られるかの確認をするため。北朝鮮の拉致問題で米国の支持をしっかり取りつけるためであった。

四月二十九日、安倍幹事長は、米国を代表するシンクタンクであるワシントンのアメリカン・エンタープライズ研究所（ＡＥＩ）で「進化する日米関係」をテーマに英語で講演し、集団的自衛権の行使を可能とするため政府解釈の見直しや憲法改正が必要だとする持論を展開した。

安倍は、集団的自衛権について触れた。

「わたしの祖父、岸信介は、日米両国が『対等な立場』に立ち、安定的な同盟関係を構築することこそが、戦後日本の平和と繁栄を希求するうえで欠くことのできないものである、という強い信念を持っておりました」

「日米安保をより持続可能なものとし、双務性を高めるということは、具体的には、集団的自衛権の行使の問題と非常に密接に関わり合ってくるものと考えます。そもそも集団的自衛権については、国連憲章第五十一条に『国連加盟国には、個別的・集団的自衛権がある』ということが明記してあります。日本は国連に加盟していますし、また、日米安全保障条約の前文にも『個別的または、集団的自衛の固有の権利を有していることを確認し』と書いてあります。それでも、我が国政府は、国際法的集団的自衛権を有しているが、我が国の憲法上、これを行使できないとの解釈をとってきたのです。そんな国内向けの理由で『集団的自衛権は行使できない』という理屈をいっても、世界には通用しません。これまでの日本政府の解釈では色々な面で限界にきていることは確かです」

憲法改正についても触れた。

「わたしはずっと一貫して改憲論者であります。その理由は大きく分けて三つあります。

第一点は、現行憲法の制定過程に問題があったと考えているからです。周知の如く、現在の憲法は、占領下にGHQのニューディーラーと呼ばれた人達が数日間で起草したという歴史的事実があります。国家の基本法ですから歴史的正当性が付与されていなければなりません。そのために憲法の成立過程にこだわらざるを得ないのです。

第二点は、制定から半世紀以上経過して、いくつかの条文が、時代にそぐわなくなっていることです。その典型的なものが九条だと思います。現在の憲法では、国家の安全を保てないことが明確となりました。

第三点は、新しい時代、新しい世紀を迎えて『我々の手で新しい憲法をつくっていこう』という精神が、国民のなかに芽生えはじめていることです。わたしは、こういう精神こそが新しい時代を切り開いていくと思います。

憲法を改正することによって、国家としての枠組をもう一度しっかりとつくりあげ、新しい日本政治の構造と価値観を構築しなければなりません。これらの点が解決されれば、経済や福祉をはじめ、いまの日本が直面しているさまざまな改革問題も解決に向けて大きく前進すると確信しております」

のちに、この講演録を読んだベーカー駐日米大使は、こう感想を口にしたという。

「あれは、非常にいい演説だ。ワシントンでも評価している」

四月二十九日、安倍幹事長と冬柴幹事長は、ファイス国防次官と会談した。ファイス国防次官は、日本の自衛隊派遣について評価した。

「日本人人質事件でも、スペインが撤退を表明した際にも、日本政府はブレなかった」

四月三十日午前（日本時間夜）、安倍幹事長と冬柴幹事長は、ケリー国務次官補と会談した。

ケリー次官補は、安倍が中心になって進めている北朝鮮の貨客船「万景峰号」を想定した「特定船舶入港禁止法案」についての法整備の意義を評価した。

「北朝鮮に核開発問題や日本人拉致問題をより慎重に考えさせる効果がある。北朝鮮は圧力を感じる必要がある」

安倍幹事長は、懸念を示した。

「十一月の米大統領選挙が終わるまで、北朝鮮は六カ国協議を含め外交交渉を進展させるつもりがないのではないか」

ケリー次官補は、強調した。

「政権が交代しても、米国の対北朝鮮政策は変わらない」

安倍幹事長は、ケリー次官補がこのことを公明党の冬柴幹事長の前で発言したことに意義を感じている。

四月三十日午後（日本時間五月一日午前）、安倍幹事長と冬柴幹事長は、ホワイトハウスでライス大統領補佐官（国家安全保障問題担当）と会談した。

ライス大統領補佐官は、大統領や外務大臣以外では、外国人とはめったに会談しない。しかも、会談時間も長くて十分から十五分だ。ところが、安倍幹事長をホワイトハウスに迎え入れたばかりでなく、会談時間は四十五分にもおよんだ。これには、米政府要人も、びっくりしていた。

安倍幹事長は、官房副長官時代、日米首脳会談に同行し、キャンプデービッドでも、クロフォードでも、何度もライス大統領補佐官と会っている。ライス大統領補佐官は、無駄話をしない。

安倍は、ライスに訴えた。

「イラク人への権限移譲をスムーズにおこなうため、新たな国連の安保理事決議が必要だ」

日本の政府・与党は、イラク復興でスペインなどにつづく駐留軍の撤退に歯止めをかけるためには、国連の関与強化が不可欠だと判断していた。

ライス補佐官は、イラク暫定政府について語った。

「五月三十日までに人選を終え政府を立ち上げ、試運転をおこない、六月三十日までに主権移譲する」

ブラヒミ国連事務総長特別顧問の計画案に沿う形で、イラク人に主権移譲する方針を示した。ライス補佐官は、イラク安定に向けた国連安全保障理事会の新決議についても採択に意欲を表明した。

安倍幹事長らはライス大統領補佐官のはからいでホワイトハウスで記者会見を開いた。

ホワイトハウスでの記者会見は通常、首脳でない限り許されない。これまた異例のことであった。

会談後、ライス大統領補佐官は、加藤良三《かとうりょうぞう》駐米大使に、安倍についてこう話したという。

「わたしは、彼が好きだ。ヒー・イズ・タフ（背骨のとおった人だ）」

安倍幹事長らは、次にパウエル国務長官と会談した。パウエル国務長官は言った。

「日米関係は、きわめてうまくいっている。情報交換しながら、同盟関係のために努力したい」

夕方、国務省内でアーミテージ国務副長官主催の夕食会に招かれた。

夕食会終了後、冬柴幹事長は、記者団に感想を漏らした。

「安倍幹事長に対する米国の信頼というものが、すごく厚いということを実感しながら、こういう日米関係を大事にしていかなければいけないと感じましたね」

五月三日午後、安倍幹事長と冬柴幹事長は成田着の全日空機で帰国した。

なお、平成十六年五月六日、ブッシュ大統領は米軍によるイラク人虐待事件について「恥辱を与えて申し訳ない」と述べ、事件発覚後、初めて謝罪した。

安倍幹事長は思った。

〈米軍は、相当、軍規を立て直さないといけない〉

安倍幹事長は、五月十一日午前の記者会見で、イラク駐留米軍によるイラク人虐待について厳しく批判した。

「国際社会は人権侵害、突然の拘禁、拷問のない、自由で民主的なイラクをつくる目的も含め、旧フセイン政権を倒した。こうしたことがあってはならない。何のために政権を倒したのかわからなくなる。米国は真相を究明して責任者を処罰し、再び起こらないようにすると同時に、イラク国民に真相をきっちり説明してほしい」

安倍が幼少期から戦後の日本の国のあり方はどこかおかしいという問題意識を持ちつづけてきたのは、やはり祖父の岸信介の影響を強く受けているからだろう。岸信介は、首相に就任した昭和三十二年、内閣に憲法調査会を設置し、八月十三日に第一回会合を開いた。「六十年安保」をとおして退陣した後も、憲法調査会で憲法改正の議論がつづけられ、昭和三十九年七月、最終報告書を池田勇人首相に提出した。が、池田首相は、それを見殺しにした。それから今日までの四十年間、「憲法改正」を口にすると閣僚のクビが飛ぶなど、日本という国は憲法改正から逃げ回ってきた、と京都大学教授（当時）の中西輝政《なかにしてるまさ》はいう。

岸信介の手がけた「六十年安保改定」は、いってみれば枝葉の問題だった。岸信介によれば、その本来の目的は憲法改正にあった。その夢を四十年の空白をはさみ、いま孫の安倍晋三が見事につなぎつつあると中西は見ている。いま安倍晋三のもとで、いよいよ憲法改正の草案づくりが動き出している。中西によれば、これは、「自民党の蘇生」でもあるという。自民党という政党は、本来、党是とする憲法改正のために結党されたものだ。

この四十年間、日本は、経済大国をつくりあげ、そしていまそれも潰れかけている。その意味で戦後というものは、砂の山をつくり、それを壊しているだけで、長期的には何の進歩もなかった。今日の財政状況の破綻を見れば明らかなように、経済大国の成果はほとんど残っていない。それどころか、日本人の心、精神、そして社会、治安、教育、安全保障、外交などもすべて崩れかけている。その意味でも、安倍晋三が憲法改正に真正面から向かっていくことは、岸の挫折を乗り越え、四十年の負債をここで取り戻すべく、その必然性を歴史的な状況が示しているとも言える、という。

現在の安倍には、はっきりと憲法改正が射程圏に入ってきている。

失われた二十年、平成のデフレ経済下で、国民、特に若い世代は、非正規雇用が拡大し、将来不安が増している。そうした社会システムのなかで、保守のリーダーに対する支持率が高まっている。

その意味で安倍晋三は、珍しく若い世代を惹《ひ》きつける力を持った保守のリーダーだ。安倍晋三は、いわば社会不安の現代史によって引っ張り上げられたリーダーとも言えよう。

安倍晋三は、小泉純一郎よりも、首脳外交に適した人材だ、と中西は思う。また、日本の外交戦略はどこが足りないかを、深く掴んでいる。日本の外務官僚は、拉致問題の交渉の仕方にしても、あるいは、米国や中国との交渉にしても、相手に合わすだけだ。無原則で、しかも小回りが利かず、それでいて足腰が弱い。外務官僚の役所内部の論理だけで動き、それ以外のことをまるっきり無視している。さらに悪いことに、戦前期よりもひどい情報不足のまま日本の外交はおこなわれている。これは、日本の国益を大きく損なっているといえる。安倍晋三は、活字になるような対談でも、はっきりと指摘している。

「日本も、国際社会で重要な役割を果たすうえで、あるいは、日本の安全を守っていくうえで、例えば先進国にはどこの国にもあるような国家的な情報収集の機関などの制度をつくっていく必要がある。これは、自分の足で立つ外交に不可欠だ」

岸信介も、首相時代の昭和三十年代に、国家的な情報機関をつくろうと動いた。が、それは未完のまま終わった。安倍晋三は、そのことを幼少期から聞かされていたのかもしれない。いずれにしても安倍は、いまの日本のなかで情報機関の大切さ、それが国の命運にかかわる重要なものだと認識している数少ない政治家だ、と中西は見ている。

## 偉大なるイエスマン・武部勤

小泉純一郎首相の下で、山崎拓、安倍晋三につづいて、平成十六年九月に自民党幹事長に就任したのは武部勤《たけべつとむ》だった。

武部勤は、自民党のマニフェストの作成など、小泉純一郎首相を支えてきた。それゆえに、武部勤の息子で秘書を務めている新《あらた》は、第一次小泉内閣で就任した農林水産大臣に引きつづき、二度目の入閣があるかもしれないと期待感を抱いていた。

小泉首相の記者会見の模様が流された。記者が、小泉首相に訊いた。

「どのような方を、党三役に選びますか」

小泉首相は、一言一言、噛み締めるように言った。

「ブレないで、この改革を推進できる人ですね」

小泉首相が語ったのを見たあと、新は、やはり武部の秘書である篠田陽介《しのだようすけ》に訊いた。

「篠田くん、ぼくは、いま総理は、代議士のことを言った気がするんだけど」

新は、父親のことを、「代議士」と呼んでいた。

「新さんも、そう思いましたか。わたしもそんな気がしたんです」

篠田も、同調した。しかし、二人は、その場限りの冗談のつもりであった。

ところが、そんな話をしている矢先、事務所の電話がけたたましく鳴り響いた。

新が出ると、相手は、小泉首相秘書官である飯島勲《いいじまいさお》であった。

「代議士は、いまどこにいますか」

「地元ですが……」

「そうですか、では、携帯番号を教えてください」

新は、飯島秘書官に電話番号を教えたあと、篠田と顔を見合わせた。

「飯島秘書官の用件は、何だったんだろう」

篠田が言った。

「代議士は、党三役のどれかに就くということですか」

「いや、三役は、さすがにないだろう」

新は、入閣の打診で、まさか三役の、それも幹事長に父親が就任するとは思いも寄らなかった。

武部は、平成十六年九月二十七日、自民党幹事長に就任する。

幹事長に就任した翌日、幹事長番の記者が、武部に失礼なことを訊いてきた。

「武部さんは、軽量級幹事長と言われてますが、どうですか」

武部は、精一杯強がりを言った。

「株は、安いうちに買っておくものだよ」

郵政民営化をはじめ小泉改革は、いよいよ仕上げの時期に入った。単なる理論派では、仕上げ役はむずかしい。さらにいえば、政権の安定を考えた場合、次の宰相を狙ういわゆる「中二階」と呼ばれているひとたちのなかから一人を抜擢すると、その一人がグッと力をつけてしまい、バランスが崩れる。が、武部なら、まさか天下を狙うとは誰も思っていないし、みんな安心するだろう、という考えもあったのではないか、と武部は思った。

武部勤は、昭和十六年五月一日、北海道斜里《しゃり》郡斜里町に生まれた。

昭和三十九年に早稲田大学第一法学部を卒業後、三木派事務所に就職する。

昭和四十六年、北海道議会議員選挙に網走《あばしり》管内選挙区から出馬し、初当選。昭和六十一年の第三十八回衆議院議員総選挙に旧北海道五区から自民党公認で出馬し、初当選を果たした。

渡辺美智雄《わたなべみちお》が中曽根派の代替わりにより自ら派閥を率いるにあたり、渡辺派に入会した。

平成七年、渡辺の死去を受け、同じ渡辺の側近であった山崎拓を派閥領袖にすべく、山崎派結成のために奔走する。

平成十二年、第二次森内閣不信任決議案に加藤紘一、山崎拓らが賛成票を投じる動き（加藤の乱）が表面化した際、加藤や山崎の動向を率先して党内に触れ回り、森派会長の小泉純一郎を加藤派・山崎派の造反議員のなかでもとりわけ痛烈に非難し、このころは反小泉の急先鋒であった。

第一次小泉内閣で農林水産大臣に就任し、初当選から十五年目で初入閣。

いっぽう、小泉首相は、選挙の実務を取り仕切る党の総務局長人事について、武部に訊いてきた。

「総務局長は、どうするかな」

総務局長は、総裁派閥が絶対に離さないポストである。本来なら、小泉首相の出身派閥である森派から起用するのが自然であった。

しかし、武部には、ある人物の顔が浮かんでいた。

武部は、小泉首相に進言した。

「二階《にかい》（俊博《としひろ》）さんは、どうでしょう」

「おお、いいな。引き受けてくれるかな」

「わたしのほうから、お願いしてみます」

武部は、二階との長い付き合いから、政治能力が高いうえに、アイデアマンであり、包容力があり、人徳もあることを知っている。信用できる人物であった。

武部は、二階に電話を入れた。

「総務局長を引き受けてくれないだろうか」

二階は、平成十五年十一月、保守新党を解党し、自民党に復党したばかりであった。

二階は、半日ほど考えたあと、武部に連絡した。

「わたしでお役に立つならば、引き受けさせていただきます」

## 郵政法案修正は一切しない

平成十七年五月十九日午後五時、武部は小泉首相に呼ばれ、官邸の首相執務室に入った。自民党の中川秀直国対委員長も、小泉首相に呼ばれていた。

小泉首相は、武部らに切り出した。

「人事を一任してくれるか」

このとき、郵政民営化関連法案を審議する「衆院郵政民営化に関する特別委員会」の委員長を誰にするかが、大きな焦点になっていた。小泉首相は、党執行部にも一切名前を明かしていなかった。

武部は息を呑んだ。

「はい」

小泉首相は、言った。

「委員長は、二階総務局長にお願いする」

小泉首相は、二階俊博のことを保守党の幹事長時代から注目しているようであった。

そのころ、二階は、自民党本部四階の総務局長室にいた。そこに小泉首相から直接電話がかかってきた。

「ちょっと、官邸まで来てほしい」

二階は、党本部から首相官邸に向かう車のなかでぼんやりと考えた。

〈いったい何の用だろう。まあ、総務局長という立場だから、今後の選挙のことについて意見でも聞かれるのかもしれない〉

午後五時十九分、二階は、官邸の首相執務室に入った。武部幹事長と中川国対委員長の姿もあった。

小泉首相は、いきなり言ってきた。

「(衆院郵政民営化に関する特別委員会の)委員長をやってほしい」

二階は、絶句した。思ってもみないことであった。

二階は、小泉首相に訊いた。

「しかし、わたしには総務局長として、総選挙という大事な仕事があります」

小泉首相はうなずいた。

「もちろん、総務局長の仕事も大事だ。しかし、委員長は一カ月だ。そのあいだ、兼務で頼む」

二階は、覚悟を決めた。

「わかりました。引き受けます」

この人事について、渡部恒三前衆議院副議長が周囲に唸ったという。

「これは、これまでの小泉人事のなかで最高の人事だ。郵政民営化反対派にとっても、あるいは野党にとっても、非常に攻めにくい人間が委員長になったなあ」

小泉首相は、さらに「衆院郵政民営化に関する特別委員会」の筆頭理事に、盟友の山崎拓を起用した。

武部は、小泉首相の意気込みを感じた。

〈この人事は、総理が「法案は修正しない」という明確なメッセージなのだ〉

小泉首相は、平成十三年四月に政権を発足させて以来、小泉政権の生命線としてまさに命懸けで郵政民営化を推し進めてきた。二階俊博から見ても、その執念というのは、大変なものであった。

自民党国会議員なら誰でも、郵政三事業の民営化を持論とする小泉を総裁に選び、宰相に選んだ瞬間から、いつの日か小泉首相が郵政民営化法案を正面から堂々と国会に提出してくることはわかりきっていた。しかし、党内には反対意見が強い。普通の総理総裁であれば、その座を延命していくために審議を先延ばししようとか、あるいは、今回は見送ろうかと考えるだろう。それが、自民党の過去からの常識でもあった。ところが、小泉首相には、そのような常識は通じない。それが小泉首相の魅力であり、小泉首相に対する党内の処し方の難しさでもあった。

小泉首相は、相当な決意を持って郵政民営化法案を国会に提出した。そうである以上、郵政民営化に反対する人たちも、それを上回るような決意で対峙しなければいけない。

二階は、政府が四月二十七日に郵政民営化関連六法案を国会に提出する前、地元和歌山県の特定郵便局長会の会合に呼ばれ、こうあいさつした。

「党内には、郵政民営化に反対し、法案を潰そうとしている議員も多い。その考え方は、それなりに理解できる。しかし、法案を否決に持ち込むには、衆議院で五十人くらいが本会議で反対しなければいけない。だが、造反すれば党を除名になるかもしれない。そこまでの覚悟があるひとは、五人と見当たらない。わたしは、いくらみなさんから期待をされても、最近、自民党に帰ったばかりだ。いま、改めて自民党を出るという選択肢は、わたしにはない。そういう状況のもとで、みなさんのご要望と政府が提案しようとしている原案とのなかをどう調整していくかが、自民党から選ばれた国会議員としての務めだと思っている」

六月三日、後半国会の最大の焦点となった「郵政民営化関連六法案」は、衆議院郵政民営化特別委員会を舞台に、本格的な審議をスタートさせた。

審議に復帰した野党民主党は、政局に持ち込もうと廃案を目指して対決姿勢を強めた。

自民党内の反対派も、徹底抗戦の構えを見せた。現状維持を願う反対派は、日夜、全国的に反対運動を展開した。

二階は思った。

〈反対派のなかには、ただやみくもに反対しているわけではなく、傾聴に値するという意見も当然ある。慎重のうえにも慎重に審議を尽くさなければいけない〉

小泉首相は、「修正は、一切考えていない」とし、原案どおり可決する決意で委員会にのぞんだ。

これに対し、批判の声が上がった。

二階は思った。

〈これは、言わずもがなじゃないか。提案された総理が「いつでも修正しますよ。何かあったら、どうぞおっしゃってください」といった自信のないふらふらしたような法案では困る。総理が「これが最高の法案だ」と自信を持ってお出しになるのは、提出者として、また内閣を預かる人の言として、当然のことだ〉

しかし、議会はコピー機ではない。「総理のおっしゃることは、ごもっともです」と、なにも議論せずにただとおすだけでは知恵がない。

国民のために、あるいは、日本の将来のために、改革という名に値するものになるのかどうかを考えれば、必要があれば修正を加えるのは当然のことである。

それゆえ、二階は、早い段階から口にしていた。

「議会としては、修正も視野に入れて対処しなければいけないのは当然のことだ」

新聞には、「二階委員長は、柔軟姿勢だ」と書かれたが、二階は、小泉首相に説明もしなければ、あえて弁明もしなかった。同時に、小泉首相も最初に「一切お任せします」と二階に言ったとおり、何の注文もつけなかった。

二階は、審議入り当初から与野党の委員に約束していた。

「できるだけ公平公正にやらせてもらう」

ただし、このような難しい法案は、可能な限り、野党にウエイトを置いて運営しなければ、政治はうまくいかないものだ。

二階は、初めから「強行な運営をしてはいけない」と自分に言い聞かせていた。「野党の皆さんのおっしゃることも、できるだけ取り入れていこう」という気持ちに徹した。

二階は、小泉首相の心中を慮りながら、自民党内の状況を見、あるいは野党の立場にも配慮しながら審議を進めた。野党委員の注文も、ほとんど取り入れた。

「参考人質疑が、もっと必要だ」

という意見にも耳を傾け、参考人質疑をおこなった。

民主党の中井洽《なかいひろし》筆頭理事から、「かつて、この郵政民営化の問題に言及した橋本龍太郎元首相ら五人の元閣僚を委員会に呼んで、意見の開陳を願いたい」という強い要請が繰り返しあった。野党に不満が残ったとすれば、中央公聴会が開けなかったことと、五人の元閣僚を委員会に参考人として呼ばなかったことくらいだと二階は推察する。

特別委員会の審議時間は、なんと百九時間二十五分におよんだ。昭和三十五年の安保特別委員会以来、長時間にわたって審議がおこなわれたケースも多いが、百時間を超すことはめったになかった。

二階は、民主党の中井筆頭理事とは新進党時代に同じ釜の飯を食った。が、中井は、民主党の看板を背負って特別委員会に出ている。友情はあるが、党の意見を無視するような行動を取るわけにはいかない。

衆議院郵政民営化特別委員会では、二階の見るところ、自民党の賛成派は、物静かに委員会の議論を傾聴するという態度でのぞんでいた。

それだけに、二階は、何かを背後に感じていた。

〈これは、委員会の採決、そして、本会議の採決も容易なことではないな……〉

しかし、委員長の立場で反対派を説得するなど、右だ左だと旗を振るわけにはいかない。静かに党内を見守っていた。

六月七日、自民党の郵政民営化反対派がつくる郵政事業懇話会は、党本部で総会を開き、政府の郵政民営化関連法案に反対する方針を改めて確認した。衆参両院から前回を上回る百八人が出席した。

綿貫民輔会長は、総会で政府案に反対するよう呼びかけた。

「政府案は不正常な形で舞台に上がった。賛否を堂々と述べ、投票行動を起こしていこう」

会場には、亀井静香元政調会長、平沼赳夫前経済産業相、古賀誠元幹事長、藤井孝男元運輸相ら各派の幹部や郵政相経験者が顔をそろえた。また、政府側からも滝実《たきまこと》法務副大臣、森岡正宏《もりおかまさひろ》厚生労働政務官らが出席した。

武部幹事長は、危機感を強めた。

〈郵政事業懇話会に出席した衆議院議員がみんな反対に回れば、法案は否決となる。小泉首相のことだ。そうなったら、思い切って衆議院を解散するだろう。内政外交ともに大変なときに政治空白はつくれない。大変なことになる〉

自民、公明両党は、六月十六日、国会内で衆参両院の幹事長・国対委員長会談を開き、郵政民営化関連法案成立に向けた今国会の会期の延長幅を協議した。

郵政民営化関連六法案の成立に向けて今国会を八月十三日まで五十五日間延長する方針を決めた。五十五日間と決めたのは、お盆前の決着にこだわる参院自民党の主張に沿ったものであった。武部をはじめ自民党執行部は、大事を取って九月二日まで七十五日間の延長も想定したが、衆院より少人数の造反者で法案が否決される参院の事情もあり、参院側への配慮を優先した。これにより、郵政攻防は〝夏の陣〟に突入した。

六月十七日、自民党の総務会が開かれた。武部は、党内に反対論が根強い郵政民営化関連法案に関して、否決の場合、小泉首相が衆院を解散することを前提に、反対派議員を説得していることを明らかにした。

「解散は、絶対にあってはいけない。解散にならないよう、一人ひとりにいろいろな話をしている」

これに対し、亀井静香が嚙みついた。

「（武部は）解散になったら反対した者は公認しない、と言っている。言動に注意してほしい」

野田毅も、武部に注文を出した。

「解散権を振りかざそうとする首相をたしなめるのが、幹事長だ。（首相の意向を）オウム返しで言うのでは、身も蓋もない」

武部は、そのとき思った。

〈四月の中国での反日デモに似ている〉

自民党内でも、統制がとれなくなってきている。たとえば、政調部会などで配布した極秘文書が、その日のうちにインターネットで公開されている。人権擁護法案反対派の議員から流れているとしか思えない。

武部は、悲しい気持ちになった。

〈ルールを守らない人がいるとは……。これは、政党の危機だ〉

郵政民営化法案も、総務会できちんと党議決定している。ところが、衆議院議長経験者である綿貫民輔は、公然と造反した。天皇陛下には、三権の長しか直接拝謁《はいえつ》できない。その三権の長の経験者が泥まみれの権力闘争の真っ只なかにいる。こんなことは、かつてなかった。

六月二十三日、武部は、郵政民営化関連法案の衆院本会議での採決について、公明党の冬柴幹事長に対し、前倒しを要請した。

「(七月三日の)都議選前に、やらせてほしい」

自民党と公明党は、国政と都議選は絡ませないという約束があり、衆議院通過は、都議選後の七月前半とすることで一致していた。しかし、都議選直後の六〜八日にはグレンイーグルズ・サミットがある。民主党が徹底抗戦した場合、五日の本会議採決が見送られると衆院通過は七月中旬にずれ込む恐れがある。

また、都議選後の採決では、党内がまとまらない可能性もある。反対派から、「何だ、執行部は腰砕けだ」と足元を見られてしまう。それゆえ、七月一日の委員会採決後に、本会議で採決をおこないたいと考えたのである。

しかし、冬柴は拒否した。

「委員会採決を一日にすれば、民主党が委員長席に駆け上がり、与党が強行採決したというイメージになってしまう。それは、できない」

六月二十四日、衆院郵政民営化特別委員会の中井洽民主党筆頭理事は、武部幹事長が郵政民営化関連法案の衆院本会議採決を都議選前におこなうことを公明党に打診したことについて二階委員長に伝えた。

「法案採決の前倒しを自民党が考えているなら、二十八日に予定している地方公聴会には応じられない」

二階委員長は、自民党の中川秀直国会対策委員長に抗議した。

「委員会の採決日程も決まっていないのに、本会議の採決が新聞に出るのは困る」

また、公明党も、採決日時の前倒しを強硬に拒否した。

二階は思った。

〈あわてて結論を出さなくても、話し合いのなかでおのずと落ち着くところへ落ち着く〉

二階は、野党の委員と十分に話し合いをおこなった。二階の「議論もほぼ出尽くしたのではないか」という思いが通じ、採決はやむを得ないという理解を得た。そして、七月四日に特別委員会、七月五日に衆議院本会議で採決するという日程が決まったのである。

六月二十七日、武部は記者会見で早期の衆院通過を目指す方針を強調した。

「機が熟せば、当然採決しなければならない。国政と都議選は、絡めない」

これに対し、都議選前の採決に強く反対している公明党は、東《ひがし》順治《じゅんじ》国会対策委員長が急きょ反論のために記者会見をおこない、強い不快感を表明した。

「与党としての方針ではない。今週中は無理だと思っている。一方的に〝強行〟とならないことを願っている」

武部は、その後の会見で弁明した。

「最終的な判断は自民党として決めなければならないが、公明党とも連携して対応しなければいけない。食い違いはない」

二階は、武部が、野党が審議拒否で参議院へいってても起き上がってこないかもしれない、あるいは、そのあいだに閣僚の問責決議案を連発し、下手をすると廃案に持っていかれるのではないか、という危惧があったのだろうと見ている。しかし、二階とすれば、昨日まで円満に審議をおこなってきたのに、いきなり強行採決するような荒っぽいことはできなかった。

六月二十八日、自民党総務会が開かれた。反対派から修正案を党郵政改革関係合同部会に差し戻して議論し直すべきだとの声も上がった。しかし、約二時間議論したあと、久間《きゆうま》章生《ふみお》総務会長は、慣例となっている全会一致ではなく、初めてとなる採決に踏み切った。

藤井《ふじい》孝男《たかお》元運輸相や高村《こうむら》正彦《まさひこ》元外相ら五人が反対したものの、賛成多数で了承が決まった。亀井静香元政調会長は採決そのものに反対し、棄権した。

武部は、総務会後、記者団に背水の陣での修正案取りまとめだったことを強調した。

「首相も政党人。異例の採決までして決めた。それを理解してもらうという以外にない。党としては、これでいくと決めたわけだから」

また、採決時に党議拘束に反した議員は処分する考えを示した。

武部は思った。

〈総務会の難関はクリアされた。今度は小泉首相のサミット出発前の衆議院採決だ〉

武部や中川国対委員長は、公明党幹部に電話をかけ、早期採決への協力を要請した。執行部は、小泉首相が六日から始まるグレンイーグルズ・サミットに出発するまでの衆院通過を確実にしようと、週内採決を訴えた。

しかし、公明党は、やはり三日の都議選後を譲らず、かつてない対立状態に陥った。

いっぽう、反対派は、この夜、約十五人が都内で会合し、本会議での反対を申し合わせるなど、騒然とした雰囲気になってきた。

亀井は、記者団にボルテージを上げた。

「戦機は熟してきた」

## 僅差の衆議院通過

平成十七年七月四日、郵政民営化関連法案は、衆議院郵政民営化特別委員会できわめて整然と採決がおこなわれた。

その結果、六法案は、一部修正のうえ自民、公明両党の賛成多数で可決した。

二階は、ひとまず胸を撫で下ろした。

〈与野党のみなさんの理解があって、円満な採決ができた〉

自民党幹事長室、国対、議院運営委員会などの強いバックアップがあったことはもちろんだが、やはり野党の理解があったからこそ円満な採決ができた。それは、一にも二にも時間をかけて熱心に慎重に議論をしたからだと二階は自負している。議論を封じ込んでいたら、大混乱に陥ったであろう。大混乱に陥ると、そのことだけに対する国民の批判、あるいは与野党の国会議員およびその周辺からの批判が当然起こってくる。結果的には、翌五日におこなわれる衆議院本会議にも影響したであろう。

これにより、決戦の舞台は七月五日午後の衆院本会議での採決に移った。

立党五十周年を迎えた自民党は、瀬戸際にあった。郵政民営化反対派は、もう一度、冷静になって考えてみる必要があると二階は思った。

このままいくと、自民党は、いずれ瓦解するだろう。

「改革が実現しなければ、自民党をぶっ壊す」

そう公言してきた小泉首相からすれば、思うつぼかもしれない。

二階グループは、小泉首相が平成十五年九月の総裁選で再選したとき、保守党の議員であった。したがって、首班指名選挙では小泉首相に票を投じたが、自民党でない二階たちは、自民党総裁選では、一度も小泉首相に投票していない。しかし、いま郵政民営化に強硬に反対している議員のなかには、総裁選で小泉首相に票を投じた人もいる。そのことを、もう一度考えたほうがいいと二階は思った。

反対派をとりまとめてきた郵政事業懇話会の綿貫民輔会長は、この日、党本部で「処分をおこなうという執行部の恫喝的言動は許されない」と記した申入書を武部幹事長に手渡した。

武部は答えた。

「ルールに従って、粛々とやります」

これに先立ち、東京都内のホテルに懇話会幹部が集まり、対応を協議した。

その後の記者会見で、綿貫は言った。

「わたし自身は反対する決意をしている。処分を出せば、自民党、議会そのものがおかしな話になる」

亀井静香も記者団に語った。

「こんな脅しで、我々はごまかせない。恥を知ってほしい」

ただし、懇話会も反対で参加者を縛れず、自主投票を決めた。

本会議の採決で否決に持ち込むには、自民党で四十六人が反対する必要がある。反対が二十人止まりなら、棄権・欠席者が五十二人に達しなければならない。反対に向けて党の役職辞任や派閥離脱を口にする若手もいるが、切り崩しを前に焦りの色を隠せない議員もいた。

亀井静香は、この日午後、亀井派国会議員のうち約二十人と会合を開き、強く迫った。

「欠席なんてことはしないで、賛成か反対かはっきりさせろ」

これに呼応するかたちで、滝実法務副大臣のほか衛藤晟一《えとうせいいち》厚労副大臣、自民党の青山丘《あおやまたかし》組織本部長も辞意を固めるなど新たな造反の動きも出てきた。

反対派の綿貫民輔や亀井、野田聖子《のだせいこ》ら約二十人は、この夜、都内の料理屋で会合を開き、綿貫を中心に結束することを確認した。

反対票を投じる意向を表明した綿貫は、記者団に語った。

「志を同じくする人が集まったのでうれしい。（採決は）以心伝心だ」

小林興起《こばやしこうき》ら亀井派・旧橋本派などの反対派若手も、都内の料理屋に集結した。

議員個人に賛否の判断を委ねている堀内派も約二十五人が集まり、堀内光雄や古賀誠ら幹部が五日午前、派の対応を協議する方針で一致した。

いっぽう、執行部側では、武部や副幹事長らが集まり、五日も引きつづき切り崩し工作をつづける方針で一致した。特別委員会の二階俊博委員長と山崎拓筆頭理事、公明党の冬柴鐵三幹事長も今後の対応を話し合った。

武部は記者団に強調した。

「いままで欠席しても不問に付された場合があるが、武部執行部は違う」

武部は覚悟を決めていた。

〈「恫喝」と言われようが、「強権」と言われようが、とにかくこの法案をとおさなければいけない。日本のために、解散させるわけにはいかないのだ〉

公明党も、動き出した。自民党の中川秀直国対委員長は四日昼、公明党の東順治国対委員長と会談した。これまで公明党は、選挙協力をちらつかせた圧力は「逆に反発を受ける」と判断して手控えてきたが、衆院解散を避けるため働きかけを強めはじめた。

七月五日朝、民主党は、役員会を開き、川端達夫《かわばたたつお》幹事長と鉢呂吉雄《はちろよしお》国会対策委員長に対応を一任した。川端らは、竹中平蔵《たけなかへいぞう》内閣府特命担当相ら関係閣僚の不信任決議案を検討したが、採決引き延ばしは自民党反対派の勢いを削ぐとして、法案採決前の提出は見送った。

亀井派の衛藤晟一厚生労働副大臣と旧橋本派の森岡正宏政務官は、この日、郵政民営化法案について「賛成できない」として尾辻秀久《おつじひでひさ》厚労大臣に辞表を提出した。亀井派の能勢和子《のせかずこ》環境政務官も、小池百合子《こいけゆりこ》環境相に辞表を出した。

自民党では、反対派の旧橋本派の小泉龍司《こいずみりゅうじ》副幹事長が佐田玄一郎《さだげんいちろう》筆頭副幹事長に辞表を提出したが、佐田は受理しなかった。

衆院議院運営委員会の旧橋本派の小渕優子《おぶちゆうこ》理事も、川崎二郎委員長に理事の辞意を伝えた。

また、堀内派は、午前八時半から堀内光雄会長と丹羽雄哉会長代行、古賀誠事務総長が対応を協議した。堀内は、派閥会長の辞表を古賀に提出し、採決への対応は「自由にさせていただく」と反対か、欠席する考えを示した。

古賀も記者団に述べた。

「賛成票は投じない」

派閥としては、自主投票で対応する方針を決めた。

小泉首相は、この日午前、郵政民営化法案の衆院本会議での採決にあたり、閣僚懇談会で閣僚や副大臣、政務官が一致して賛成行動を取るよう指示した。

「今日は大切な日なので、大臣、副大臣、政務官は一致団結して行動するように」

細田博之《ほそだひろゆき》官房長官も、この後の記者会見で統一行動を呼びかけた。

「本会議前まで本人の意向を確認する。反対はもとより、欠席・棄権などにも厳重に対処することを、各大臣から再度確認してもらっている」

自民党執行部は、この日朝、副幹事長らが情勢を分析した。反対と欠席・棄権が見込まれる議員の数を合わせても否決されない、との見通しに変化がないことを確認した。

武部幹事長は、党役員連絡会で幹部らが反対派の説得に全力を挙げるよう指示した。

「究極的な努力をしてもらう。各自よろしくお願いしたい」

河野洋平衆院議長や欠員、長期欠席している議員を除くと、自民党内で四十七人が反対すれば、法案は否決される可能性がある。九十四人が欠席（棄権を含む）しても、法案は否決される可能性が出てくる。

執行部は欠席が増えることを警戒し、この日午前、対応を決定していない議員らに対して本会議出席を促した。

武部は、役員連絡会後の記者会見で採決直前まで造反者への説得を続ける考えを強調した。

「民主主義、議会主義の本分をよく考えて、賛成票を投じるよう呼びかけていきたい」

いっぽう、反対派の牙城である郵政事業懇話会は、この日の昼、自民党本部で拡大役員会を開いた。衆院三十三人、参院十四人の四十七人が出席した。綿貫は、あいさつした。

「決戦の時が来た。この法案は国民のためにならないことを信じてやろう」

また、「国民の生活を守り、国益を守るため、考えに考えた末、法案に反対する」との緊急アピールを発表した。

衆議院本会議の開会二十五分前の午後零時三十五分、武部は、最終的な票読みを小泉首相に伝えるため院内の幹事長室から首相官邸に電話を入れた。が、小泉首相は、すでに官邸を後にしていた。そこで、武部は、電話に出た飯島勲秘書官に伝えた。

「反対は、三十三人、棄権・欠席は、二十人と見ている。つまり、法案は、五、六票差で可決する」

午後一時過ぎ、衆議院本会議が開会された。

武部は、可決を確信しながらも、なにか落ち着かなかった。昭和五十五年五月十六日の大平内閣不信任決議案も、平成五年六月十八日の宮澤内閣不信任決議案も、ときの党執行部は、「可決するはずがない」と読んでいたが、思った以上に造反者が多く出たことで、それぞれ可決している。

武部は、ふと、そのことが頭をよぎった。

〈嫌な雰囲気だな……〉

さすがに、胃がキリキリと痛んだ。

やがて、投票がはじまった。自民党議員が青票、つまり反対票を投じるたびに野党席から歓声があがり、大きな拍手が沸き起こった。この妙な盛り上がりで高揚したのだろう。武部らが「欠席は、卑怯だ。出席し、やむを得ないときは棄権したほうがいい。その方が政治家らしいじゃないか」と説得し、棄権を決めていた議員が立ち上がり、青票を投じた。

また、投票箱に向かうとき、態度を決めかねている議員に「おい、白札（賛成票）を持っていっしょに行こう」と誘い、賛成票を投じさせる作戦も立てたが、そのうち数人は棄権した。

いっぽう、武部が見る限り、青票だなとあきらめていた議員のうち二人は、白票、つまり賛成票を投じた。

二階は、衆議院本会議の採決の直前の段階で古賀誠元幹事長の議員会館を訪ねたとき、僅差になることは予想できた。二階の盟友である古賀が、自分に嘘をつくはずがなかった。

そのとき、古賀は二階に言っていた。

「あなたが特別委員会の委員長をやっているのだから、せめて委員長報告まで聞いてから退場しようと思う」

古賀は、その言葉どおり、いざ採決がはじまる前に本会議場を退席した。この行動は、大きな意味を持っていた。賛成票と反対票の差が、わずか五票ということは、三人が反対に回れば、行って来いで反対票が上回る。堀内派には、古賀を慕う議員が多い。仮に古賀が反対票を投じていれば、行動をともにし、郵政民営化関連六法案は否決されていたかもしれないのだ。

二階は、事前の票読みで郵政民営化関連六法案が衆議院を通過することを確信していた。

ただし、自民党議員が青票を投じるたびに野党議員が騒ぎ、歓声が上がった。数人が連続して青票を投じたとき、二階は、さすがに不安が心を掠めた。

〈これは、容易ではないな……〉

投票の結果、賛成二百三十三票、反対二百二十八票と、わずか五票差で郵政民営化関連法案は可決した。

武部は、本会議開会直前、自民党の造反者の数を、反対三十三人、棄権・欠席二十人の五十三人と読んでいたが、実際、反対三十七人、棄権・欠席十四人の五十一人と、ほぼ読みどおりであった。

旧橋本派の橋本龍太郎前会長も、白票を投じた。じつは、武部には、橋本は綿貫との関係から青票を投じるのではないか、という不安もあった。微妙な状況だけに、橋本に確認しておきたいという気持ちもあったが、宰相経験者に敬意を表して、あえて確認は取らなかった。

武部はひとまずほっとした。

〈「一輪咲いても花は花」というし、わずか五票でも、勝ちは勝ちだ。こんな僅差では、小泉内閣も末期じゃないかという人も出てくるだろうが、そうではない。これで踏みとどまったんだ。我々がいろいろ努力したことについては、いずれ後世で正当な評価がなされるにちがいない〉

武部はさらに思った。

〈「恫喝幹事長」と批判されたが、「党議決定に従わない場合は、厳正に対処する。棄権や欠席も、党議違反であることに違いはない」と厳しく言いつづけてきたからこそ、なんとか衆議院を通過した。甘いことを言っていたら、とおらなかっただろう〉

衆議院は、常に権力闘争の場だ。反対派急先鋒の一人である亀井は、郵政民営化に反対というよりも、反小泉を掲げることで政局にしたいだけなのだと武部は思った。結局、綿貫も、堀内も、亀井の戦略に乗せられてしまった。

堀内は、堀内派の幹部会で派閥会長の辞任を表明したとき、こう口にした。

「わたしは、綿貫さんとの長い友情があり、行動を共にしたい」

武部はその言葉に疑問を抱いた。

〈こういうのを友情というのか。自民党の大幹部の長老が、そんなことでいいのだろうか〉

二階は投票後に思った。

〈しかし、党を割ってでも法案を潰すという決意で行動した議員は、このうち何人いたであろうか〉

自民党のためには、ある程度幸いな部分もあるのかもしれないが、小泉首相の火の玉のような決意と対峙し、戦うためには、そのくらいの覚悟が必要だ。その覚悟がなければ、小泉首相に勝つことはできない。

仮に参議院本会議で郵政民営化関連六法案が否決された場合、理屈を言えば、両院協議会で協議できる。が、これは衆参の壁を超えた自民党内の大きな戦いになっている。

衆議院に戻ってきた瞬間、小泉首相は、ただちに解散を打つかもしれない。「憲法違反ではないか」という声もあるが、衆議院の解散権は、事実上、首相の専権事項だ。制約することはできない。

二階は、保守党幹事長時代の自公保連立政権から今日までずっと小泉政権を支え、小泉首相を見てきた。小泉首相は、常に捨て身だ。その信念と性格からして、妥協するという選択肢は小泉首相にはない。

結論を一年先延ばしにするとか、来年九月までの総裁任期を延長させたいとか、そのようなことは微塵《みじん》も考えていない。もし七月五日の衆議院本会議で郵政民営化関連六法案が否決されていたなら、その瞬間、解散となっていたであろう。そうなれば、衆議院郵政民営化特別委員会の委員長として百九時間を超える議論をまとめてきた二階は、ただちに党の総務局長として空白区の公認作業の仕事に取りかからなければいけなくなる。

二階は思った。

〈暑い、いや、熱い夏になるところだった……〉

## 郵政解散――小泉の覚悟

小泉首相は、七月六日朝、首相公邸前で、郵政民営化関連法案が参院で否決された場合、衆院解散に踏み切ることもあり得るとの考えを明らかにした。

郵政民営化は、小泉改革の本丸である。平成十五年十一月の総選挙の際、政権公約に「官から民へを徹底的に進める」「二年以内に小さな政府へ向けて突き進む」「二〇〇六年度までに地方を再生する」を掲げた。郵政民営化法案を否決することは、小泉改革のすべてを否定したことになる。それゆえ、小泉首相は、衆議院を解散して国民に信を問うと言っているのだ。

参議院で法案が否決され、衆議院が解散となれば、衆議院の造反組は公認できない。新人候補も立てていかざるを得ない。そうなれば、自民党は、分裂選挙になるだろう。民主党も、「小さな政府」か「大きな政府」かで割れ、しだいに本格的な政界再編になるのではないかと武部は思った。

ただし、景気は上向いており、内政外交ともにいろいろ難問が山積している。これを解決しなければならない。武部は願っていた。

〈わずか一票差でもいいから、参議院でも法案がとおってほしい……〉

郵政民営化法案がとおれば、小泉改革は、最後の総仕上げに向かう。ポスト小泉の動きもにわかに活発化してくるだろう。が、小泉首相が郵政民営化法案成立で生き残れば、小泉首相のイニシアチブも大きくなる。

結局、自民党の膿、積年の弊害が小泉改革の進化、進行とともに表に出てきたということなのだろう。つまり、「小さな政府か」「大きな政府か」「民主導か」「官主導か」、そういった対立軸があるのだ。

武部は、参議院自民党の執行部に釘を刺された。

「参議院は、参議院に任せてくれ。口出ししないでほしい」

武部は、その言葉に従うことにした。

〈参議院執行部に、お任せしよう〉

参議院本会議の採決は、八月八日におこなわれることになるが、武部は、その一週間くらい前から否決の可能性が高いと感じていた。

〈これは、難しいな……〉

衆議院本会議での採決を欠席した古賀誠元幹事長が、記者に語っていた。

「圧倒的な大差で否決されるだろう」

古賀は、旧堀内派の大幹部であり、派内の影響力が大きい。自らそう口にしているということは、そのような動きをさせると宣言しているようなものだ。古賀は、法案を大差で否決させることで、小泉内閣を総辞職に追い込むというシナリオを描いているようであった。

武部は、法案が参議院で否決されたら、小泉首相は、まちがいなく衆議院を解散すると確信していた。

八月四日、武部は、小泉首相の後見人である森喜朗前首相に頼まれた。

「解散は、なんとしても回避させなければいけない。幹事長として尽力してほしい」

武部は答えた。

「わかりました。メッセージだけは送りましょう。明後日、わたしの地元北海道で講演がありますので、そこではっきり言いますよ」

八月六日、武部は、北海道の稚内《わっかない》市内で講演し、小泉首相が解散に踏み切った場合、自民党が分裂することへの危機感をあらわにした。

「自民党は、十一月十五日に立党五十年になるのに、解党元年、あるいは、分裂元年になったら、ジョークにもならない」

さらに、民営化反対派に対して法案への賛成を呼びかけた。

「誰も、解散をのぞんでいない。しかし、総理は、法案が否決されたら、百パーセント、解散するだろう。日本は、政治空白をつくる解散をする暇はない。解散をされたくないのなら、法案をとおすことだ」

八月八日、小泉内閣が最重要課題としていた郵政民営化関連法案が、午後の参議院本会議でいよいよ採決されることになった。

午前九時三分、武部幹事長は、九段議員宿舎前で記者団に語った。

「厳しいと思う。しかし、最後の最後までベストを尽くして、人事を尽くして天命を待つ」

そして、力を込めた。

「国民との約束を果たすために、良識の府としての参院の姿勢を信じたい」

採決に先立ち、武部幹事長は、自民党の与謝野馨政調会長、片山虎之助参院幹事長、公明党の草川昭三《くさかわしょうぞう》参院会長らと本会議での法案再修正による事態打開策を協議した。が、結局、「再修正は時間的に難しい」として断念した。

二階は、参議院で審議がはじまった段階で感じていた。

〈否決の可能性が高い……〉

午後一時、参議院本会議が開会された。

郵政民営化関連法案は、採決の結果、賛成百八票、反対百二十五票と十七票の大差で否決された。自民党は、二十二人が反対票を投じ、八人が欠席・棄権し、計三十人が造反した。

参院本会議後、自民党臨時役員会が開かれた。小泉首相は、衆議院解散の意向を示したうえで明言した。

「反対派は、公認しない。全選挙区に候補を立てる」

二階は、小泉首相の性格からして、法案が否決されれば、衆議院を解散することは初めからわかっていた。

だが、解散した後の反対派のあわてぶりから推察するに、彼らは、そうは思っていなかったらしい。小泉首相は、総辞職するとでも思っていたようである。小泉純一郎という火薬庫のまわりで火遊びをしていたのだから、火が火薬庫に燃え移れば爆発するのは当然のことだ。彼らは、小泉首相のことを畑に積んである麦藁とでも思っていたのであろうか。

二階は思う。

〈小泉首相にとって郵政民営化は、長年、温めていた政策だ。自分の内閣のあいだに必ずやり遂げるとい

う強い信念がある。否決されても総辞職などするはずがない。それを野党や自民党の反対派は、完全に読み間違えた〉

午後七時過ぎ、衆議院本会議が開かれ、衆議院は解散された。これにより、八月三十日公示、九月十一日投開票の総選挙に突入にした。

午後八時半、小泉首相は、記者会見を開いた。その際、自らをガリレオになぞらえた。

「約四百年前、ガリレオ・ガリレイは、天動説が信じられていたなかで、地球は動くという地動説を発表して、（宗教裁判で）有罪判決を受けた。そのとき、ガリレオは『それでも地球は動く』と言った。わたしはいま、国会で郵政民営化は必要ないという結論を出されたが、もう一度、国民に聞いてみたい。現状維持がいい勢力と、改革政党の自民党と、どちらがいいか」

その信念に基づいて、たとえ一人になっても郵政民営化を断行すると強調している。

二階は思う。

〈この発言によって、政治というものがいかに厳しいものであるか、いかに大変なものであるか、大切なものであるかというのを改めて国民のみなさんも理解したにちがいない〉

武部と二階は、八月十日の午後四時、八月十一日の午後四時と、二日連続で首相官邸に小泉首相を訪ね、いろいろと指示を仰いだ。

そのとき、小泉は感慨深くつぶやいた。

「政治は、非情なものだねえ……」

八月十二日、小泉首相は、武部幹事長と官邸で協議し、公明党が立っていない全選挙区に党公認候補を擁立する方針を確認し、メドが立っていない選挙区は党本部主導で八月十六日までに公募することを決めた。また、全国十一ブロックの比例代表名簿のトップに女性候補を登載することでも一致した。

小泉首相は、非公認の民営化法案反対派を支援する動きが地方組織に広がっていることを踏まえ、武部に執行部方針の順守を説得するよう求めた。

「どの選挙区にも改革派の候補を擁立するということで、決して対立候補ではない。そのことをよく県連や国民のみなさんに説明するように」

武部は、二階総務局長と休日返上で候補者調整にあたった。

小泉首相は、候補者調整も妥協せず、武部や二階らに強く命じた。

「郵政民営化に賛成する候補者を、すべての選挙区に立てろ。それも、誰でもいいということでは駄目だ。いいタマを選べ」

自民党は、前職の七人プラス十九人の計二十六人の女性候補を擁立し、全員が当選するが、この女性枠は、武部が、六月ごろ、小泉首相に提案したものであった。

「議員の一割くらいは、女性にしましょう」

小泉首相も、乗り気であった。

「それ、いいな。それでいこう」

刺客《しかく》候補の一人目は、小池百合子環境大臣であった。前回の総選挙では比例近畿ブロックで当選したが、自ら刺客候補になることを望み、郵政民営化反対派急先鋒の小林興起が立候補する東京十区を選んだ。

これにより、話題が沸騰し、小泉劇場の幕が開いた。

これに触発されたのか、現職の武蔵野市長であった土屋正忠《つちやまさただ》も、選挙に強い民主党前代表で東京十八区の菅直人と戦うことを決意し、市長を辞職した。

自民党本部は、八月十三日、候補者が内定していない選挙区を埋めるため、候補者を緊急公募した。公募の締め切りは、八月十六日とし、「郵政民営化と構造改革に対する考え方」をテーマとした論文の提出を求めた。そうしたところ、全国からなんと三日間で八百六十八人もの人たちが公募してきた。

野田聖子の対抗馬として岐阜一区から立候補した佐藤《さとう》ゆかりは、前年四月の衆議院埼玉八区の補選の公募では惜しくも選に漏れた。

武部は、今回、山崎拓に要請された。

「佐藤さん、何とかならんか」

「いや、もうほとんど調整作業は終わってしまいましたよ。ただし、『小泉改革の実現のために協力します。贅沢《ぜいたく》は言いません。どこの選挙区でもやる覚悟です。お任せします、というのなら考えると武部が言っていた』と本人に伝えてください」

ほどなくして、佐藤が訪ねてきた。

佐藤は、きっぱりと言った。

「すべて、お任せします」

武部は、佐藤に伝えた。

「それでは、岐阜一区に行ってほしい」

いっぽう、亀井静香と戦うことになる堀江貴文《ほりえたかふみ》とは、八月十五日夜、二階とともに六本木《ろっぽんぎ》ヒルズで初めて会った。武部から接触したのではなく、堀江の方から、「幹事長に会いたい」と連絡があったのだ。立候補に興味を示す堀江に、武部は公認の条件を提示した。

「自民党から出るのなら、会社社長を辞めなきゃ駄目だよ。政治家は、片手間でできない」

だが、堀江は、社長業はつづけるという。

会談を終えた武部は、二階に言った。

「ちょっと無理ですね」

八月十八日夜、武部と二階は、赤坂プリンスホテルで堀江と会った。途中、首相秘書官の飯島勲も説得に訪れた。そのあいだ、武部らは席を外した。

飯島は、約四時間かけて堀江と話し合った。が、堀江は、最後まで社長辞任を拒みつづけた。

「どうしても無理なら、無所属で出ます」

武部は、決断した。

「それが、いいんじゃないか。党も応援するから」

八月十九日午後一時半過ぎ、黒いTシャツにラフな半袖シャツのいつもの「ホリエモン・ファッション」に身を包んだ堀江は、自民党本部で小泉首相と会った。小泉は息子にでも語りかけるように言った。

「青年らしくて、無所属で立つのもいいじゃないか」

堀江は、自民党本部の会見場で、立候補を宣言した。

武部も、会見に同席した。

堀江は言った。

「ホントは他の人がやってくれるほうがいいんですけど、誰もやらないから僕がやる」

無所属での立候補について、説明した。

「お願いしたんです、わたしの方から」

堀江は、結局、落選するが、若者の政治に対する関心を高めたと武部は思っている。

九月四日、新聞各社は、世論調査の結果をいっせいに発表した。各社とも「自民党圧勝の勢い」と分析していた。

武部は、アナウンス効果に若干の不安を感じた。

〈国民に、自民党を勝たせ過ぎてはいけないというバランス感覚が働くかもしれない〉

しかし、そんな心配も杞憂に終わった。

九月十一日、総選挙の投開票がおこなわれた。自民党は、二百九十六議席と歴史的勝利をおさめた。

しかも、公募候補二十七人のうち復活当選を含め二十三人が当選した。

武部は、驚きを隠せなかった。

〈かなりの数にはなるとは思ったが、まさかこれほど勝つとは……〉

これは、選挙戦略の勝利であった。また、小泉ブームが再燃したことも、大きな勝因の一つであった。

造反組は、総選挙の演説で「郵政民営化関連法案一本に反対しただけで、こんなむごい仕打ちをするのか」と訴えた。

しかし、法案一本にすべての行動が表れている。小泉首相は、言っている。

「郵政民営化は、あらゆる改革につながる。改革の本丸だ」

この法案を否定したのだから、改革先送り派であり、守旧派なのだと批判した。

なお、「偉大なるイエスマン」を自認する武部は、十月三十一日の第三次小泉改造内閣にともなっておこなわれた自民党役員人事で、幹事長に留任した。

# 第五章

# 政権交代と小沢幹事長

## 小沢一郎、二度目の政権奪取

第四十五回衆議院選挙で、小沢一郎は選挙担当の代表代行として二度目の政権交代を果たした。その後、平成二十一年九月三日、鳩山由紀夫代表の要請により、幹事長に就任した。

民主党の役員人事を控えたある日、民主党参議院議員副会長の高嶋良充《たかしまよしみつ》は、党代表代行で参議院議員会長の輿石東《こしいしあずま》から要請を受けた。

「参議院の幹事長を頼みたい。政権交代したことだし、最後くらいはいっしょにやろうや」

日教組を支持基盤とする輿石は、平成二年二月の総選挙で初当選し、二期務めたが、平成八年十月の総選挙で落選。その後、参議院に鞍替えし、平成十年七月の参院選で当選した。

やはり、この参院選で初当選した高嶋は、参議院議員としては同期になるが、政治キャリアの長い輿石からいろいろと指南を受け、国会議員として育ててもらった。二人は、同志というよりも、師匠と教え子のような関係であった。

ただし、二人は、これまで幹事長・国対委員長、参議院議員会長・幹事長といったコンビを組むことはなかった。なぜなら、日教組と自治労を基盤とする二人が要職を占めると、党内から反発を受けてしまう。

それゆえ、高嶋は、幹事長や議員会長などの表舞台に立つ輿石を裏方として支えてきた。

しかし、高嶋は、今期限りで国会議員を引退し、改選を迎える平成二十二年夏の参院選には出馬しない。

そこで、輿石は、これまで自分を支え続けてくれた高嶋を参議院幹事長に据えようと考えたのである。

高嶋は答えた。

「人事は、輿石さんにお任せします」

輿石は、うなずいた。

「いずれにしても、小沢幹事長と相談したうえで決めるから」

輿石は、さっそく小沢と会い、参議院の役員人事について話し合った。小沢は、輿石が提示した高嶋幹事長案を受け入れた。

「まあ、そうだな。自民党は、やれ、日教組出身者だ、自治労出身者だと批判するかもしれないが、少なくとも党内は、前原代表時代とは違い、そういうハレーションはなくなっていると思うよ。その体制で参議院をまとめていけるということであれば、いいんじゃないか」

十月六日、輿石は、神奈川県箱根《はこね》町のホテルで開かれた参議院民主党研修会で、参議院幹事長に高嶋、参議院国対委員長に平田健二《ひらたけんじ》を充てる人事を発表した。

翌十月七日午後、小沢幹事長は、党本部で記者会見を開き、党役員会のメンバーを発表した。

幹事長　小沢一郎
幹事長職務代行　輿石東
選挙対策委員長　石井一《いしいはじめ》
国会対策委員長　山岡賢次《やまおかけんじ》
組織委員長兼企業団体委員長　細野豪志《ほそのごうし》
参議院幹事長　高嶋良充

また、合わせて幹事長室のメンバーも発表した。

副幹事長は筆頭副幹事長の高嶋を含め衆参各七人、合計十四人いる。それぞれが職務や担当議員を分担し、四百人を超える所属議員の情報を吸い上げ、各種陳情を集約し各省庁別に担当させた。

特筆すべきは、党の政策調査会廃止にともない、政調会長は空席となり、代表代行ポストも、菅直人が副総理として入閣したことを受けて置かなかったことだ。したがって、相対的に幹事長の重みが増し、その仕事ぶりに注目が集まることになる。

小沢が根城とした民主党幹事長室は、国会議事堂二階正面の十三控室にあった。政権交代前までは自民党幹事長室だった部屋だ。幹事長室内の座席配置には小沢のこだわりがうかがえた。小沢は、部屋の一番奥に陣取り、入り口付近からは容易に様子をうかがうことができない。副幹事長席は、部屋の手前にあり、小沢のほうへ向き合うように配置されていた。

高嶋良充は、筆頭副幹事長を受けたとき、小沢から指示された。

「政調会を廃止したことで、政策を党としてどう受け止めるかが重要になる。その一番のポイントは、陳情だ。政治主導の陳情方式を考えてほしい」

さらに、小沢は続けた。

「陳情改革によって、議員が草の根活動をするようにしてほしい」

高嶋は思った。

〈そうするためには、各都道府県連をとおす以外にない〉

十月九日、高嶋は、江田五月《えださつき》参議院議長に同行し、ロシアを訪問した。その後、高嶋は、江田議長らとともにイギリスを視察し、国会でヘーゼルハースト下院副議長やヘイマン上院議長らと会談した。その際、高嶋は、彼らから興味深い話を聞かされた。

「我が国の国会議員は、大方、ロンドンにはいません。ここには議員会館も議員宿舎もない。なぜかといえば、国会議員の任務は、基本的に地元で草の根活動をすることです。ですから、国会に来るのは、法案の採決と議会で発言するときだけです。それ以外は、みんなそれぞれの地元にいます。与党の議員は、地元で政策の要望を受けると、それをインターネットで各省庁に直接、問い合わせる。そうするとリアルタイムで回答が返ってくる。だから、ロンドンに来る必要はないんです」

つまり、イギリスでは、地元の議員事務所が国政相談所になっているのだ。

高嶋は確信した。

〈地方分権を実現し、将来は、各都道府県連が陳情の最終決定権を持つようにしなければならない。しかし、日本まだ、その過渡期だ。議員が地元での草の根運動で吸い上げた要望や政策を政府につなげる役割は、当面、幹事長室が果たすようなシステムにしよう〉

高嶋は、「分権型陳情への改革」と題する骨子をまとめた。

一．政官癒着の排除と利益誘導型政治からの脱却

二．分権型陳情で霞が関詣《もう》でを一掃

三．国の行政刷新と地方行革に寄与

## 四．透明性・公平性を確保する

小沢幹事長は、一読し、うなずいた。

小沢は、一字一句たりとも直さなかった。

「このとおりだ」

平成二一年十一月二日午後、民主党は、役員会で「分権型陳情への改革」を取りまとめた。陳情は、高嶋と細野豪志が優先順位をつけ、各省庁担当の副幹事長が政務三役（閣僚、副大臣、政務官）へ取り次ぐが、議員の同席は認めず、結果は、幹事長室経由で陳情者へ伝えることになった。

その後、小沢幹事長は記者会見を開き、この新陳情システムに関し、述べた。

「これまでの陳情は、各議員、各省庁といろいろ結びつく利益誘導型の政治、政官業癒着の政治を生み出す大きな原因の一つだった。そういうことをなくそうというのが、我々の基本的な主張だ」

さらに、その意義を強調した。

「最終的には国家レベルでない限り、地方でやってもらうことが我々の主張だ。自立的な透明性のあるやり方に変えていくための第一の段階である。この改革により、国会議員の立場を強くするものであると同時に、党の基盤を強化することになる」

十一月二日、民主党は党役員会で、地方自治体や各種団体から政府・与党への陳情の窓口を党に一元化することを決めた。

小沢幹事長は、記者会見で、これからは「政治主導」の陳情処理をすると強調した。

「いままでは、所詮、役人の手のひらの上でやっていたことだ。役人に直接、陳情させるようなことはしない。族議員的な癒着の構造をなくし、オープンですっきりした形にする」

鳩山政権では、政策決定の政府への一元化を掲げ、民主党は特定分野の政策決定に影響力を持つ族議員を生まないよう党の政策調査会を廃止するいっぽう、陳情を受ける新しい仕組みを検討してきた。陳情は、自民党政権時代、族議員と各省庁、業界団体の癒着の温床となると指摘されていた。これまで、政府の方針が、どこで、何が、どのように決まっていたのか、わからない不透明な仕組みになっていた。

細野豪志の地元を例にとれば、道路に関する陳情先は、静岡の東部に国土交通省の事務所が置かれている。その上には、静岡市に国土交通省中部地方整備局静岡営繕《えいぜん》事務所地方整備局がある。その上に、中部地方をとりまとめる組織として名古屋市に中部地方整備局があり、さらに東京にある本省の国土交通省へと続く仕組みとなっている。

陳情団は、これら関係先を三カ所も四カ所も回らなければならない。各地方の首長と議長などが陳情に歩き、最後には、永田町の与党議員を回り、時間があれば野党議員にまで陳情する。

陳情の内容は、毎年、ほぼ似たようなもので、国から少しずつ〝おこぼれ〟のような予算がつけられる。国会議員にとっては、陳情や要望を誰に取り次げるかが政治力の見せどころとなるが、「おれが、それをやったんだ」と声を上げる政治家が何人も存在する有り様だ。結局、本当はどこで誰が決めたかがわからない仕組みになっているのである。この陳情の形態は、膨大な時間的なロスばかりを生み、何らプラス面がないのである。

細野は、以前から考えていた。

〈政官業の癒着から脱却しなければならない。陳情につきまとってきた胡散臭《うさん》さを排し、透明で公正なシステムをつくるべき時期が来ている〉

民主党政権には、野党時代と比較にならないほど陳情が殺到していた。

だが、「政府・与党の一元化」を掲げて政策決定を政府に委ねたことにより、政策調整の受け皿だった党政策調査会がなくなった。このため陳情をどう裁くかが焦点になっていた。

政務三役に入らなかった議員と政府の意見交換の場として設けられた各省政策会議でも、陳情めいた発言が飛び交うようになっていた。

そこで、小沢は予算編成を前に、党幹事長室に陳情・要望処理を一本化し、政治主導に切り替えたのである。議員個人の政府への接触を禁じ、幹事長室経由に限定した。これにより、予算にかかわる陳情はすべてこの仕組みをとおすため、特定の議員が関与する余地がなくなる。政官業癒着の象徴だった族議員を排除できるとした。

また、地方と東京を往復する陳情団が減れば、都道府県の首長らの負担も軽減される。陳情はさまざまなところから来るが、これまでは、知事や市町村長、各種団体の役員が、地方から上京して中央省庁に陳情して来た。これらの「霞が関詣で」も一掃でき、無駄な金を使わずにすむ。頻繁に上京することは、首長の重要な日常業務を妨げることになっていた。地方の負担が軽減されれば、知事や市町村長、地方議員は、地域の行政や議会の重要な役割に集中することができるようになる。

いっぽう、幹事長室への陳情一元化は、個々の議員の各省への影響力（族議員化）を削いで、党の力を強めることにもなる。新たに、十四人の副幹事長が陳情を受け付ける窓口となる。地方からのものは、民主党の都道府県連で受け、団体のものは組織委員会で受け、幹事長室で一元的に扱うことになる。幹事長室が窓口となるのは、年末の予算編成や税制改正を控え、各省に陳情が殺到する事態を避け、政府が政策立案に専念できる環境を整える狙いがあるとされた。

陳情は、あらかじめ省庁別に担当を決められた副幹事長が内容を精査したうえで、高嶋良充筆頭副幹事長、細野豪志副幹事長らが優先順位をつけ、正副幹事長会議で小沢幹事長や参院議員会長でもある輿石東幹事長職務代行の判断を仰ぐことになる。そして、そこで優先順位がつけられた重要案件を各省庁担当の副幹事長が政務三役（閣僚、副大臣、政務官）に取り次ぐことになる。

政府に直接、要望を伝えることは原則禁止となることで、従来、東京の永田町や霞が関に殺到していた陳情団は大幅に減ることになる。

民主党内には、ある見方も出ていた。

「中堅・若手の一議員が、すべての陳情を捌《さば》くのは困難だ」

「政策は政府で」と明言してきた小沢だが、陳情処理を通じて政策に関与することになるため、小沢に批判的な議員からは不満の声が漏れた。

「小沢さんの力が、強まるだけじゃないか」

小沢は、幹事長室が首長と政府の接触も管理する意向を示した。

「知事であれ、誰であれ、党として政務三役に会ってもらったほうがいいと思えば、そうする」

だが、「やり過ぎだ」との批判も出たのは事実だった。

これまでの仕組みを変えたことで陳情や要望は、すべて都道府県連から幹事長室に上げられることになった。それゆえに、これまでとは違った役割が都道府県連には与えられることにもなる。この体制づくりも、緊急に高めていかなければならないため、都道府県連では、受け皿組織の新設が相次いでいた。民主党の地方組織の強化が早急に求められた。

それは、組織委員長である細野の最大の課題ともなった。

政治主導を掲げた民主党は、これまで局長や課長レベルといった中央省庁の官僚幹部に対しておこなわれていた陳情というルールを断ち切り、すべて政治主導で行うことにした。

官僚は、一切タッチすることはない。政府も、自治体や団体の個別案件については、直接陳情を受け付けない。ただし、省庁幹部からの提言や面会は認めることにした。

そもそも、細野は「陳情」という言葉が好きではなかった。この言葉には、国、そして中央省庁に対する卑屈なニュアンスがあるような気がしていた。

〈我々は、新たなシステムを確立することで、正当な「要望」として受け止めるべきなのだ〉

細野はそう考えた。

ただ、陳情窓口の幹事長室一元化によって、むしろ、透明性・公平性が失われるのではないかといった懸念もある。そして、優先順位を選定する副幹事長が、昔の族議員になるのではないかと懸念された。

何よりも、フェアにやることが重要となってくることは明らかである。その判断能力が民主党には問われていた。それができてこその政治主導である。

〈成功すれば、民主党へプラス評価が与えられる。失敗すればマイナスの評価となってしまう。そのためにも、結果についての責任の持ち方が重要になってくる〉

細野はそんなふうにとらえていた。

## 内閣法制局長官答弁禁止への執念

平成二十一年十月十九日、定例記者会見で小沢は首相の所信表明演説に対して代表質問をおこなわないことを明らかにした。

「わたしが『そうせい』と言ったわけではない」

そう前置きしたうえで、こう言った。

「与党質問は、『ひたすら、政府の太鼓叩きになったような質問が多い』というから、『まあそうだね』と言った」

これまで自民党は、慣例的に幹事長が首相への代表質問に立つことが多かった。「政府は行政、与党は立法府の一員で、立場が違う」という認識に基づくからだ。

しかし、小沢は「議院内閣制の国会は、政府と野党の議論の場」が持論である。政府・与党の一元化のもと、与党の質問は必要ないとの姿勢を示したのである。また、与党質問は形骸化しているとの考えも根底にあった。

ただ、小沢の考えは与党内では共有されなかった。代わりに代表質問を割り当てられた社民党の重野安《しげのやす》正《まさ》幹事長は、反対した。

「立法府の自殺行為だ」

いっぽう、参院では輿石東参院議員会長が代表質問をおこなった。

輿石としては、小沢、輿石の二人がそろって代表質問をしなければ、鳩山政権に対し余計な警戒感を持たれるとの考えからであろう。

小沢は、こう主張した。

「だって、政府と与党が一体ならば、自分たちが提出したものに、自分たちが質問するのもおかしいことじゃないか。特に予算や法案について、自分たちがいうのはおかしい。政府が趣旨説明すれば、それでいいんじゃないか」

海江田万里《かいえだばんり》は、確かにそのとおりだと思った。

〈八百長《やおちょう》質問やちょうちん持ちの演説をやっても、時間の無駄だ〉

民主党は、この国会の衆院本会議で代表質問をしなかった。

民主党は十一月九日の役員会で、国会や選挙、政治資金の制度改革案を検討する「政治改革推進本部」の新設を決めた。本部長には小沢一郎幹事長、本部長代行に輿石東幹事長職務代行がそれぞれ就任し、幹事長室主導の体制となった。

このとき小沢は、海江田に事務局長への就任を要請した。

「政治主導がきちんと機能するようになるためには、政治改革、国会改革をやらなければいけない。これまでの官僚支配の政治から文字どおりの政治主導に切り替えるためには、特に国会改革が避けてとおれない」

小沢は、そう熱く語りながら、国会改革の具体策を早期にまとめ、一部は議員立法で今国会提出を目指すよう指示した。

小沢は政治改革推進本部を、官僚の国会答弁禁止を柱とした国会改革をはじめ、選挙制度改革、政治資金の透明化などあらゆる政治課題に取り組む「司令塔」と考えていたようだった。

また、小沢は、周辺にこう伝えていた。

「連日、議論してもらう」

そのため、「党の最重要機関になるだろう」との声もささやかれた。

以前から政治改革に執念を燃やしてきた小沢が、今度は何を目指すのか。党内外から注目が集まった。

連立を組む社民党は十二月一日夕方、政審全体会議を国会内で開いた。その場に、民主党政治改革推進本部の海江田万里事務局長が呼ばれていた。

官僚答弁の禁止をめぐり、社民党から反論の声が上がっていたものの、それに対して、小沢から批判と不快感をあらわにされたからである。

「社民党からまったく回答がなく、非常に遺憾だ。社民党には選挙区の割り当てなど、いろんなことで積極的に協力してきたつもりだ」

これにあわてた社民党は、一日朝、阿部知子《あべともこ》政審会長が海江田に電話し、説明を要請していた。

会合で、海江田は国会改正案原案を説明した。社民党側は十二人の国会議員のうち八人が出席し、原案に盛り込まれている内閣法制局長官の答弁禁止について、慎重論を述べた。

「内閣法制局長官は憲法の番人で、いままでどおり国会答弁に立たせるべきだ」

これに対し、海江田は説明した。

「政治家同士による法案審議の場とは別に、内閣法制局長官ら行政公務員や有識者からの意見聴取の場を設置する」

民主党は、国会会期末の十二月四日までに改めて社民党と意見交換し、法案要綱の作成作業に入る構えとした。

官僚答弁の禁止をめぐり、民主党は社民党に対し、年明けの次期通常国会への法案提出を迫っていた。慎重論の根強い社民党に配慮し、今国会提出は見送ったものの、国会改革は民主党の小沢の持論である。次期国会での早期成立を睨んで社民党に攻勢をかけた。

だが、海江田には、社民党が慎重になることが理解できていた。

〈鳩山総理が改憲論者だということが引っかかっているのだろう。憲法判断をその鳩山内閣、極端にいえば鳩山総理に任せることが心配なのだろう。そんな思いと、憲法を守るという一心がそうさせているに違いない〉

内閣法制局は「法の番人」とも呼ばれている。法理を駆使して、時の政府の意向をかなえる知恵袋の役を果たす一方で、たとえば、海外での武力行使をめぐって「憲法九条の下ではできない」との見解を守りつづけ、憲法解釈に一定の歯止めをかけてきた。

いっぽう、小沢はかねて「国連決議があれば、海外での武力行使も可能」と主張し、何度も法制局とぶつかってきた。

平成二年のことである。湾岸危機の際、海部政権で自民党幹事長を務め、権力の絶頂にあった小沢は、先頭に立って自衛隊の海外派遣を可能にする「国連平和協力法案」の成立を訴えた。

だが、先に触れたように、内閣法制局が自衛隊の派遣条件を厳しくとらえる憲法解釈を曲げず、その年秋の臨時国会で廃案に追い込まれてしまう。

小沢が新進党の党首だった平成九年には、日米ガイドラインの憲法解釈をめぐって橋本首相に代わって答弁した内閣法制局長官を「僭越《せんえつ》だ」と国会で批判している。

さらに平成十年秋、旧自由党党首として自民党の小渕政権と連立合意した際も、小沢は内閣法制局長官を含む官僚答弁の禁止を政策合意の筆頭に挙げた。

しかし、自民党は「法制局長官の国会出席は必要だ」と譲らず、水面下で連立協議をしていた公明党も同調。翌年に成立した国会審議活性化法で、小沢は、自民党側が主張した「内閣法制局長官は政府特別補佐人として残す案」を受け入れざるを得なかったのである。

平成十五年には、自由党党首として「内閣法制局廃止法案」を提出した。

小沢は、内閣法制局長官を憲法の番人とすることは間違いであると理解している。内閣法制局は、法制上においても一つの行政機関でしかなく、その長官は官僚にすぎない。政府特別補佐人四人のうちの一人になってはいるものの、憲法の番人としての法的根拠もなく、一般行政職員の一人でしかないのである。だから、内閣法制局長官が国会答弁に立たずとも、法制局長官の意見を、首相なり官房長官がしっかり聞き、それを国会で答弁すれば同じことになるわけである。

むしろ本来、政治家が責任を持って憲法の解釈からすべてをおこなえばいい話である。その際、憲法の解釈・見解について法制局長官から意見を聞くことはかまわない。ただ、政治家が自信さえ持てばいいだけである。

集団的自衛権をめぐる憲法解釈は、行使は認められない、という内閣法制局長官の見解に歴代政府が、事実上、拘束されてきた実態がある。

焦点の内閣法制局長官の答弁禁止は、法案審議とは別に設ける意見聴取の場で答弁を可能とし、議事録も残すことで一致することができた。長官への意見聴取などに応じたことで「答弁が担保された」と社民党は判断した。

## いい加減な団体とは会うな

平成二十一年暮れ、一川保夫《いちかわやすお》副幹事長の地元である民主党石川県連には、県農協中央会、県圃場《ほじょう》整備事業推進協議会、県水田農業推進協議会など、各種農業団体や市町職員が陳情に訪れた。彼らは、事業仕分けで「廃止」「縮減」とされた予算の確保を口々に訴えた。

だが、一川は、農道整備事業の継続を求めた輪島《わじま》市、珠洲《すず》市、穴水町《あなみずまち》の幹部に、整備水準を落とすよう諭した。

「コストをかけないことを心がけないと。立派な二車線の農道をつくっていては、物事は進まない」

一川は、農作業に本当に必要な道路は整備すべきだが、費用対効果を考慮した工夫が大事だと考えていた。各種の陳情を受け入れるべきかどうかの判断基準になるのは、農村の再生や食の安全確保、食糧自給率の向上など、民主党がマニフェストでも掲げた方針に合致しているかどうかだ。一川は、旧来の自民党政権時代の既得権益を守ろうとする団体とは、安易に接するべきではないと考えていた。

一川は、小沢からも釘を刺されていた。

「農協や土地改良など、まだ態度がはっきりしていない。いい加減な団体とは、党の責任者は会うな。あなたが会うということは、おれが会うのと同じことだ」

一川は、小沢と相談し、農業関連の予算について、農家の戸別所得補償を確保するいっぽう、従来の公共事業的な土地改良事業費は半減するという党の方針を決めた。また土地改良事業費の縮減分は、戸別所得補償制度の財源に充てることにした。

一川は、土地改良事業は、国土の保全や災害の防止に役立つものについては、公的に支援していく必要があると考えていた。ただし、こうした事業は、今後、できるだけ地方交付金として地方に委譲し、地方自治体が独自の判断で優先順位をつける仕組みに持っていくべきだと捉えていた。

農協や土地改良連合会などの団体は、地元の自民党議員と密接な関係を持ち、農業関連の公共事業の配分に預かってきた。こうした事業は地元のゼネコンを潤すことにもなった。

しかし今後、各団体は、民主党議員が大臣を務める省庁には陳情に行きづらくなる。まして民主党県連に陳情に行くわけにもいかない。やがて、団体に期待していた人や地域の住人も、自民党の先生に頼んでも仕方がないというふうになってくる。

これらの団体と自民党との関係が揺らぐことは、選挙において民主党に有利に働く。

農協は、平成十九年七月の参議院選挙で、専務理事であった山田俊男《やまだとしお》を自民党公認で国政に送り出している。一川は、農林水産委員会で山田と頻繁に顔を合わせる。一川は、民主党が政権を獲得した後、山田に言ったことがある。

「山田さん、時期を見て、もう無所属になったらいいですよ。あなたは、別に自民党の政策に賛同して自民党から出たわけでもないでしょう。農家を何とかしたい、農業を何とかしたいという思いでやってきたはずだ。わたしは、昔の全中（全国農業協同組合中央会）時代も知っている。考え方は、どちらかというと、我々に近かったじゃないか」

そういうと、山田は、困ったような表情を見せた。

一川は、さらにつづけた。

「いずれ様子を見て無所属になって、民主党と同一会派を組めばいい。あなたは政務三役で農水省に入ればいいじゃないか」

山田は、驚いて聞き返した。

「そういうことが、できるんですか？　いや、でも……」

一川は、山田の真意はわからない。しかし、農家の人たちが山田に寄せる期待は、農家のためになる政策をおこなうことであるはずだ。自民党議員でいてくれというわけではない。一川は、山田は無所属になって、政策ごとに民主党と協力した方が動きやすいだろう、と思っていた。

## 野中広務、幹事長室に乗り込む

民主党政権誕生後、これまで自民党を支持してきた税理士協会、歯科医師会、全日本トラック協会、日本酪農政治連盟、全国漁業組合連合会（全漁連）、日本バス協会などは、民主党に急接近した。

ただし、茨城県や埼玉県の医師会は民主党支持に舵を切ったが、日本医師会全体のスタンスは、不明瞭だった。

高嶋筆頭副幹事長によると、小沢幹事長は就任後、日本経済団体連合会（日本経団連）の御手洗《みたらい》冨士夫《ふじお》会長にも会うつもりはなかったという。

平成二十一年八月の「政権交代」総選挙の直前、選挙戦略を代表代行として指揮した小沢は、日本経団連にあいさつに出向き、こう要請した。

「我が党は、いま政権を取れる可能性が出てきています。経団連の応援があれば、当落線上にいる候補者も当選し、圧勝します」

しかし、経団連のその後の対応は、冷たかったようだ。総選挙が終わったあとで、「協力します」と回答してきても、意味がない。

また、高嶋によると、小沢幹事長は当時、ＪＡ（農業協同組合）の茂木《もぎ》守《まもる》会長にも会っていない。

長野県生まれの茂木会長は、同郷の民主党幹部を通じて依頼してきた。

「小沢幹事長に会わせてほしい」

高嶋は、その旨を小沢に伝えた。が、小沢は、頑として首を縦に振らなかった。

高嶋は、小沢に確認した。

「じゃ、今後、ＪＡがどういう付き合い方をしたらいいのかを含めて、一度、わたしがＪＡの専務と会っておきましょうか」

しかし、小沢は徹底していた。

「いや、会わなくていい。副幹事長が会うことは、おれが会うのといっしょだからな」

なお、高嶋によると、日本経団連は、地方から変わってきたという。

小沢幹事長は、戦略を立て、所属議員に指示した。

「御手洗執行部は駄目だけれども、地域の経団連とは付き合いをしろ」

この方針により、議員は新人を含めてさまざまな企業と接点ができてくる。「中央は駄目だが、地方は仲良くできる」という雰囲気が醸成されれば、日本経団連の新執行部も、民主党寄りにならざるを得なくなる。

それは、JAも同じだ。地方は、徐々に民主党に顔を向けはじめた。

十一月十日、高嶋は、小沢幹事長と陳情の問題で打ち合わせをおこなった。そのさなか、小沢は、ふと切り出した。

「それはそうと、高嶋君な。看護連（日本看護連盟）と土政連（全国土地改良政治連盟）は、どういうつもりなんだ！」

この日、新聞各紙は、日本看護協会の政治団体「日本看護連盟」が平成二十二年夏の参院選比例代表候補として髙階恵美子《たかがいえみこ》を自民党に公認申請し、全国土地改良政治連盟も、新人の元農水官僚を自民党から擁立する準備を進めていると報じていた。

小沢は続けた。

「ここの大臣は、このことをいったいどう思っているんだ。自分が抱えている組織から、それも与党からなら別だが、野党から新人を出されて、彼らは何も思わないのか！」

高嶋は思った。

〈これは、相当、怒っているな〉

自民党支持団体の組織内候補の現職が平成二十二年夏の参院選で改選を迎え、同じように自民党から立候補するのはやむを得ない。

しかし、現職が今期限りで引退することを表明し、政権交代が起こっている状況で、なぜ役所は、後継者となる新人候補を自民党から立候補させるのか。小沢は、そのことに怒りを覚えているのだ。

打ち合わせを終えた高嶋は、すぐさま看護士を所管する厚生労働省と土地改良事業を所管する農林水産省の政務三役に電話を入れ、新聞報道について確認した。

彼らは、異口同音に答えた。

「そうなんですよ。わたしらには、まったく相談がなかったんですよ。でも、わたしらから言うのもおかしいし」

高嶋は、その旨を小沢に報告し、言った。

「彼らに任せても埒《らち》はあきませんよ。わたしが、どこかで言いますから」

十一月二十五日、民主党の地方議員の研修会が西新宿のホテルで開かれた。

あいさつに立った高嶋は、赤裸々に語った。

「いままでのことを簡単に水に流すわけにはいかない知事さんも、業界のみなさんもいる。『来年の参院選、やってくれますよね』というのは、当然のことだと思う」

さらに、陳情の窓口は民主党であることを強調した高嶋は、参院選に自民党公認候補を擁立する日本看護連盟と、その準備を進めている全国土地改良政治連盟を名指しし、釘を刺した。

「そういう挑戦的なところには、大きな心を開けない」

この発言がマスコミで報じられると、すぐさま日本看護協会常任理事の小川忍《おがわしのぶ》が高嶋のもとへ飛んできた。

「あれは、看護連盟がやったことで、看護協会は、中立ですから」

高嶋は、突き放した。

「中立というなら、候補者を降ろしてくれないか」

結局、日本看護協会は、日本看護連盟が自民党候補として擁立する高階を推薦しない、という対応を取った。

いっぽう、土政連は、まったく反応を示さなかった。

高嶋は思った。

〈おもしろい。これは、民主党に対し、「やれるものなら、やってみろ」という挑戦だな〉

土政連側が民主党に接触してきたのは、十二月二十一日午後のことであった。土政連の上部組織にあたり、農村地帯における有力な自民党の支持団体である全国土地改良事業団体連合会（全土連）の会長を務める元自民党幹事長の野中広務が国会内の民主党幹事長室を訪れ、土地改良事業費の復活を陳情した。

民主党が平成二十二年度予算で土地改良事業費を四千八百八十九億円の要求額を半減させる要望を政府側に伝えたのは、農家に対する戸別所得補償制度の財源を確保するとともに、自民党の有力支持団体の動きを封じるのが狙いと見られていた。

野中は、かつて「悪魔」と呼び、激しく対立した小沢幹事長との面会を強く要望した。が、この日は、小沢側近の樋高剛《ひだかたけし》、佐藤公治《さとうこうじ》両副幹事長が対応した。高嶋によると、野中の陳情を小沢側近の樋高と佐藤が対応したのは、あくまで偶然のことであったという。

国会開会中は、十四人の副幹事長がすべて幹事長室に詰め、たとえば、厚生労働省関係の陳情であれば、青木愛《あおきあい》、農水省関係の陳情であれば、一川保夫というように、各省庁担当分野の副幹事長が対応する。また、相手によっては、筆頭副幹事長の高嶋か、細野、さらには、小沢幹事長が対応することもある。

しかし、すでに国会は、十二月四日に閉会している。したがって、幹事長室は、二人の副幹事長の当番制にしていた。野中が幹事長室を訪れた日は、たまたま樋高と佐藤の当番の日であった。

ただし、相手が野中広務ほどの大物であれば、小沢幹事長が直々に対応する選択肢もないではなかった。が、高嶋らは、「幹事長に会わせる必要はない」と判断し、小沢幹事長にも事前に相談しなかった。

高嶋が野中の来訪を小沢幹事長に報告したのは、当日のことであった。

高嶋は、小沢幹事長に確認した。

「今日、野中さんが陳情に来るのですが、当番の対応でいいですね」

小沢は、淡々とした口調で答えた。

「ああ、そうしておいてくれよ」

陳情後、野中は、記者団に土政連が翌年夏の参院選比例区に自民党から擁立を決めていた農林水産省出身（元九州農政局長）の南部明弘《なんぶあきひろ》の出馬見送りを検討する考えを明らかにした。

「出さない方向で、予算の確保を最優先する」

小沢幹事長が土地改良事業費の半減を決めたのは、農家を苦しめようとしているからではなかった。

高嶋が思うに、全土連が本当に農民のためを思って活動してきたのであれば、土地改良事業費の予算を半減されたら全国各地で一揆が起こるだろう。が、一揆が起こるどころが、「参院選に候補を立てるのは、やめよう」という雰囲気になっている。

つまり、土地改良事業費は、自民党の族議員や建設業界が食い物にしてきただけであり、農民の役には立っていない、ということの表れではないだろうか。だからこそ、その実態をよく知る小沢幹事長は、土地改良事業費の半減を決めたのである。

実際、組織内候補の擁立は見送られることになるが、政府は、土地改良事業費の復活を認めなかった。土地改良事業費は、もともと民主党が農家に対する戸別所得補償制度をつくったとき、その財源としてあて込んでいたものである。したがって、自民党支持団体への制裁という意図ではなく、予定どおりのことであった。

ただし、細野豪志は、野党時代、土地改良事業について国会質問で取り上げようとしたことがあった。しかし、高い集票力を誇り、組織内候補は、自民党最大派閥であった旧田中派・経世会の指定席であった全土連は、いろいろな意味で大きな力を持っている。それゆえ、なかなか切り込むことができなかった。細野は、内心、民主党が与党になっても、土地改良事業費を削減することができるのかどうか心配していた。

が、小沢幹事長は、方針どおり実行した。

## 恒久財源がなかったら、どうするんだ

原口一博《はらぐちかずひろ》総務大臣（当時）は、国会二階にある民主党幹事長室を訪ね、小沢一郎幹事長と意見交換することが多かった。

平成二十二年度予算編成も、官僚とのあいだでさまざまな攻防があった。官僚機構の一部には、政権交代をしたというのに古い枠組みのなかでしかモノを考えられない者がいる。さらにいえば、長いあいだ、省益優先が当たり前になっている高級官僚たちに、いまだ権力が残っている。

原口は、どうしてもそれが突破できず、小沢幹事長のもとに相談に出向いた。

「どうやって、官僚支配を打破していけばいいのでしょうか」

小沢は、アドバイスを送ってくれた。

「きみの言うとおりだと思うよ。ただ、きみが打破すべきと思っている人間も、おれのところに『総務大臣は元気があり過ぎて秩序がなくなり、困っています』というようなことを言いに来ている。それは、本気で仕事をしているということだからいいことだ。しかし、もっと強いリーダーになるには、そういう人たちの抵抗を超えるような理念を出し、きみに従うようにしなさい。彼らは、いままでの政権のど真ん中にいた優秀な人たちであることはまちがいない。きみは、それを超える理念というものをまだ出しえていないので、どうしても真っ向からぶつかってしまう。きみには、それができるはずだから頑張りなさい」

また、原口は、大臣就任当初、小沢が政府と与党を使い分ける二元体制から内閣の下の政策決定に一元化への一環として党の政策調査会を廃止し、内閣や政策決定には口を出さない方針を決めたことについて注文をつけた。

「党は、政策に口を出さないと言っているけれども、そんな無責任な話はない。政府と与党がしょっちゅうやりとりすることによって一体化になるわけでしょう」

小沢は答えた。

「いや、口を出さないというのは積み上げてきたものがあるということなんだ。だから、自分で自分を自制しているだけで、それは頻繁にやるべきだ」

メディアは「小沢独裁」や「権力の二重構造」などと報じたが、実態は異なっていた。小沢は、党首のときは、リーダーとしての役割をきちんと果たすが、党首を支える幹事長という立場になれば、フォロアーに徹し、その分をわきまえている。

原口は、国債発行額が閣議決定される三週間ほど前、鳩山首相に進言した。

「デフレギャップが三十五兆円もあります。こういうなかで古い財政の仕組みにとらわれていてはいけない。財政赤字を発散させないために、財政を健全化するために財政出動という考え方がある。それなのに、四十四兆円以内という枠を設けてしまったら、もう一回、予算案の構成をやらないといけないということになりかねません。そのような枠は、取ったほうがいい。そうすれば、市場も、それを織り込みはじめますから」

鳩山首相も、平野博文《ひらのひろふみ》官房長官も、「そこにはこだわらない」と明言してくれた。

ところが、閣議決定前日の十二月十四日、古い考え方の官僚たちが財務省の政務三役にねじ込んだのであろうか、「四十四兆円以内」と文言が変わってしまった。

十二月十五日午前、首相官邸で協議が開かれた。原口は憤然とし、発言した。

「ぼくは、この書類に署名しません」

部屋は、水を打ったように静まり返った。

原口は、その理由を述べた。

「この文章は、昨日、見たのと違います。誰が変えたんですか。おかしいでしょう。ずいぶん切り込んではいるけども、しがらみの予算を優先し、マニフェストに盛り込んだ政策を実現できないなんて、最初から約束違反といわれるじゃないですか。この『四十四兆円以内』というのは、誰が決めたんですか」

結局、いろいろなやりとりがあり、十二月十五日午前、政府は、追加経済対策として七兆二千億円を計上した平成二十一年度第二次補正予算案と、国債発行額を「約四十四兆円以内に抑えるものとする」などと明記した平成二十二年度予算編成の基本方針を閣議決定した。

じつは、小沢幹事長も、鳩山首相が予算編成に向けて新規国債発行額を「約四十四兆円以内」に抑える意向を固めるまで、平成二十二年夏の参院選で勝利するためにも、四十四兆円を突破してもいいと考えていたという。

しかし、中国から帰国後、鳩山首相の意向を知った小沢幹事長は、高嶋副幹事長らにいった。

「やむを得ないな。総理が決めたことに反対するかのように、党が『五十兆円にしろ』なんていったら国民から総スカンを食う。しかし、四十四兆円以内ということなら、すべてのマニフェストを実現することは無理だな」

高嶋は、参議院側の考えを伝えた。

「四十四兆円以内であっても、特別会計などの埋蔵金を探してくれればできますよ」

小沢は、語気を強めた。

「高嶋君な、この政権を一年か二年で放り出すというのならそれでもいい。だけど、政権を取った以上、来年の参院選にも勝ち、ずっと続けなければいけない。長期安定政権だ。そのときに恒久財源がなかったら、きみは、どうするんだ」

高嶋は、正論をぶつけられ、二の句が継げなかった。

小沢はつづけた。

「埋蔵金の活用で来年度の予算は何とか組めても、次の年は、どうやって組むんだ。子ども手当は、初年度は一万三千円だが、翌年からは倍の二万六千円になるんだよ。埋蔵金は、井戸水とは違う。掘れば掘るほど出てくるようなものではない。恒久財源がなければ組めない。だから、ガソリンなどの暫定税率の廃止はあきらめた方がいい。ガソリン価格が高騰したときは、総理や内閣の判断で暫定税率を一時的に停止できる法的仕組みをつくればいいんだ」

後日談になるが、高嶋が財務省の副大臣らと参院選のマニフェストで子ども手当の倍増を話し合っているとき、彼らは言った。

「子ども手当を二万六千円にしたら、五兆三千億円です。これは、防衛費といっしょですよ」

高嶋は、そのことを小沢に報告した。

「財務省は、『防衛費といっしょですよ』といってますよ」

「きみは、それを聞いて、どう思った?」

「いや、たいした額やと思いますね」

小沢は、一刀両断に切って捨てた。

「そんなもの、子どもが少なくなったら、自衛隊に入る奴は、誰もいなくなるぞ。子どもと自衛隊のどっちが大事だ、と言っておけ」

高嶋は、その観点に感心した。

小沢幹事長は、国債発行額は四十四兆円を突破してもいい、と考えていたという。が、政府が閣議決定した以上、党がそれを覆すわけにはいかない。そこで、小沢は、財源不足をなんとかするため暫定税率の維持を要望したのである。

## きみらは、国民の気持ちをわかってない

平成二十一年十二月十六日夕方、首相官邸で政府と民主党の各種陳情・要望に関する意見交換会が開催された。

政府側は、鳩山首相をはじめ関係閣僚、民主党側は、小沢幹事長が副幹事長ら陳情を取りまとめたメンバー二十四名を引き連れて乗り込み、幹事長室が地方自治体や業界団体からの陳情計約二千八百件を精査し、取りまとめた平成二十二年度予算の民主党の重点要望の十八項目を政府に提出した。

このとき、小沢はマスコミの頭撮りが終わった直後、もう一度立ち上がり、開口一番にこう言った。

「まだ、政治主導ができていない!」

小沢の檄《げき》が飛んだ。

「まだまだ、官僚の影響力から抜け切れていない。もっと、しっかりしなきゃいけない。わたしが悪役を引き受ける。だから、もっと徹底して政治主導をやれ。ちゃんと、やらなきゃならない。自分たちのところには、いまの時点で二千八百もの陳情が届けられている。これが、まさに国民の声なのだ。この国民の声を、よく聞かなければ駄目だ。一回だけのことではないんだ。そのことを、果たしてみなさん、どれだ

け思っておられますか」

鳩山首相以下、主要閣僚を前にしての小沢の言葉だった。

小沢は、さらに念を押した。

「政府のみなさん方は、官僚主導を政治主導にするという我々の基本的なスタンスを、しっかりと覚悟を決めてやってもらわないと困る。この三カ月間の様子を見ていると、ちょっとおかしなところもある。諸団体とのつき合い方が曖昧だ。経団連とか、そういう連中らと安易にやってもらっては困る。我々は、みなさん方が安心して仕事ができる政権基盤づくりを、自信を持ってやるし、任せておいてもらいたい。そのためには、あなた方が曖昧な団体といい加減にやってもらっては困る」

小沢の檄は、藤井裕久財務大臣が経団連幹部と密会し、直接陳情を受けたという報道に釘を刺す意味もあった。

政府側の出席者たちは、緊張した面持ちで神妙に聞き入っていた。

民主党のマニフェスト（政権公約）の中心をなす「子ども手当」は、公約ではすべての子どもに支給としていたが、要望書には所得制限の導入を明記した。

じつは、高嶋が最初につくった原案は、所得制限を明記していなかった。が、小沢、輿石、高嶋、細野の四人で重点要望の取りまとめ作業をしたとき、小沢が主張した。

「所得制限を入れるべきだ」

しかし、高嶋や細野らは、反対した。

「子どもを持つ親は、みんな子ども手当をもらえると思っています。それなのに、所得制限を設けたら来夏の参院選に負けますよ」

するとと、逆に小沢に怒られた。

「きみらは、国民の気持ちをわかっていない」

小沢の思いは、民主党がマニフェストに掲げた「国民の生活が第一」という基本理念に立っていた。

小沢は、平成十九年一月二十九日、安倍晋三首相の施政方針演説に対する代表質問に立ち、党の基本方針に基づき、こう述べている。

「第一に政治は生活。どんなに立派なことをいい、どんなに大きな事業をおこなっても、国民の生活が向上しないのであれば、よい政治といいません。また政治は本来、社会的、経済的に弱い人たちのために存在するのです。あえて極論すれば、強い人たち、いわゆる勝ち組には政治は手を差しのべる必要はなく、むしろ勝ち組に経済や社会を支配させないように公正なルールを定めなければなりません」

つまり、子ども手当に「所得制限を入れるべきだ」と小沢が主張したのも、その考え方に沿ったものであった。

高嶋は、党が政府に重点要望を提出した後におこなわれた世論調査の結果を見て、驚きを隠せなかった。なんと七割以上が、子ども手当に所得制限を設けることに賛成であった。

暫定税率維持は、マスコミなどから「公約違反だ」と批判されたが、小沢とすれば、財源不足という難問を抱えている鳩山政権に助け舟を出し、自ら憎まれ役を買って出たという。

細野によると、小沢幹事長は、重点要望の項目を決めるとき、さかんに気にしていた。

「ガソリン税を下げてくれという要望は、どのくらい来ているのか」

「地方の財源を削られたら大変なことになるという声は、どのくらいあるんだ」

つまり、小沢幹事長の独断ではなく、世論の声を聞いたうえで暫定税率維持を決断したという。

だが、平成二十二年春以降、鳩山由紀夫首相の「最低でも県外移設」との沖縄・米軍普天間基地移設問題をめぐって鳩山内閣の政権担当能力が問われた。

平成二十二年六月一日、小沢幹事長は、鳩山首相と進退を協議する場において、辞意を表明した鳩山とともに幹事長を辞するよう促され、翌六月二日に幹事長を辞任する意向を表明した。

# 第六章

# 第二次安倍政権、権力の攻防

## 石破幹事長外しに走る安倍首相

雪辱を期して、再び自民党総裁に就任した安倍晋三から幹事長に指名されたのが石破茂《いしばしげる》だった。

平成二十四年九月二十六日におこなわれた自民党総裁選が終わり、安倍晋三に敗れた石破茂は、自民党幹事長に就任した。党総裁に次ぐナンバー2の役職である幹事長は、政党人にとっては、憧れのポストでもある。

幹事長に就任した石破は、思った。

〈幹事長の最も重要な任務は選挙だ。各級選挙に絶対に勝たなくてはいけない〉

石破は強い決意を持っていた。父の死後、政界進出の薫陶を受けた田中角栄も、名幹事長として幾度もの選挙で自民党を勝利に導いている。

そんな角栄の直系の弟子を自負する石破は、かねてから思っていた。

〈せめて一度は、幹事長として角栄先生のように国政選挙を采配したい〉

石破茂は、昭和三十二年二月四日、のちに鳥取県知事や参議院議員、自治大臣を務めた石破二朗《いしばじろう》の長男として生まれた。

慶應義塾大学法学部を卒業後、三井銀行（現・三井住友銀行）勤務を経て、田中角栄が領袖を務める木曜クラブの事務局に勤務する。

昭和六十一年の衆議院議員に初当選。平成五年自民党を離党し、翌年新進党結党に参加する。平成九年に自民党に復党した。農林水産総括政務次官、防衛庁副長官などを務めたのち、平成十四年に第一次小泉内閣第一次改造内閣の防衛庁長官として初入閣を果たす。平成十九年には福田康夫内閣の防衛大臣、平成二十年には麻生太郎内閣で農林水産大臣を歴任し、自民党が野党転落後の平成二十一年九月には自民党政務調査会長に就任した。

平成二十四年十一月、民主党は国民の信頼をすっかり失い、再び自民党に風が吹いていた。こうなれば、一日も早く野田佳彦《のだよしひこ》首相に解散を促すのが得策である。

野田政権の任期は翌平成二十五年九月まで、まだ一年近くも残されていた。だから、わざわざ十一月に解散宣言する必要もなかったのだが、野田首相は自民党の「嘘つき」という挑発にまんまと乗ってしまったのである。野田もまた解散のタイミングを見誤り、多くの仲間たちを落選させてしまった。が、自民党にとってはありがたい話だった。

十二月十六日、第四十六回衆議院議員選挙がおこなわれた。

この衆院選で、石破は幹事長として陣頭指揮を執った。

結果、自民党は二百九十四議席を獲得し、圧勝。政権奪還に成功する。三一議席を獲得した公明党と連立するかたちで、第二次安倍内閣が発足する。

石破茂は、第二次安倍内閣発足後、無派閥ながら幹事長を続投した。が、安倍首相はスタートダッシュを試み、内閣と党の要となる人事を差配した。安倍に総裁選出馬を強く進言した菅義偉《すがよしひで》を内閣官房長官、幹事長経験者である細田博之《ほそうだひろゆき》（現・清和研究会会長）を幹事長代行に据えるなど、石破が党内世論や財政的なことに容易に首を突っ込めないよう、親安倍派を石破のお目付け役に配置していった。

石破を支援する鴨下一郎《かもしたいちろう》元厚生労働大臣は思った。

〈ああ、ガッチリと周辺を固められてしまった。どうしたら石破さんの力を削げるかを、安倍チーム（官邸）は、かなり戦略的にお考えになったのだろう〉

当然ながら、この人事には安倍に近い議員たちのなかで、知恵者の意見も大きく影響していた。なかでも内閣官房副長官に就任した世耕弘成《せこうひろしげ》（現・経済産業大臣）はじめ安倍側近たちは、石破に対して非常に強い警戒心を抱いていたと言われる。

この総裁選は石破が勝利してもおかしくない闘いであり、地方票ではむしろ優勢であった。だからこそ、安倍サイドの石破に対する恐怖感、警戒心は非常に強いものだったようだ。しかも、自民党の総理総裁は安倍晋三、福田康夫、麻生太郎と一年での交代が常態化していた。

「今回も安倍さんは、一年で総理を辞めるかもしれない」

その思いは、安倍陣営にも、石破幹事長側にも共通してあった。

が、当の石破は、そうした人事を見ても「自分は安倍総理に近い議員たちから警戒されている」とは感じていなかったようであった。

平成二十一年夏の衆院選で、自民党が下野して以来、石破は、ずっと訴えていた。

「自民党が下野したのは、国民の感情と乖離《かいり》したからだ」

幹事長に就任した石破は、政調会長時代にできなかった自民党の体質を変えることに取り組んだ。

最初にやったことは、永田町の自民党本部の受付のガラスの仕切りを取っ払ったことだった。それまでは、受付の女性たちは、ガラスの仕切りのなかで来客に対応していた。

石破はすぐに指示を出した。

「いまどき銀行だって、あんなことしていない。ガラスの仕切りを取っ払って、党本部に来た人たちに、『いらっしゃいませ、ありがとうございました』と直接声をかけるのが大事なんじゃないか」

党本部の職員たちは抵抗した。が、石破は押し切った。これを変えるのにも、数カ月を要した。

石破は、自民党本部の改革に取り組みはじめた。

〈自民党本部は国会議員のためのものではない。訪れてくれた人々のため、地方の党員のためのものだ〉

かねてからそう思っていた石破は、県会議員や市町村会議員が地方から上京してきたときに、荷物を置いたり、電話をかけたり、コピーができて、一休みできるようなスペースを自民党本部の一階につくろうと模索したり、各派閥の活動について党本部で会合を実施するように提言したりしていた。

衆院選後に重要なのは、翌平成二十五年六月におこなわれる東京都議会議員選挙と七月におこなわれる参議院議員選挙であった。

政権の奪還を果たした衆院選では、有権者のあいだに民主党政権に対する嫌悪感が強かった。そのため、石破は、民主党批判を前面に押し出し、全国をひたすら駆け回るだけで勝利できた。

迫る都議選を前に石破は考えていた。

〈やはり、都議選には参院選の前哨戦としての側面がある。これに圧勝し、続く参院選への勢いをつくる必要がある。一切手を抜かずに、全力でやろう〉

平成二十五年六月二十五日、東京都議会議員選挙がおこなわれた。自民党は、擁立した五九人の候補者全員が当選する圧勝に終わった。現有議席よりも二十人も増やす大勝利だった。石破は、候補者のうち、二人か三人くらい落選する場合も覚悟し、丁寧にテコ入れしていた。が、蓋を開けたら、全員当選だった。

石破は思った。

〈選挙というのは、こういうものなんだ。大逆風のときは何をやってもダメなのに、うまくいくときはビックリするくらいうまくいく〉

都議選からわずか九日後の七月四日、第二十三回参議院選挙が公示された。

この参院選でも、石破の戦い方は徹底していた。

石破は、沖縄から北上する作戦をとった。

沖縄、鹿児島、熊本とまわり、そのあと、今度は激戦区の一つである山形に入った。

この参院選で激戦が予想されていた一人区は四つあった。沖縄、山形、三重、岩手の四選挙区である。

石破は、この四選挙区にはそれぞれ三回ずつ入った。

小さな集会にも応援に行き、「こんなところにまで幹事長が来るのか」と聴衆から驚かれるほどの選挙戦を繰り広げた。

石破は、選挙カーに乗ったときは、自らマイクを持ち続ける。

「自民党幹事長の石破茂です。山形選挙区の大沼瑞穂《おおぬまみずほ》をよろしくお願いします」

そう候補者の名前を連呼してまわった。

石破は強く思っていた。

〈かつて角さんから自分が教えられたように、候補者たちに選挙のやり方を教え込まなければ……〉

七月二十一日、参議院選挙が投票日を迎えた。自民党は、選挙区で四七、比例区で一八の合計六五議席を獲得し、またも圧勝した。

自民党、公明党の合計で七十六議席を獲得。非改選の五十九議席と合わせて過半数を上回る百三十五議席となり、衆参両院で多数派が異なる国会のねじれ状態は解消された。

石破がテコ入れした四選挙区の結果は、二勝二敗だった。岩手と沖縄で敗北したが、山形と三重では勝利をおさめた。石破には敗因がわかっていた。岩手も沖縄も、勝利した相手候補者は民主党公認ではなく、無所属の候補者であった。

石破は思った。

〈民主党の公認候補が相手だったら、勝てたな。残念だった〉

平成二十六年夏、政局の焦点は、九月の第一週におこなわれる内閣改造と自民党の役員人事であった。なかでも注目を集めていたのが、幹事長の石破茂を留任させるかどうかであった。

石破は幹事長として、平成二十四年十二月の衆院選、平成二十五年六月の都議選、七月の参院選と自民党を三連勝に導いていた。のみならず、新人議員たちの教育にも力を入れ、「スパルタ教育」だと批判されることがあっても、将来を思い、議員一人あたりの新規党員獲得目標を課し、罰金制度を導入するなどさまざまな党改革を打ち出していた。

石破は思っていた。

〈幹事長として、自民党の改革をさらに推進し、来年春の統一地方選もなんとしても勝ち抜いて、自民党政権を盤石なものにしなくては……〉

が、安倍首相の思惑は違っていた。

七月二十四日正午、石破は、官邸に赴き、安倍首相と一時間近くにわたって会談をおこなった。当然、話題は、内閣改造と党役員人事であった。

安倍は、この場で石破に安全保障法制担当大臣への就任を打診した。

「集団的自衛権の関連法案は難しい。なかなか答弁できる人はいません。石破幹事長にお願いしたい」

石破は言った。

「幹事長としてやりたい仕事があります」

安倍はこの人事によって、党ナンバー2の幹事長職を解き、閣内に石破を取り込み「ポスト安倍」の動きを封じ、平成二十七年九月におこなわれる自民党総裁選への出馬の芽を摘むと思惑があった、と見られていた。「角福戦争」の派閥間の抗争が激しい七十年代であれば、党を二分する一大権力闘争が巻き起こっても不思議ではない。

これに先立つ平成二十六年七月一日、安倍政権は、臨時閣議を開き、憲法九条の解釈を変更し、集団的自衛権の行使を一部容認すると決定した。政府は、集団的自衛権について昭和五十六年の政府答弁書の「憲法上許されない」との見解を堅持してきたが、安全保障環境の変化を理由にその一部容認に踏み切った。その内容としては、「そのまま放置すれば我が国の安全保障上に重大な影響がおよぶ事態」ということであり、あくまでも自国防衛の延長線上にあるような集団的自衛権行使の一部容認ではあるが、戦後日本の安保政策が大きく転換することになった、と言いうるものだった。

安全保障法制担当大臣は、この閣議決定にともない、翌平成二十七年の通常国会に提出する予定の安全保障関連法案を管轄するために設置されるものであった。

安倍首相は、安全保障政策に精通し、答弁能力の高い石破を起用することで、法案の審議をスムーズに乗り切る戦略でもあったのだろう。

総裁選で党員からの圧倒的な支持を得ていた石破の存在は、安倍首相にとってそれだけ脅威であったということであろうか。また、安倍が石破の閣内取り込みに躍起になっていたことは、石破以外に安倍の再選を脅かすような有力な候補者が自民党内にいない事実を物語ってもいた。

実際、八月五日におこなわれた自民党の全国都道府県連の幹事長会議では、石破の人気を証明するかのように、各都道府県連の幹事長たちから石破の幹事長続投を要望する声が多く上がっていた。

石破は、安倍からの打診に対して、難色を示した。それには理由があった。

そもそも石破と安倍では、安全保障や集団的自衛権に対する考え方が異なっていた。

もし石破が持論を変えた答弁をした場合、自身のこれまでの政策や信念を否定することになる。国防や安全保障は、石破の長年のライフワークだ。これまでの信条を覆すようなことは、政治家としてできなかった。

石破は、自らの懸念について安倍に伝えた。

「総理、わたしが担当閣僚になったら、閣内不一致として騒がれてしまいます」

だが、安倍の反応は芳しいものではなかった。

八月二十五日、石破幹事長は、安倍首相の側近の萩生田光一《はぎうだこういち》自民党総裁特別補佐（現・幹事長代行）と党本部で会談した。この会談で、石破は、安全保障法制担当大臣への就任を断った。その後にTBSのラジオに出演した際にも、自分の就任を否定し、「総理と考え方が同じ人が適任だ」と語った。

八月二十九日午前十一時五十分、石破は、官邸で再び安倍と会談した。

この会談で、安倍総理は、石破に地方創生担当大臣への就任を要請した。

「安倍内閣の課題である地方創生を担当してくれませんか。あなたは鳥取県という過疎化、高齢化が特に進んでいる地域の選出です。過去には農林水産大臣も務めていますし、自民党幹事長として全国各地もまわっています。その経験を生かし、地方創生の旗振り役をお願いします」

石破は応じた。

「わかりました」

こうして石破の地方創生担当大臣への就任と幹事長からの退任が決まった。

## 保守本流と谷垣禎一

第二次安倍内閣で、安倍首相が石破茂の後任の自民党幹事長に起用したのは、谷垣禎一《たにがきさだかず》だった。

安倍晋三は、平成二十四年十二月、アベノミクスを掲げた第二次安倍内閣を発足させた。

安倍は、年齢や政治路線、思想信条といったことを超えて、野党時代、自民党総裁として励んだ谷垣禎一の功績を評価していた。第二次安倍内閣発足にあたって、谷垣を法務大臣に据えたのもその証しであろう。さらに、ほぼ二年後には、谷垣を幹事長に据えた。

逢沢一郎《あいさわいちろう》ら谷垣を支える者にとっては、驚くべき人事だった。このまま安倍内閣の下で要職を担いつづけていれば、ポスト安倍の有力候補として押し上げられたにちがいない。本人も意欲にあふれていた。

谷垣禎一は、昭和二十年三月七日、京都府福知山市《ふくちやま》に、のちに文部大臣を務める谷垣専一《たにがきせんいち》の長男として生まれた。麻布中学校・高等学校、東京大学法学部を卒業後、司法試験を数回受験し、合格。昭和五十七年に弁護士登録した。

翌昭和五十八年に父・専一の死去にともなう衆議院議員補欠選挙に出馬し、初当選。政界入りしたのちは宏池会に所属し、平成九年に第二次橋本改造内閣の科学技術庁長官として初入閣。平成十二年には、第二次小渕内閣・森内閣の国務大臣・金融再生委員会委員長に就任する。

小泉内閣では、平成十五年から三年間財務大臣を務め、ポスト小泉の有力候補として安倍晋三らとともに〝麻垣康三〟の一人として注目される。

平成十七年には、加藤紘一から派閥を引き継ぎ、谷垣派の会長に就任。翌十八年には、自民党総裁選に出馬し、安倍晋三に敗れる。平成十九年には自民党政調会長、翌二十年には国土交通大臣に就任する。

平成二十一年の衆院選で自民党が大敗したのちに、総選挙大敗で総裁を辞任した麻生太郎の後任として第二十四代自民党総裁に就任する。

谷垣は、幹事長時代、筆者に結党以来六十年の自民党史について、振り返って語った。

「自由民主党は、結党当初から多くの派閥がありました。それはもちろん派閥集団でもあり、一方で、そのルーツには政党がありました。(吉田茂《よしだしげる》系の)自由党や(鳩山一郎《はとやまいちろう》系の)日本民主党、改進党、国民協同党などです。ですから、自由民主党は、派閥の連合体でもあり、党派、会派の集合体のようなところもありました。派閥にも歴史があるわけですから、それぞれの政策や思想ももちろん、違います。

小泉政権以降は、清和会がずっと主流ですが、かつては現在の平成研究会(旧田中派、竹下派)や、宏池会(池田勇人が創設)がいわゆる保守本流と呼ばれていました。

佐藤栄作さんや、田中(角栄)派、池田勇人・大平正芳の流れの宏池会が政権を担っていた時期が長かったですからね」

自民党内には、細田派、額賀派、岸田派、麻生派、二階派、石破派、石原派と多くの派閥が存在している。が、平成二十七年秋の自民党総裁選で安倍晋三は、無投票再選を果たした。

かつてのように派閥のリーダーが宰相を目指して、激しい総裁選を争うようなことは減ってきている。

そのことについても、谷垣は語った。

「現在の自民党において派閥間での抗争は、かつてのように激しくありません。やはり、自民党が野党になった影響が大きいと思います。

それともう一つ、我々が野党のときに政権を担っていた民主党の党内抗争の激しさを見ていたこともあります。多くの国民がその姿に失望していたことを知っていますからね。同じような轍《てつ》を踏まないぞ、と思っている議員も多いのです。

自民党も長期政権的に与党を続けていた時代には、昭和五十四年十月七日の衆議院選挙の自民党敗北から、十一月二十日の第二次大平内閣の本格的発足までの四十日間の自民党内での抗争、いわゆる『四十日抗争』をはじめとして、党が分裂寸前までいくような激しい抗争をしていました。

しかし、小選挙区制度の下では、いつでも与党が野党に転落してしまう可能性があります。

自民党以外に政権を狙う政党がいない中選挙区時代であったのなら、党内で多少喧嘩をしてもよかったのでしょう。ですが、自民党以外にも政権を狙う政党がいる状況で、身内で揉めていたら、国民から見放されてしまい、政権も失いかねない。その感覚は多くの議員が共有していますよ。結果的に一度、野党に転落したことにより、その危機感から党内にまとまりができたとも言えますね」

## 安倍一強は民主党政権の逆バネ

現在の自民党は、安倍首相をはじめとして、清和会（細田派）が主流になっている。そのため、かつての自民党に比べて右傾化していると指摘されることも多い。

その点についても、谷垣は率直に語った。

「ある人が言った表現ですが、旧田中派は、まさに自民党そのものであって、上半身も下半身もそろって自民党そのものだと。そして、宏池会はどちらかというと下半身があまり強くなくて、上半身中心の自民党だと。それに対して、やや右寄りの思想集団がいまの清和会の流れだと言った人がいます。

いまの自民党が右寄りになっているのは、比較的左寄りでリベラルな民主党政権があったことの逆バネ現象でもあると思うんです。

わたし自身の印象でも、野田（佳彦）政権には、違和感はあまり感じませんでしたが、鳩山（由紀夫）、菅（直人）政権は、ちょっとリベラルに振れすぎていたと思うんです。

それに対して、自民党全体が右バネを張ったというか、やはりリベラルな民主党政権の問題点を批判していくなかで、より右寄りのポジショニングを取るようになったのではないでしょうか。

ですが、自民党には多様な議員がいますから、振り子の論理は、まったくなくなったわけではありません。私は、党内から幅広い議論が出てくる素地は、まだ残っているんじゃないかと思っています」

安倍首相の採用している経済政策「アベノミクス」についても谷垣は語った。

「アベノミクスについては、必然的なところもあると思います。特にアベノミクスがスタートした当時のことを考えると、アメリカやヨーロッパは以前から相当、金融緩和をおこなっていました。それに対して、日本の政策は、比較的オーソドックスなものでした。

そうすると、思い切った政策をとったアメリカやヨーロッパに対して、オーソドックスな政策を採用している日本にしわ寄せがきて、激しい円高が進んだところがありました。

その点から考えると、黒田東彦《くろだはるひこ》日銀総裁がやった金融政策は必然だったと思います」

自民党は、政権中枢には、副総理兼財務大臣の麻生太郎、自民党執行部には、幹事長の谷垣のほかに、総務会長を務める二階俊博（現・幹事長）と安倍首相よりも年配の経験豊富なベテラン議員が要職を占めている。

そのことについても、谷垣は語った。

「いまの自民党政権のことを『シニア政権』だと指摘する人もいます。ですが、三十年以上も政治家をやっていますと、問題点や政治の流れなどは、ある程度、経験によって読めるものがあるわけです。そういうものも政治の世界には必要だと思っています。例えば、熊本や大分での地震による被害も、過去の阪神淡路大震災や、新潟県中越地震、東日本大震災の際に政治家として対応した経験があると、災害時の対応の勘所もわかってきます。ですから、シニア政権もいいところはあると思っています。

もちろん、若い議員たちに、もうちょっと奮起してほしい、という気持ちも持っています」

## 田中角栄にあった〝大らかさ〟

近年、再ブームになっている田中角栄についても、谷垣は語った。

「わたしは、昭和五十八年の補欠選挙で初当選しました。そのころは、まだ田中先生は、現役の議員でした。ですから、お会いしたことはもちろんあります。

田中先生が活躍された時代は、戦後の貧しい時期から、高度成長期に向かう戦後の日本社会の性格が作られていった時代です。

その時代も、さまざまな問題がありましたが、全体としては先の展望がある時代だったと思うんです。

現代は、非常に先の展望が見えにくい時代になっていると思うんです。これは日本だけの話ではなく、アメリカの大統領選挙でのドナルド・トランプ氏の躍進などを見ていてもわかるように、安定したバランスの取れた人よりも、閉塞感を打ち壊すような期待を抱かせる激しい印象の人を求めるところがあるのかな、と思います。

私から見て、田中先生の魅力は、ある種の大らかさを持っていたことではないかな、と思います。

大平（正芳）先生のアー、ウーもモノマネをされていましたが、田中先生ほど政治家でモノマネされ親しまれた人もいなかったですよね」

## 新しい日米関係

日米関係についても、谷垣は語った。

「自民党が結党されてからの六十年に限らず、明治以降の歴史について考えると、各国との距離の取り方が日本の外交の距離をつくっていると思います。

アメリカとの関係でいえば、ドナルド・トランプ氏が大統領選中（インタビュー当時）、彼が言っていることには、ムチャクチャなことも多いですが、鋭いことを言っていることもあるんですね。例えば、アメリカは日本を守る義務はあるけれども、日本はアメリカを守る義務はない、そんなことはおかしいじゃないか、と言っています。

日本がフリーライド（タダ乗り）をしていると言う人はこれまでにもいました。が、大統領候補になるような政治家で、声高にそういうことを言う人は、これまであまりいませんでした。

トランプ氏が指摘している問題は、日本とアメリカの同盟関係において存在する非常に難しい問題をえぐり出していると言えないことはありません。ですから、トランプ氏が勝つか勝たないか、だけではなく、今後の日米関係をどうしていくか、ということを考えながら、アメリカの世論や、アメリカの対日観、あるいは外交政策に今後どういう変化があるのか、非常に注視しないといけません」

## 中華思想――歴史に内包された中国の本能

日中関係は、今後どうあるべきか、についても谷垣は語った。

「中国の問題は、一貫したところがあって、中国には、十九世紀に入って清《シン》朝の終わりぐらいから国力が低下して、日本を含める西洋各国の脅威にさらされた、という被害者意識があります。

しかし、彼らは、その一方で中国が世界の中心であるという中華思想も強く持っています。それが具体的にどういうところに現れるかというと、彼らの考える中華思想が、国際法の秩序と矛盾する場合があるわけなんです。それは中国の持つ対外的な領土的欲求に現れていると思います。

だからといって、中国も国際法を否定しているわけではありません。むしろ、自分たちに都合の悪いところを薄めて、都合のよいところを使おうと、極めてプラグマティックに国際法を研究していると言っていいかもしれません。

中国も、これまでの国際法による秩序を否定するわけではないのでしょうが、今後も、海洋などの国境線をめぐる軋轢《あつれき》は色々あると思わないといけません。中国の領土的欲求は、歴史的に内在された本能のようなところもあります。なので、その本能が表に出てくると厄介です。

隣国の日本としては、実力をもって、それを押さえ込むということは、難しい。ですから、中国を国際法秩序のなかに引っ張りこみつつ、共存関係を保っていくような関係を模索していかなければなりません。かつてに比べれば、日本と中国の経済的な関係も、相互に依存しなければいけない密接なものになってきています。だから、折り合いをつけて、良好な関係を築いていくことも難しくはないと思っています」

## 韓国のジレンマ

日本と韓国との関係についても、谷垣は語った。

「韓国は、ずいぶん成長しましたが、民族分断の歴史もありますし、周囲には中国や日本があり、アメリカの影響も受けざるを得ない立場にあります。そこに韓国の苦労があります。自国よりもボリュームの大きい国に取り囲まれた状況のなかで、どうやって自分の国を立てていこうか、という難しいジレンマがあるわけです。

隣国の日本は、その韓国の難しい状況、立場をある程度、理解する必要があると私は思っています。もちろん、韓国があまりにも突飛な主張をしてきた場合は、毅然と対応する必要もあります。ですが、相手の国の置かれている状況に対するシンパシーを持たないと、うまく付き合えないと思います」

## 日中がコントロールできなかったナショナリズム

自民党は、平成二十七年十二月二十二日、明治以降の歴史を研究する新組織「歴史を学び未来を考える本部」の初会合を党本部で開いた。本部は、安倍晋三首相（党総裁）の直轄機関で、有識者を招いて連合国軍総司令部（GHQ）による占領政策や現行憲法の制定過程などを研究する。谷垣は幹事長として、この新組織の本部長を務めていた。

谷垣が、それについて語った。

「稲田朋美《いなだともみ》政調会長（当時）に頼まれて、国会議員も歴史をきちんと学ぶべきだ、と思い、本部長を引き受けることにしました。

私自身としては、韓国との関係では、第二次世界大戦から入るのではなく、日清戦争から振り返ったほうがいい、とアドバイスをしました。そのかいもあってか、結局、明治維新から現在までを対象として勉強することになりました。

じつは、わたしの母方の祖父にあたる影佐禎昭《かげささだあき》（元陸軍中将）は、陸軍参謀本部で主に中国方面を担当していました。対中強硬派の暴れん坊だったらしいです。

終戦時は、パプアニューギニアのラバウルで師団長を務めていました。そこでメモワールを書いていたんですね。軍人が敗色濃厚ななかで書いた記録は、自己弁明もかなりあると思います。が、そこに書いてあったことは、表現は忘れましたが、主に自分が支那民族主義の動向をいかに読み誤ったか、ということについて書いているんです。

それには二つ意味があって、日本が、いたずらに中国のナショナリズムを刺激した面があるというのが一つ。もう一つは、中国政府自身も自国の極端なナショナリズムをコントロールすることができなかったということなんです。

結局、明治以降の日本の歴史を考えたときには、ナショナリズムの問題と向き合わなくてはいけません。やはり、日本が近代国家をつくっていくためには必要なものだったわけです。そしてそれは、日本だけでなく、中国や韓国にも必要なものだったと思います。

西洋の列強各国の圧力を前にして、近代国家を成立させていくことは、相当な苦労があるわけです。だから、おたがいのナショナリズムの拠ってきた由縁を理解するためにも、歴史を学ぶ必要があるわけです。

平二十七年の夏に安倍総理が戦後七十年談話を出しました。その際に、有識者の方から、『もう一回、近代史現代史をきちんと勉強すべきだ』という提言がありました。

それならまずは政治家から、もう一回勉強しなきゃだなと思って今回、発足したわけです」

## 国民統合が与党の責任

平成二十七年九月、平和安全法制が成立する際に、谷垣は、安倍首相に対して、「おじいさんの岸（信介）さんの役だけでなく、次は池田勇人さんになってください」とアドバイスをしたと報道された。

これは、昭和三十五年、安倍の祖父の岸信介首相が日米安保条約改定後に退陣したのち、「軽武装経済重視」路線の池田勇人首相が登場し、経済政策に力を入れたことに起因している。

このことについて谷垣は語った。

「岸総理が退陣された昭和三十五年、私自身は、麻布高校の高校一年生でした。当時、『世界』などのオピニオン誌を読むと、平和安全法制は戦争法案だという現在の報道と同じような議論が載っていました。この年の六月に東大の女子大生である樺美智子《かんばみちこ》さんが亡くなる事件がありました。その後、岸さんは、安保成立直後、七月半ばに退陣します。

それで所得倍増政策を掲げた池田政権が誕生し、この年の十一月に総選挙をすると、自民党が大勝しているんですね。それでガラッと雰囲気が変わったんです。

わたしは、安倍総理に、『おじいさんがおやりになった安保も、当時は反対が多くても、いまはおおいに評価されています。だからこの平和安全法制もおそらく同じように評価されるはずです。

このあとは、岸総理のあとの池田総理が高度経済成長という国民共通の目標を掲げて局面を展開したように、安保関連法の議論で国民が左右に分かれた後は、分かれた国民がまた一緒になれるような国民共通の目標をつくるべきですよ』という主旨のことを言いました。

野党の政治家や社会運動家なら、国民統合を考えなくてもいいと思いますが、与党は、国民を分裂させるようなことばかり提案してはいけません。

もちろん平和安全法制のように、国民のあいだの亀裂を一時的に深めても、必要なことであればやらなくてはいけませんが、その一方で、国民統合を常に意識する目線も与党の政治家は持たなくてはいけません。

池田総理は、岸総理からのバトンを受けたあとに、高度経済成長を掲げました。

ですが、岸総理も、もし安保成立後に政権をつづけた場合は、同じようなことをやったと思います。わたしは、政治の一大目標は、国民統合だと思っています。現在の日本国憲法には、天皇陛下について、『日本国民統合の象徴である』と書いてありますが、これこそ素晴らしい文句だなと思いますね」

## 我々は憲法改正の初心者

自民党の党是である憲法改正。安倍首相は、今後、憲法改正を進めていくことを明らかにしている。谷垣は、憲法改正についても語った。

「自民党ができた時に、自主憲法制定の議論が起きたのは、やっぱり、現行憲法がGHQの占領下で制定されたものだという背景があったからだと思います。押し付けられたのか、それとも自主的に策定したのかが論争の種になっています。ですが、自民党のなかには、いまの憲法が自主的なものではない、という意見が強かったわけです。

憲法の出生上の問題点はさておいて、制定から七十年も経つと、時代の変化に合わせてこの部分はどうだろうか、という部分もたくさんあると思います。公職選挙法についてや、二院制についてもそうです。自衛隊についての議論はもちろん、私学助成についても議論になることはあります。

憲法改正については、衆参両院の三分の二の多数で可決してから、国民投票にかけることになっています。これは非常に難しい改正規定になっている。

しかも、日本は、明治のはじめに大日本帝国憲法をつくって以来、自分たちの手で憲法改正の手続きをしたことが一度もありません。つまり、我々は初心者なんですね。だから、初心者があんまり大それたことをやろうとしても、うまくいくかはわかりません。現実には、初心者は初心者らしく、野党第一党を巻き込んで、国民の大多数が同意できるような憲法改正をやる方がよいのではないでしょうか。最初から右と左で激突するような憲法改正を提議するのは、少し危なっかしいかなと思います。

平成二十七年の十月に自民党憲法改正推進本部長の人事を話し合った際に、私は、安倍総理の目指す憲法改正をガンガン主張する人を選ぶ手法と、現実的に考えて野党第一党を巻き込むやり方の二つの考え方があると言いました。本部長に就任したのは、森英介《もりえいすけ》元法務大臣ですが、森さんの本部長起用は後者を見据えた人事ではないかと私は思っています」

ところが、残念ながら谷垣禎一幹事長は、平成二十八年七月十六日、趣味のサイクリングを楽しんでいる最中に転倒。頸髄損傷で入院し幹事長の続投が困難になった。谷垣は、平成二十九年九月二十五日には政界引退を発表した。

本インタビューは平成二十八年六月におこなったが、保守本流の政治家・谷垣禎一の戦後観、自民党ハト派の論客の本質を直截的に物語っている。

# 第七章

## 最後の寝業師・二階俊博

## 安倍と二階の相関関係

二階俊博は、平成二十八年八月三日の自民党役員人事で、安倍晋三首相から幹事長に指名された。その直前まで、幹事長の職に就いていた谷垣禎一が、七月十六日、趣味のサイクリング中に転倒。当初、谷垣幹事長のけがの程度は軽いとされていたが、八月三日の党人事までの復帰は困難な状況であることが判明、幹事長職の続行は難しいとの結論が出た。

二階は、南米ペルーを訪問中に安倍からの電話を受けた。八月一日に一人で官邸に来てほしいという。

〈〝一人で来てほしい〟ということは、人事面の相談事だろうな〉

二階にはそう察しがついた。

帰国した二階は、八月一日の午前十一時、官邸を訪れた。安倍から、こう告げられた。

「幹事長をお引き受けいただきたい。すべてをお任せします」

その言葉を受けて、二階は思った。

〈大変重要な役割を命ぜられた。全力を尽くして、総理を支えていかなくては〉

二階は近年の自民党幹事長と比べると、明らかに「重量級」。二階派は年々勢力を伸長しており、党務経験も豊富だ。「実力者」を重要ポストに就けたことで、二年三カ月にわたって「官邸主導」で切り盛りしてきた政権運営の形が変わる可能性もある。要職を歴任しながら、過去の衆議院選挙で二階は党公認候補以外を応援したこともある。そうした候補は、無所属のまま二階派の一員として活動している。

そんな二階が幹事長に就任する人事は自民党内の一部からは必ずしも好意的に見られてはいなかった。

それでも安倍が二階を頼ったのはなぜか。

まずは、二階の「黒子に徹する忠誠心」。平成二十七年九月の総裁選において、二階派は、他派に先行して安倍の再選支持を表明した。

平成二十八年七月の参議院選挙直後には、当時、総務会長だった二階は安倍の総裁任期延長を容認する考えをいち早く打ち出した。自民党幹部も「選挙後すぐの任期延長論はうまい」と唸らざるを得なかった。平成二十九年三月五日の自民党大会では、総裁任期の党則改正が行われ、「二期六年」から「三期九年」に変更された。

おそらく二階独特の勘で延長論について言及したのだろう。

安倍の悲願は憲法改正。それに向けた議論を進めていくうえで与党内に睨みが利き、野党にも豊富な人脈を持ち、〝寝業師〟幹事長・金丸信を彷彿させる、二階の成熟した手腕への期待もある。

平成五年、二階は小沢一郎らとともに自民党を割って出た。復党後、経済産業大臣、党総務会長など重要ポストを歴任。二階派の領袖でもある。二階は連立を組む公明党にも顔が利く。自民党で多数を占める官僚出身者や世襲議員とは肌合いの違う、生粋の「党人派」である。

安倍や官邸が最も期待を寄せるのは、党外交における独自色ではないか。中国や韓国をはじめアジア諸国との関係の深さでは、二階の右に出る者はいない。官邸や外務省には中韓両国との主だったチャンネルはない。二階が地道に草の根で育んできた伝手《つて》がものをいう時が来た。

かつて衆議院副議長や、自治大臣、厚生大臣、通産大臣などを歴任し、平成二十四年十一月に民主党顧問を最後に引退した渡部恒三は、二階をよく知る一人である。

渡部は、二階が自民党幹事長に就任してから一カ月近くが経った平成二十八年九月二日、都内の料理店で二階と会食した。

二階にとって、渡部は、田中角栄元首相が率いた自民党田中派の先輩にあたる。

渡部は、その席で語った。

「最近、新聞を読まなくなったが、二階幹事長になってから読むようになった。田中幹事長以来の幹事長だ。残りの人は、忘れた」

渡部は、二階を幹事長にした安倍の人事を絶賛した。

「やっぱり、戦後の歴代の自民党幹事長を見てきたけど、田中（角栄）幹事長が一番。その次が二階幹事長。安倍総理もワンマンなところがあるけれど、その欠点を補える人事だ。また、中国ともパイプがあるし、安倍総理のようなタカ派なところもないから、多くの人たちが安心感を持って見ることができる。残念ながら、この人事のおかげで安倍政権は続いてしまうよ」

渡部は、田中角栄と二階の違いについても語った。

「ちょっと比較するのは無理。田中角栄は、まさに天才政治家。二階君はそんな天才ではないものの、地味だけど、非常に立派な実績をつくってコツコツとやっていくタイプだ。まさに努力の人。一度は自分たちと一緒に自民党を出たけれども、いまの自民党では、最高の適任者。二階君のほかに誰がいるのか」

自民党を飛び出し、新生党、新進党と行動をともにした後、二階は、自由党、保守党、保守新党を経て、自民党に。一方、渡部は、衆議院副議長を務めたあと、無所属、そして民主党と袂を分かった。

だが、渡部と二階の人間関係は党派を越えて、変わることはなかった。

渡部は、小選挙区制が導入されたことにより、かつての中選挙区時代のように政治家がそれぞれ人間性を磨き、切磋琢磨する雰囲気がなくなったと嘆く。

「田中角栄ブームが起こったように、いまの政治家は弱い立場の人の気持ちがわかるような政治家がいなくなってしまった。それは与野党含めてで、与党も野党も、国会議員がみんなエリート・サラリーマンになっている。そういうなかで田中角栄の時代を思い出させる政治家は二階俊博ただ一人。十年後、二十年後、三十年後の日本を考えたら、本当に心配だ」

二階は長い政治家生活のなかで、複数の官邸を見てきている。その経験からしても、第一次安倍内閣と比較して、第二次安倍内閣の人事面の采配はとてもうまくいっていると感じているという。

例えば、人事でいうと、菅義偉官房長官については、安倍総理と最も気が合う人材を登用していると感じる。具体的には、総理に話した内容は、官房長官に言わなくても必ず伝わっている。

また、官房長官に話をとおせば、総理にも必ず伝達される。この両者の信頼関係が、内閣運営において大きな効果を発揮しているという。

人材登用の面はもちろんだが、安倍総理は自信と経験を蓄え、演説もずいぶん上達した、と二階は思う。

また、ひところ（第一次安倍政権から野田政権まで）は首相が一年交代という時期があった。しかし、現在の第二次安倍政権は長期政権として安定し、諸外国との外交交渉の際にも有利に働いている。

時折、二階は記者から質問を受けることがある。

「ポスト安倍は、誰ですか？」

「安倍総理の後は、安倍総理です」

二階はいう。じっくり長期政権で政治に取り組むことにより、ＴＰＰにしろ、アメリカのトランプ新大統領との関係にしろ、国際社会、国際政治の場で日本がリーダーシップを取るようになるだろう。各国の首脳が集まる場で、安倍総理が中央にいる。その姿を見て、二階は、日本が国力を付けてきたと同時に、安倍総理自身が能力を高めてきていることを強く感じるという。

二階は、第一次安倍内閣と第二次安倍内閣の違いは、安倍総理に対する党内の評価、世間的な評判が大きく向上した点だと考えている。二階の長い議員経験から見ても、これはやはり、安倍総理自身が自信を持って政治に取り組んでいるからにほかならないという。

昔から、新たな宰相が就任すると、党内からなるべくその内閣を早く終わらせようとする勢力が現れる。政治目標の一つとして、内閣を潰しにかかるようなグループが存在する。

しかし、安倍内閣に関しては、少なくとも自民党内には、総理の座から引きずり降ろそうなどと考えている者はいない、と二階は見ている。みなが、安倍の政治手腕に満足しているという。

なぜ、地球儀を俯瞰するという安倍外交は順調なのか。

それは、安倍が祖父の岸信介元総理、父親の安倍晋太郎元外務大臣と、大物政治家に囲まれて育ってきたという家庭環境も大きい、と二階は考えている。首脳外交による経済効果はすでに十兆円を超えている。

平成二十七年八月、二階率いる志帥会《しすいかい》は、埼玉県秩父《ちちぶ》での夏期研修会で九月の自民党総裁選を前に全会一致で安倍総裁の再選を支持する旨を記した書状を作成している。

二階は語る。

「派閥なんてね、一致団結しなければ何の意味もない。一人でも欠ける者が出たり、消極的賛成なんてあったりしたら価値がないんだ。さらに言えば、当然、決断は早い方が良い」

全員の意見をそろえるために、二階は一人ひとりに意見を聞き調整をおこなった。派閥内、党内の人員がバラバラの動きをしているようでは、ダイナミックな政治はできない。

多少の意見の食い違いで、仲間割れをするようでは、団結して政治に取り組むことはできない。構成員全員の意志を一致させられるということこそが、自民党の歴史の重みだと二階は感じている。

## これから糸魚川に行くぞ

平成二十八年十二月二十二日の昼前から二十三日の夕方まで、新潟県糸魚川《いといがわ》市で大規模火災が発生した。

糸魚川駅近くの中華料理店で発生したこの火事は、強い南風が吹いていたことや、発生地域が昭和初期に建造された雁木造の商店街や木造住宅の密集地域であったことにより、日本海方向に拡大、延焼した。

その規模は、多発的に出火する地震や津波の二次災害を除いて、国内単一出火の延焼では、過去二十年間で最大となった。

人的被害は、消防団員十五名を含めて、負傷者十七名で、死者は発生しなかった。

この災害からの復興にいち早く動いたのが自民党幹事長の二階俊博であった。

二階は、被害状況を聞き、思った。

〈これは、自然災害以外のなにものでもない。被災者生活再建支援法が絶対に適用されるべきだ〉

被災者生活再建支援法は、自然災害の被災者への支援を目的とした法律で、阪神・淡路大震災をきっかけに平成十年に成立した。

この法律が適用されると、住宅の被害程度に応じて、全壊した自宅を新築で再建した場合は最大三百万円、大規模半壊で新築した場合は最大二百五十万円などが支給される。また、新潟県、糸魚川市の制度で上乗せ額は全壊が百万円、半壊が五十万円である。

新潟県内では、平成十六年の中越地震で適用された。また、平成十九年の中越沖地震を契機に、それまで家財道具購入などに限られていた用途が住宅再建などにも拡大された。

だが、この法律はこれまで地震による被害などが中心で、火災による被害での適用はなかった。

しかし、二階は適用するべきだと強く思っていた。すぐさま、自民党として取り組みはじめた。

十二月二十七日には、自民党災害対策特別委員会・総務部会の合同会議を開催した。

この会議で、すでに現地視察をおこなった自民党新潟県連の報告や要請を踏まえて、今回の火災災害を強風による「自然災害」と位置づけて、被災者生活再建支援制度を活用することができないか、政府に早急の検討を求めることを決定した。

こうした声を受けて、政府内でも検討が進んでいく。松本純《まつもとじゅん》防災担当大臣、麻生太郎財務大臣らが調整し、最終的に安倍首相が適用を決断した。

こうして火災では初めてとなる支援金の支給をおこなうことが決まったのだ。

自民党の幹事長代理を務める林幹雄《はやしもとお》衆議院議員は、ホッと胸を撫で下ろしていた。

〈よかった。住宅再建のメドが立ち、被災者の方たちも安心して年が越せるな〉

林は、会議終了後、自民党幹事長室を訪れ、二階に言った。

「幹事長、すぐに適用が決まってよかったですね」

そう言って、林は幹事長室を引き上げようとした。

その林の後ろ姿に、二階から声がかかった。

「よし、これから現地に行くぞ」

林は驚いた。

「えっ、幹事長、いまからですか？」

二階が続けた。

「せっかく決まったんだったら、すぐに報告しに行こう。それに現地の視察をして激励もしなきゃダメだ。この寒空の下、被災者の方たちは不安になっているだろうから励まさないといけない。それだけじゃなく、今後についての要望もあるだろうから、それも聞いて次の取り組みに進まないといけない」

「わかりました」

林はすぐに糸魚川市まで視察に向かう調整に取りかかった。なにせ年の瀬の十二月三十日である。一年のうちでもっとも飛行機や新幹線のチケットが取りにくい時期だ。

すぐに調べた。飛行機も北陸新幹線も、ほぼ売り切れだった。

林は困った。

〈どうするか、こうなったら、ヘリをチャーターするしかないか……〉

そう思ってヘリコプターの運航会社に問い合わせてみた。だが、それも無理だった。

〈最悪、バスをチャーターして一晩かけて行くしかないか……〉

そう思っているとき、たまたま羽田空港発富山空港行きの最終便である全日空三百二十一便が十三席ほど、空席があることがわかった。

林はすぐに言った。

「よし、それを押さえてくれ」

富山市から新潟県の西端にある糸魚川市まで車で一時間ほどだ。

林は、富山市で一泊したのち、翌日の朝早くから視察するスケジュールを組んだ。

と同時に、米山隆一《よねやまりゅういち》新潟県知事や糸魚川市の米田徹《よねだとおる》市長など現地の対策本部にもすぐに連絡した。

じつは、被災者生活再建支援制度の適用のほかに、もう一つ心配事があった。

それは、火災により大量に出現したがれきの処理費であった。火事の場合は、本来がれきの処理は自己負担になる。がれきの処理費をめぐっては、糸魚川市は、原則として八割を負担し、所有者の負担は二割を上限にする方針を示していた。

だが、自然災害の指定を受けるとそれも自己負担がゼロになる。被災者にとってみれば、その方が経済的な負担は軽減されるし、復興に向けた足がかりにもなる。

二階は、糸魚川市役所で米山知事、米田徹市長らと意見交換した際に語った。

「災害廃棄物（がれき）の処理費は被災した方々の心配事なので、個人負担はゼロにしよう」

その後、二階たちは、被災現場を視察した。

火災からまだ一週間ほどだったため、市の中心部には深刻な火災の傷跡が残っていた。

二階は、報道陣に対し、個人負担ゼロの方針について語った。

「この方針どおりやる。一つひとつ市長や知事とよく相談しながら対応したい」

二階の発言を受けて、米田市長は、この日午後の記者会見で語った。

「力強い言葉をいただいた。国が費用を何割負担するかなど、詳細は年明けに協議したい」

視察を終えると、二階たち一行は北陸新幹線で夕方に帰京した。

二階の行動は、その後も迅速だった。

現地でのヒアリングをおこなうと、すぐさま聞いた五項目の要望について、自民党の災害対策特別委員長の三原朝彦《みはらあさひこ》に指示を飛ばした。

「委員長、この要望をいますぐ各省庁に伝えてくれ。三十一日でもやっているはずだ。それで年が明けた六日におこなう三回目の対策会議でその結果が報告できるようにしてくれ」

林は、一瞬も気を緩めることなく、大晦日の最後の最後まで仕事に徹する二階の凄まじさに驚嘆した。

年の明けた平成二十九年一月十二日、糸魚川市は、被災した建物の「がれき撤去費用」について、全額を国と市が負担すると発表した。

その後の調整もあり、最終的には、国が費用の九割を負担し、残る一割を市が負担することで調整がついた。視察時に二階が提案したとおりの結果になったのだった。

## まさに幹事長

安倍首相は、菅義偉官房長官と二階幹事長のように、考え方や政治的潮流の異なる人々を同時に引き寄せている。思想的に一致することはないが、彼らは安倍に対して強い忠誠心を持っている。

特に、二階幹事長は自分が宰相になろうとは思ってもいないだろうし、いまの立場でやるべきことをとことんやろうと考えているだろう。平成二十八年八月から一年間、幹事長代行を務めた下村博文《しもむらはくぶん》からすると、二階は総理というより、まさに幹事長タイプの人物だ。

安倍には、敵でも味方にしてしまう、人たらし的な魅力がある。

第一次安倍内閣の際、中川秀直が幹事長を担当していたが、彼にはプライドがあった。中川は当選回数も多く、政治経験も安倍より長い。中川にとって、安倍は弟分という感覚があったから、官邸は官邸、党は党という気分があったように見受けられた。

しかし、二階にはそうした考えがない。変な対抗意識がなく、包み込むような対応をしている。

下村は、谷垣幹事長の時代は、総裁特別補佐で特命担当副幹事長を務めていた。当時も、幹事長室にいたわけだが、現在の二階幹事長の幹事長室とは雰囲気が極端に異なる。

二階の幹事長室には、千客万来方式で全国から人が押し寄せている。二階が倒れないかと心配なくらいだが、倒れてもよいという覚悟で幹事長職に取り組んでいるように見える。会合も数多くおこない、関係を持った人たちと決して切れることがない。

萩生田光一幹事長代行は、二階幹事長が、党内に睨みをきかせ、抜群のバランス感覚で党内の調整をしているという。

## 総理も驚いた「小泉進次郎筆頭副幹事長」抜擢

自民党の人事で、話題になったのが、小泉進次郎《こいずみしんじろう》の「筆頭副幹事長」就任だ。

これには、伏線があった。

平成二十九年八月の内閣改造で、石破派の斎藤健《さいとうけん》がわずか当選三回で農水大臣に抜擢されていた。

林幹雄幹事長代理は、二階に提案した。

「うちも、当選三回の小泉進次郎を筆頭副幹事長にしませんか」

二階もそのアイデアに応じた。

「いいね。小泉を口説いてみてくれ」

そこで林は、小泉進次郎を口説いた。

が、それに対して小泉は、最初固辞する姿勢を見せていた。

「筆頭副幹事長は、当選五回とか六回の人がやるべき重職です。自分のような若手が担当したら、幹事長室のバランスが崩れます」

林は、渋る小泉に対して、重ねて口説いた。

「何を言っているんだ。あんたの親父さんは、まだ若手議員だった安倍晋三総理を幹事長に抜擢している。それを考えれば無理な人事ではないよ」

それでも、小泉は固辞し続けた。

「父は父、わたしはわたしです」

そう言ってにべもない。これには、林も唸るしかなかった。

次の日になり、今度は二階が動いた。

林は、二階から言われた。

「小泉を呼べないか」

林が調べてみると、小泉は福島からの帰りの車中であった。

林は頼んだ。

「じゃあ、その足でこっちへ来るように言ってくれ」

料理屋で会合中だった二階は、隣にも部屋を取らせて、そこで福島から戻ってきた小泉と会った。林も同席した。

この時、官邸からの指示で「筆頭副幹事長」はすでに五回生の柴山昌彦《しばやままさひこ》に内定していた。

それでも、二階は小泉に対して約束した。

「承知してくれるなら、きみを筆頭にする」

すると、小泉も提案してきた。

「筆頭副幹事長を、二人にしてくれませんか。自分がその役職に就くと、順番が乱れるからやりにくい。副幹事長も衆院議員だけで十五人もいます」

「副」がつくとはいえ、筆頭副幹事長はそれほどの要職だ。

小泉の提案を聞くと、二階は即答した。

「わかった。それなら、二人体制で行こう」

小泉を報道担当の筆頭副幹事長にすることで、その場の話はまとまった。細かいことはスタートしてからまた詰めればよい。

小泉が受諾したところで、二階は林に命じた。

「総理に知らせておきなさい」

小泉が帰ってから、林は安倍首相に電話を入れた。

「筆頭副幹事長を二人体制にして、小泉君も筆頭にします」

安倍は林の話を聞くと言った。

「おお、グッドアイデアだね」

そして続けた。

「確かにそりゃあいい人事だけど。本人が引き受けるかな？」

「いや、もう受けました」

「ええっ？」

安倍ですら驚いた小泉の副幹事長就任劇。改造人事の大きな目玉となった。

小泉進次郎が筆頭副幹事長になったことで、執行部の約束事でさっそく変わったことが一つある。

自民党役員会の後の幹事長の記者会見で、これまでは「副総裁はこう言った」「総務会長はこう言った」と、幹事長自身が発言内容を発表していた。

これに対して、小泉が「そういうのを幹事長が全部言うのはおかしい」と疑問を呈したのだ。

「そういうのは幹事長ではなく、誰かが担当して、幹事長は自分の発言をしてから記者の質問に応じる形の方がいいと思う」

林は思った。

〈そう言われればそうだな〉

林は、二階に報告し、決めた。

「では小泉進次郎がこれまで二階幹事長が報告していた役員会の様子を代わって報告する。そのあとに幹事長が発言して、それから記者の質問を受け付ける。そういうスタイルでやってみましょう」

実験的にそのようにやってみたところ、評判はよかった。

小泉は「幹事長室特命担当」として、選挙対策や広報など、広く党務全般に携わっている。二階の小泉への評価も上々だ。

〈進次郎は真面目にやっているし、頭もいい。ここでよく頑張っておけば、将来、頑張った分だけ得られることはある。わたしから言うのもどうかとは思うが、今後、政治家をやっていくうえで今回の仕事は大いに参考にはなるだろう〉

当選四回生となった現在、小泉進次郎が老練な二階幹事長の下で党務を経験することの意義は計り知れない。二階は小泉に期待している。

〈政治のとらえ方、把握の仕方が違ってくる〉

## 側近にも漏らさない

平成二十九年九月十五日、安倍首相が外遊先のインドから戻った直後、二階は、安倍と二人だけで食事をしている。

その後、自民党本部に戻ってきた二階に、幹事長代理の林幹雄は、直接聞いた。

「総理と、選挙の話は出ませんでしたか」

「いや、出なかったよ」

二階は飄々《ひょうひょう》と答えたという。

同じ日の午後三時、与野党幹事長会談のあとで、公明党の井上義久《いのうえよしひさ》幹事長が林に聞いてきた。

「林さん、選挙の話、聞いてない？」

「いや、聞いてないですよ」

林は答えた。

「二階さんにも聞きましたが、そんな話は出なかったといってましたよ」

「マスコミがざわざわ、すごいんだよな。本当に選挙になるなら、準備しないといけないし」

井上はそうこぼしながら、去っていった。

翌十六日、林が自民党本部に行くと、二階も出てきていた。

「幹事長、選挙の話でマスコミが持ちきりですよ。臨時国会で解散だとか言ってますけど、どうなんですか」

林に問われると、二階はいつもの調子で言った。

「なら、総理に確認してみようか」

「じゃあ、わたしが電話します」

林はそう言って、安倍首相に電話をかけた。

すると、安倍は逆に聞き返してきた。

「あれ、林さん、幹事長から聞いてない？」

二階は、〝二階の懐刀〟と言われている林にすら漏らしていないのだ。

もし、マスコミが言うように、臨時国会で解散がおこなわれるなら、公認の調整など準備はたくさんある。林がそう言うと、安倍は「そうか。林さん、選対委員長代理だもんな」と言い、さらにつづけた。

「月曜日（九月十八日）に国連総会に出席するためにニューヨークに向かわなければならないんだけど、その前にちょっと幹事長と一緒に来てくれませんか」

林は、その場で二階の了解を取り付けて、月曜日に安倍首相と会うことになった。

九月十八日の月曜日、安倍は、午後二時過ぎにニューヨークに向けて羽田空港から出発する。その直前に安倍首相の私邸に行くことになった。

しかし、選挙近しの風向きを感じて、与党幹部には常に番記者がいた。これでは動きが取れない。

林は、何食わぬ顔で赤坂の議員宿舎の玄関を徒歩で出て、記者が見えなくなってから二階の車に乗り込み、合流した。それから、渋谷区富ケ谷《とみがや》の安倍首相の私邸に向かった。地下一階、地上三階の私邸の二階が安倍夫妻の住居だ。

一階に車で乗り入れると、二階にエレベーターで上がった。そこに、安倍首相が昭恵夫人をともなって待っており、二階と林の二人は応接室に通された。

いきなり、安倍は切り出した。

「解散の話は、国連から戻ってから明確にするけれども、冒頭解散も頭に入れて公認調整を急いでください。解散時期については、国連総会から戻って判断するので、まだ口外しないでください」

林は類推した。

〈「冒頭解散も頭に入れて」ということは、これは解散するということだな〉

事前の調査は簡単なものではなかった。当選一回、二回の若手は風で選挙を勝ってきている。みな吹き飛んでしまうのではないかという予想もあった。「七十議席」という数字まで上がっていたほどだ。

二階は野党の実力や選挙態勢を正確に把握していた。「大負けはしない」との確信もあった。それでも、こんな思いはあった。

〈多少は議席を減らすかもしれんな。とはいえ、勝つ見込みがあるからこそ、解散に踏み切ったわけだ〉

九月二十三日から二十六日にかけて、自民党は衆議院選挙の議席予想を調査している。これによれば、自民単独で二百七十二議席。公明を合わせると、三百四議席となっている。公示前の自公勢力は三百十九議席だから、十五議席を失う計算だ。九月初旬の調査と比べても、五議席マイナスとなっている。

小池百合子東京都知事が九月二十五日、「希望の党」結党を発表しても、二階は動じなかった。

〈飛び上がっている場合じゃない。よく見きわめなきゃいかん〉

九月二十九日には、小池百合子の「排除」発言が飛び出したのだ。

案の定、小池新党は失速を始める。二階は思った。

〈「排除します」「さらさら受け付けません」の「一言」だもんな。怖いもんだ。特にテレビは持ち上げるだけ持ち上げて、落とすときはガクンと落とす〉

選挙が公示されてから四日後の十月十四日、二階が自民党候補者に向けて緊急通達を出したことがニュースになった。

新聞各紙が序盤情勢として「自民優勢　三百議席に届く勢い」という分析を記事にしたその直後であった。二階の緊急通達は、「あたかもわが党が優勢で勝利も確実であるかのような報道がなされているが、現状は一瞬たりとも楽観は許されない」というものだった。この緊急通達は、自民党候補者たちの気を引き締めるのに大きな効果があったようだ。自民党に追い風が吹き始めても、二階は「いい気になるな」「風が吹いていない選挙区もある」と、手綱を引き締めるのを忘れなかったのだ。

〈自民党には若い候補者が多い。あまりいい気になられた日には、手痛い目に遭う可能性がないとは言えない。そこはしっかり油断せずに頑張っていかないと。この点は仲間に何としても伝えなければいかん。幸い引き締めの効果は多少あったんじゃないか〉

投票日(十月二十二日)直前の十月十四日から十五日にかけての調査では数字が動く。自公合わせて三百二十二議席との予想が出た。公示前にさらに三議席上積みできることになる。

## 日常活動が勝負の分かれ目

平成二十九年十月の衆院選では、小泉進次郎の人気がすごかった。聴衆が二千人規模で集まる。総理の人気に匹敵するかもしれないと林幹雄は感じた。

応援演説の引き合いも殺到して、幹事長室では捌ききれず、首相遊説と同様に遊説班に任せることになった。遊説班のなかに小泉班を別につくって、そこで調整するのだ。都道府県連からの「進次郎を寄こしてほしい」のリクエストには、遊説班にSOSを送るように通達を出した。

希望の党代表の小池百合子東京都知事に対しての小泉進次郎の演説も見事なものだった。

小泉は、衆院が解散された九月二十八日午後、国会内で記者団に小池都知事を挑発するように語った。

「小池さんに出ていただき、夢と希望を語る自民党と、希望を語る希望の党、希望対決でいいじゃないですか」

さらにこう語った。

「運動靴（国政）とヒール（都知事）を使い分けるのではなく、わかりやすく一つの靴を履いていただきたい」

その発言で、それ以後に小池都知事が出馬を表明したとしてもハプニングではなくなった。

二階は、小泉の選挙応援を評価する。

〈進次郎筆頭副幹事長のおかげで自民党が若い層にもフレッシュなイメージを持ってもらえた。今回の勝利にも貢献している。立派なもんだ。進次郎は自民党でも一、二を争う人気者だ。人っちゅうのは何を考えているかわからん。若くてチヤホヤされている奴を側で見ておって、嫉妬するようでは党は大きくなれない。わたしは幹事長として、小泉進次郎筆頭副幹事長に党務を堂々とやらせている。ベテランにはそういう包容力がなければいかんのじゃないか〉

蓋を開けてみれば、自民党の大勝で、事前の予測を上回る議席を獲得した。

公示前二百八十四議席だった自民党は、小選挙区で二百十八議席、比例区は六十六議席で、合計二百八十四議席だった。議席自体は、プラスマイナスゼロの現状維持だが、定数が十議席削減されたなかでは十分な結果であった。

いっぽう、連立与党の一角をしめる公明党は、五議席減の二十九議席だった。

二階にとっても、幹事長として衆議院選挙の差配をしたのは初めての経験だった。「減らして当然」という空気のなかで何を思っていたのか。

〈負ければ、責任を取らなければならん。石もて追われることになるかもしれん。そこは度胸を決めていた。勝った場合のことは考えなかった〉

自民党の勝因は一つしかない。

〈やはり日常活動だ。その大事さがこの結果にもよく表れている〉

結局、小池の率いた希望の党は「強い」と言われていた東京の選挙区ですら、結果を出せずに大敗した。

## 野中広務、綿貫民輔復党の影に

二階俊博幹事長は、先を読む天性の勘があると、林幹雄幹事長代理は思っている。

また、誰も口にしなかったようなことを思い切って「バン!」と仕掛ける度胸と勝負勘もある。

たとえば、二階は、かつて離党した野中広務と綿貫民輔元衆院議長に対して、自民党への復党の道を開いた。平成二十八年六月、元自民党幹事長の野中広務の復党を決定した。復党を推し進めてきたのは、全国土地改良事業団体連合会(全土連)会長を務める総務会長時代の二階俊博である。

綿貫は、かつて二階が所属していた田中派では先輩にあたる。綿貫は、田中派の流れを汲む小渕派の会長にも就任。衆議院議長も歴任している。

ところが、綿貫は小泉純一郎首相の推し進める郵政民営化に強硬に反対した。自民党を離党し、亀井静香らと国民新党を結成し、代表に就任し、自民党を除名されていた。

その後は、平成二十一年の衆院選で落選し、政界を引退した。

ただし、綿貫は全国治水砂防協会会長は続けていた。自民党を除名され、離党した議員で、復党した者はいまだかつていない。前例がなかった。二階は「ならば前例をつくろう」と思い切って、綿貫の平成二十八年十一月、復党を実現させた。

野中にせよ、綿貫にせよ自民党史に名を刻む功労者の一人である。だが、二階らが働きかけなければ、復党が取り沙汰されることは恐らくなかったであろう。二階は思った。

〈永田町では時間が経てば、人のことは忘れてしまうもんだ。いまの若い人たちは歴史の流れを知らない。知る努力もしない〉

野中と綿貫はともに経世会・平成研の大幹部でもあった。同じく経世会の流れを汲む二階と縁があったからこそ、復党が実現したとも言える。

〈清和会など、他派閥の人間に同じことができたかといえば、そりゃ駄目だ。特に昨日、今日当選してきたような者は野中、綿貫という名前すら知らんだろう。何にしても、二人をこのままにしておくのはもったいないことだった〉

## 一帯一路――二階・習近平ルート

いまでこそ、会えばにこやかに握手程度は交わす中国の習近平《しゅうきんぺい》中華人民共和国主席と安倍首相の関係だが、ほんの少し前までは、口も利かないような関係だった。

それを「このままではいけない」と、「一帯一路」に対する政府間交渉のなかで、二階が剛腕を発揮し、変えていく。

安倍政権は、「一帯一路」は中国の支配する政治経済構想であり、日米は関係せずという方針で臨んでいた。当然、そのことは中国側も承知していて、平成二十九年五月十四日、十五日に北京で開催された「一帯一路」国際会議の式典に安倍首相には招待状を送らなかった。

ところが、二階には招待状が来たのだ。外務省や官邸筋の一部が「行かないでくれ」というのを押し切って、二階は中国に向かった。二階には「ここで行かなければ、日中関係は完全に冷え込む」という読みと危機感があった。

二階の行動を聞いて、経団連の榊原定征《さかきばらさだゆき》会長が「同行したい」と言ってきた。

こうなると、官邸も無視はできない。招待された世耕弘成経済産業大臣の派遣こそ見送ったが、経産省の松村祥史《まつむらよしふみ》副大臣が、急遽、二階の訪中団に加わることになった。

さらに二階が動き、安倍首相側近の今井尚哉《いまいたかや》政務秘書官も派遣された。

五月十六日の北京の釣魚台《ちようぎよだい》国賓館での習近平国家主席と二階との面談が、日本側の駐中国大使が驚くほどの和やかな面談となった。

駐中国大使は言っていた。

「こんな穏やかな習主席は見たことがない。素晴らしい」

その後の二階のやり方も、破天荒だった。

二階は中国首脳に言った。

「まず、親書を読んでくれ」

親書は、中国語と日本語の二通が用意されていた。習主席には中国語の親書を、王毅《おうき》外交部長（元駐日中国大使）は日本語が堪能なので、日本語版を渡した。

長い親書であった。二人は時間をかけて、時折頷いたりしながら読んだ。

親書は日中両国の安定的な関係を築くため、首脳が定期的に行き来する「シャトル外交」を呼びかける内容だ。首脳間の交流について「今後、ハイレベルの対話を重ねながら、相互訪問を目指す」と表明している。一回に限定した往来ではなく、両国首脳が複数回にわたって定期的に訪問し合うことを思い描いている。

会談で習近平は二階に「古い友人」と呼びかけた。さらに、こんなリップサービスまで贈っている。

「二階氏が出席されたことは、『一帯一路』イニシアチブへの日本側の積極的な態度を表しており、高く評価したい」

習近平は日中関係の改善に向けての前向きな姿勢も隠さなかった。

「未来志向の精神に基づいて両国関係を発展させたい」

習との会談を終えた二階は、十五日、北京で記者団にこう語った。

「今回の会議に出席しなければ、日本は置いてきぼりになった」

この時の会談以降、外務省は「中国の対応が変わりました」と漏らしていた。

平成二十九年六月に入ると、安倍首相も「一帯一路」構想への協力姿勢をより鮮明に打ち出し始めた。

「洋の東西、その間の多様な地域を結びつけるポテンシャルを持った構想」

安倍の一定の評価といっていい。万人が利用できるよう開かれることが必要と留保はつけながらも、

「日本も協力していきたい」と言明した。

平成二十九年十二月二十四日から二十七日にかけて二階俊博と井上義久の自民・公明の両幹事長は中国

を訪問した。

二十五日には、第七回日中与党交流協議会がおこなわれた。

十二月二十八日、二階は、再び習近平と会談した。二階と習近平との会談は同年五月以来。これで四度目になる。

二階は「平成三十年には首脳往来を実現したい」と呼びかけた。

今回の訪中ではさまざまな分野で具体的な個別のテーマについて進展が見られた。同行議員団はそれぞれの分野で議論をまとめていった。

中国側の各部門とのやり取りは以下のテーマについておこなわれた。

一．トキの個体供与
二．日本産木材の活用
三．コメ、十都県規制
四．「トイレ革命」への協力
五．知的財産に関する協力
六．中小企業・若手ＣＥＯ間交流

具体的な制度づくりには手が届いていないとしても、大きな前進といえる。

例えば、木材。日本から輸出を進めるうえで中国側の建築資材の取り扱いをめぐる法規制の改定に中国側が言及した。ヒノキやスギなどの、日本の材木が中国に輸出できない状態がつづいていた。理由はよくわからない。だが、これにも転換の光が差してきている。

あるいは二階俊博のライフワークともいえる農村基盤整備、「土地改良」である。日中両国は従来からこの分野での技術交流を進めてきた。だが、長らく途絶えたまま放置されていた。今回の訪中で「これを再開させたい」との申し入れが中国側からなされた。

日本のコメの輸出についても動きがあった。

平成二十三年の東日本大震災と東京電力福島第一原子力発電所事故以来、中国は放射線の影響に配慮して福島県をはじめ、合わせて十都県からの農産物輸入を止めてきた。

林幹雄が振り返る。

〈日本からのコメ輸出に関して、中国側にはこれまで頑ななガードがあった。福島県をはじめ、十都県の農産品は一切受け入れてもらえない。この点について中国側の責任者とも協議し、まだ発表はできないものの、明るい兆しが見えてきた。近くワーキングチームが発足し、議論をはじめるところまで話を降ろせた〉

ユニークなのは、トイレの分野。習近平は国内向けに「トイレ革命」を政策として打ち出している。この分野では世界有数の技術と実績を誇る日本としては、これに協力するのはやぶさかではない。中国国内の農村向けにトイレのモデルを数々提案し、実行の端緒をつけていく。中国側も乗り気だ。

自民党幹事長代理の林幹雄はこれを受け、経産省を通じ、経団連に話をつけた。

「民間協力でどこまでできるか。ちょっと協力してくれ」

と持ちかけ、話を進めていく。

さらには映画をめぐっても、日中間で協議がおこなわれている。

すでに日中合作で撮影が進んでいる作品もある。両国の協力関係をもう少し前に進められないかが話し合われた。映画ファンでもある林はこう考える。

〈いつまでも日本の旧陸軍が悪さをして、中国共産党軍がこれを破ったなんてストーリーばかりじゃ、そりゃあ、おもしろくない〉

訪中前、二階俊博は同行する議員団のメンバーに、関心分野に応じて個別テーマを割り振っていった。二階俊博と習近平のあいだには隣国の首脳同士という間柄を超えた信頼関係が構築されている。林幹雄はこう見る。

〈今や「二階―習近平ルート」と呼ぶ人もいるくらいだ。外務省や経産省には決して真似できない独自の外交チャネル。これを党人派の二階さんが一つひとつ積み上げてきた意義は途轍《とてつ》もなく大きい〉

いずれにせよ、冷え切っていた日中関係に回復の糸口を用意したのは「二階外交」だ。自民党にとっても、官邸にとっても、まさに天佑《てんゆう》だった。

〈従来の外務省ルートに頼っているだけでは、とても打開はできなかった〉

## 最後の寝業師

平成二十九年末、訪問先の北京で翌三十年九月に予定されている自民党総裁選挙への対応を北京で問われた同党幹事長・二階俊博は持論を展開した。

「次も安倍さん」

二階俊博は政府首脳・与党幹部のなかでもいち早く平成二十九年一月に、「安倍三選」の支持を表明していた。「安倍のあとは安倍」が二階の持論でもある。

〈平成二十九年十月の衆議院選挙は絶対に勝てる戦いではなかった。神様でもそんなことは言えない。総裁も幹事長もリスクを背負った戦いだった。安倍総理は国政選挙で五連勝を遂げている。こんなリーダーは他にいない。総理は一層安定感を増しておる。自信も持っておられる〉

「安倍三選」に向けてはこう考えている。

〈一国会議員として、当然。懸命の努力をしたい〉

「幹事長として」ではないところに、意味がある。

まさに、最後の寝業師・二階俊博らしい発言だ。

いっぽうで、安倍政権には憲法改正という重要課題もある。

二階は率直に語った。

〈自民党は憲法改正をここまで言った以上、改正への手続きに万全を期すということは至上命令。とにかく焦らないことだ。そこは慎重のうえにも慎重にやるポーズだけでも必要だろう。国民投票の問題もある。しっぺ返しを食う可能性はあるわけだ〉

二階は、今後の政権運営についてはこう考えている。

〈ある程度緊張感を持ってやっていかないといけない。安全コースの尾根をたどって歩くことだけを考えていたのでは、本当の支持者は出てこない〉

政党名・肩書きはいずれも当時　文中敬称略

幹事長秘録《かんじちようひろく》

印　刷　　2018年3月15日
発　行　　2018年3月30日

著　者　　大下英治《おおしたえいじ》
発行人　　黒川昭良
発行所　　毎日新聞出版
〒102-0074東京都千代田区
九段南1-6-17　千代田会館5階
営業本部　03（6265）6941
図書第二編集部　03（6265）6746
印刷・製本　中央精版


ISBN978-4-620-32510-1